Für meine Mutter
Emma Katharina Koneckis geb. Pilat
24. 2. 1932 – 12. 4. 1989

Ralf Koneckis

Mythen und Märchen

Was uns die Sterne darüber verraten

Franckh-Kosmos

Mit 21 einfarbigen Grafiken von Gerhard Weiland, Köln, und 12 Farbtafeln

Umschlaggestaltung: Atelier Reichert, Stuttgart

Die Deutsche Bibliothek – CIP-Einheitsaufnahme
Koneckis, Ralf:
Mythen und Märchen : was uns die Sterne darüber verraten / Ralf Koneckis. – Stuttgart : Franckh-Kosmos, 1994
ISBN 3-440-06862-5

© 1994, Franckh-Kosmos Verlags-GmbH & Co., Stuttgart
Alle Rechte vorbehalten
ISBN 3-440-06862-5
Lektorat: Hermann-Michel Hahn, Karin Pfeffer
Printed in Czech Republic / Imprimé en République tchèque
Satz: Utesch Satztechnik GmbH, Hamburg
Druck und buchbinderische Verarbeitung: Tesínská Tiskárna AG, Cesky Tesín

Mythen und Märchen

Vorwort	7
Wenn Sonne und Mond sich verlieben	12
Kinder- und Schlaflieder	15
Der Mond – ein himmlischer Störenfried	20
Dornröschen	24
Die Sonne – Garant des Lebens	29
Die Brücke zum himmlischen Glück	32
Das Sonne-Mond-Ehedrama	34
Die Wanderung der Sternbilder	38
Die Präzessionsuhr tickt	40
Wie im Himmel, so auf Erden	45
Eine himmlische Erlösung	55
Die erlöste Prinzessin	56
Die weiße und die schwarze Braut	60
Die Gänsemagd	66
Hans mein Igel	74
Die Wettrennen der ungleichen Läufer	81
Der Krebs und der Fuchs	81
Der Fuchs und der Frosch	82
Der Hase und der Igel	83
Höher als die Sonne	92
Der Zaunkönig	94
Finsternisse am Märchenhimmel	98
Rotkäppchen	100
Die historische Rotkäppchen-Finsternis	111
Der Jäger mit dem Schuh	114
Der Wolf als „Sternenfresser"	118
Der Wolf und die sieben Geißlein	118
Venus, die himmlische Ziege	123
Kann es denn so gewesen sein?	128

Die Erlösung der verwünschten Brüder 131
Die sieben Raben 131

Der ewige Kampf zwischen Licht und Dunkel 137
Sneewittchen 137
Ein Hund namens Spiegel 145
Die drei Anschläge der Mondkönigin 148
Das Zwillingszeitalter 152
Der gläserne Sarg oder: Die wundersame Wandlung
   der Haarfarbe Sneewittchens 159
Der gläserne Sarg im Stierzeitalter 163
Der gläserne Sarg 171
Bildergrüße aus der Steinzeit 178

Schlußbemerkungen 185

Anhang 190
Verzeichnis der besprochenen Märchen 194
Literaturhinweise 195
Stichwortverzeichnis 201

Vorwort

Der Märchendeutungen gibt es viele. Es fällt auf, daß die verwirrende Vielfalt der Auslegungen erst im Nachkriegsdeutschland entstand. Die in diesem Buch entwickelte Märchendeutung versteht sich als Angebot und hat eine persönliche Vorgeschichte. Völlig unvorbereitet erlebte ich als Student in den 70er Jahren an den Hochschulen in Dortmund, Bochum und Berlin fast immer ein Kesseltreiben gegen das deutsche Volksmärchen. Hieß es einmal, daß es die „heile Welt vorgaukle" und daher für die Erziehung in einer „rauhen Wirklichkeit" denkbar ungeeignet wäre, so war in einem anderen Seminar zu hören, daß das Märchen „zu grausam" sei, um es in der Schule als Erziehungshilfe in Anspruch nehmen zu können. Das Märchen konnte sein wie es wollte, es war immer falsch.
All diese Erlebnisse weckten jedoch nur meine Neugierde, endlich einmal dasjenige erfahren zu wollen, was **hinter** den Märchen steckte. Mit dem Hochschulprofessor für Philosophie Karlfried Gründer, Berlin, wurde das Thema einer Magisterarbeit besprochen „Ideologien im Märchen". Gleich die erste Abstimmung erschreckte mich als nach wie vor unbefangenen Studenten durch das, was ich bislang für undenkbar gehalten hatte: Sollte ich doch auch die Umstände untersuchen, die zum **Märchenverbot** (!) der Siegermächte nach dem zweiten Weltkrieg geführt hatten. Das Grübeln über diesen unerwarteten Sachverhalt behinderte den Fortgang der ins Auge gefaßten Arbeit. Es wurden andere Wege beschritten. Zunächst war nur klar, daß mit aller Macht, erst durch Verbote der Siegermächte, dann durch überzogene Kritiken, durch Verschweigen bisheriger Untersuchungen, dann durch Verspottung und Abänderungen und gegenwärtig auch durch den Einsatz der Märchen als Therapie, das wahre Wesen der Märchen aus dem Bewußtsein der Menschen verschwinden sollte.
Das Märchen wurde im Anschluß an die 60er Jahre zielstrebig und mit Absicht verteufelt und „verhext". Aber diese Verhexung kam dem Verfasser bekannt vor. Denn sie ist selbst Inhalt vieler Märchen. Immer wird das Gute von einem bösen Zauberer oder einer Hexe eben verhext, eingesperrt wie Hänsel zum Beispiel, und ei-

nem möglichen Wirkungsraum entzogen, völlig hilflos dem Untergang geweiht, dem Bösen ausgeliefert. Doch keine noch so geschickte Verzauberung kann verhindern, daß die Erlösung naht. Das Böse kann nicht ewig Gewalt über das Gute halten, auch wenn es noch so übermächtig erscheint. Mit einem Schlage enttarnt sich der bösartige Widersacher selber oder tappt in die eigene Falle, wie die Hexe bei Hänsel und Gretel („Wer andern eine Grube gräbt, fällt selbst hinein"). Auch erhält das Böse stets die angemessene Strafe. So spricht zum Beispiel in einem Märchen die falsche Braut ihr eigenes Todesurteil, ohne es zu wissen (Verursacherprinzip). Woher aber nimmt das Märchen nur die Sicherheit, daß das Böse nie dauerhaft das Gute verhexen kann? Was ist der Urgrund der märchenhaften Ethik? Es müssen ewige Gesetzmäßigkeiten sein, die dem Märchen zugrunde liegen. Aber welche? Vielleicht hilft der Volksmund weiter, wenn er sagt „Es ist nichts so fein gesponnen, es kommt doch endlich an die Sonnen". Demnach „bringt **die Sonne** es an den Tag". Wir werden sehen! Denn sicher schien auch das: Es kam den Märchenkritikern nicht auf das Äußere der Märchen an, hier die „heile Welt", dort das angeblich „Grausame", offenbar ging es allein um die Bekämpfung der im Märchen verwahrten Ethik. Als Folge dieser Einwirkungen ist das Märchen tatsächlich bereits aus vielen Lehrplänen herausgebrochen oder überdeckt worden.
Für Immanuel Kant (1724–1804) gab es nur zwei Dinge, die – miteinander verknüpft – das menschliche Sein ausmachten. In der „Kritik der praktischen Vernunft" schreibt er:
„Zwei Dinge erfüllen das Gemüth mit immer neuer und zunehmender Bewunderung und Ehrfurcht, je öfter und anhaltender sich das Nachdenken damit beschäftigt: der bestirnte Himmel über mir und das moralische Gesetz in mir. Beide darf ich nicht als in Dunkelheiten verhüllt, oder im Überschwenglichen, außer meinem Gesichtskreise suchen und bloß vermuthen; ich sehe sie vor mir und verknüpfe sie unmittelbar mit dem Bewußtsein meiner Existenz… Die Weltbetrachtung fing von dem herrlichsten Anblicke an… und endigte – mit Sterndeutung."
Wenn die Betrachtung des Himmels und die Moral oder Ethik des Menschen in Verbindung miteinander das menschliche Dasein begründen, so muß, wenn die Ethik der Märchen aus derselben Kraft schöpfte, das Kleid der Märchen eine Beschreibung des gestirnten Himmels darstellen. Dann muß auch jeder noch so zaghafte Ver-

such, in den Mythen und Märchen eine kosmische Beschreibung zu sehen, für das Böse als das zu Bekämpfende gelten.
Und in der Tat ist es auch heute noch so, daß vielfach der Versuch an einer Deutschen Hochschule, Märchen und Mythen astral zu deuten, künstlich vornehm belächelt und strikt abgewiesen wird, wobei Ausnahmen die Regel bestätigen.
Neben Kant sieht auch Platon (-427 bis -347) einen unzerreißbaren Zusammenhang zwischen dem Himmel und der Begründung menschlicher Ethik. Er läßt Sokrates den Gedanken aussprechen:
„... Es scheint mir, daß die ältesten Bewohner von Hellas allein die für Götter gehalten haben, welche auch jetzt noch vielen Barbaren dafür gelten, nämlich Sonne, Mond und Erde, die Gestirne und den Himmel... Es mögen wohl... die ersten, welche Namen festgesetzt haben, gar nicht gemeine Leute gewesen sein, sondern von den Himmelskundigen und Hochfliegenden welche... Mir wird es ganz klar, daß die Bestimmungen der Namen von solchen Leuten herrührt... Ja auch wenn man bedenkt, wie es bei den Opfern gehalten wird, muß man glauben, bei Festsetzung dieses Namens sei hieran gedacht worden... Was willst du zuerst?... sollen wir, wie auch du eben, mit der ‚Sonne' anfangen?"
Zwischen der Geburt von Kant und Platon, beide sind 80 Jahre alt geworden, liegen immerhin 2151 Jahre. In seinem Werk *Kratylos* legt Platon Sokrates in den Mund, daß es wohl die Himmelskundigen waren, die die Namen und Begriffe bildeten und die Gewohnheiten und Festlichkeiten der Mitmenschen begründeten. Auch Kant sieht im gestirnten Himmel und in der Moral eine unmittelbare Verknüpfung menschlichen Daseins. Wie steht es mit den Märchen? Liegt ihre Unzerstörbarkeit tatsächlich darin begründet, daß sie im Kleide Himmelskunde sind, im Innern die entsprechende Ethik verkörpern? In der Vorrede zur ersten Märchensammlung bemerken die Brüder Grimm:
„Auch... ist die ganze Natur belebt, Sonne, Mond und Sterne sind zugänglich, geben Geschenke, oder lassen sich wohl gar in Kleider weben."
Zwei Jahre später schreiben sie in der Vorrede zur zweiten Sammlung:
„Es war zugleich Absicht, daß die Poesie selbst, die darin lebendig ist, wirke: erfreue, wen sie erfreuen kann, und darum auch, daß ein eigentliches Erziehungsbuch daraus werde. Gegen das letztere ist eingewendet worden, daß doch eins und das andere... für Kinder

unpassend oder anstößig sey... Für einzelne Fälle mag die Sorge recht seyn und da leicht ausgewählt werden; im Ganzen ist sie gewiß unnöthig... der rechte Gebrauch aber findet nichts Böses heraus, sondern nur, wie ein schönes Wort sagt: ein Zeugniß unseres Herzens. Kinder deuten ohne Furcht in die Sterne, während andere nach dem Volksglauben Engel damit beleidigen."
Den von Platon und Kant erkannten Zusammenhang zwischen Himmelskunde und menschlichen Gewohnheiten sehen die Brüder in ihrer Märchensammlung ebenfalls verwirklicht. Allerdings nicht in derselben philosophischen Strenge, wie es Kant und Platon gesehen oder ausgedrückt hätten. Denn ansonsten wären sie nicht über eine Besonderheit gestolpert, die sich durch das „auf den Himmel zu beziehen" von selbst gelöst hätte. In der Vorrede ihrer wissenschaftlichen Anmerkungen zu den Kinder- und Hausmärchen betonen sie:
„Die Übereinstimmung mit fremden, durch Zeit und Ort oft weit getrennten Überlieferungen ist sorgfältig angezeigt, indem wir auf diesen Umstand, eben weil er nicht leicht zu erklären ist, wohl mit Recht Gewicht legen. Man wird hier und da eine unmittelbare Mittheilung vermuthen, vielleicht wahrscheinlich machen, in den meisten Fällen jedoch nicht, und dann bleibt die Erscheinung unerklärt und nicht minder auffallend."
Obwohl die Grimms selbst Erhebliches für die sogenannte naturmythologische Deutung der Märchen beigegeben haben, können sie die auffälligen Übereinstimmungen weit verstreut liegender Überlieferungen nicht erklären. Dennoch hätten die Nachfolger Grimms und die heutigen Forscher längst auf die „himmelskundliche Erklärung" kommen müssen. Doch diese wird gegenwärtig mehr oder weniger offen und unbegründet abgelehnt. Wie dies geschieht, sei nur an einem Beispiel unter vielen gezeigt. In einem Aufsatz über „Theorien zum Alter des Märchens" lautet es:
„Im weiteren Forschungsverlauf kommt es dann noch einmal zu einem Rückfall in die mythologische Richtung durch die ‚Natursymbolisten' (Solar-, Lunar-, Astral-Mythologie), auf die ich hier nicht eingehe."
Diejenigen, die dem Wesen der Märchen auf den Fersen sind, werden und wurden als „rückfällige" Forscher verunglimpft. Wenn der Fortschritt in die Irre führt, tut eine Rückbesinnung nur gut, der Sache und den Forschern. Damit bringt das vorliegende Buch eigentlich nichts Neues. Es wird nur ein dem Wesen der Märchen

sehr nahestehender Ansatz wieder belebt und mit Neuentdeckungen erheblich ergänzt. Es wäre „so schön wie im Märchen", wenn dieses Buch (womöglich) der Zauberstab sei, mit dem das einheimische Volksmärchen aus seiner hundertjährigen Verwünschung erwachte.

Für die Durchsicht einiger vorläufiger Manuskripte oder mancher Anregungen sei den Hochschullehrern Prof. Wolfhard Schlosser (Bochum), Prof. Theodor Schmidt-Kaler (Bochum), Prof. August Nitschke (Stuttgart), Joachim Herrmann (Planetarium Recklinghausen), Manfred Köppl (Planetarium Erkrath), Ilse Lindner (Sprockhövel), Lehrerin Waltraud Füssmann (Dortmund), Dipl.-Ing. Helmut Minow (Dortmund), Mike Meads (Belle), Michael Stemmer (Hamburg), Marion Bienas (Dortmund), Hertha Graf, (Schorndorf), dem Astronomielektor im Verlag Franckh-Kosmos, Dipl.-Phys. Hermann-Michael Hahn (Stuttgart-Köln), und anderen gedankt. Das Buch ist in Dankbarkeit meiner zu früh verstorbenen Mutter gewidmet.

Dortmund, im Frühjahr 1994 Ralf Koneckis

Wenn Sonne und Mond sich verlieben

„Lady Sunshine und Mr. Moon" – dieser Schlager von Conny Froboess ist vielen älteren Lesern sicher noch als Ohrwurm der frühen 60er Jahre in Erinnerung; immerhin erreichte er am 11. August 1962 den dritten Platz der damaligen Schlagerparade. Er ist ein treffendes Beispiel dafür, daß Astronomisches seinen Niederschlag selbst in Schlagern gefunden hat und auch heute noch findet. Da vermutlich zumindest die jüngeren Leser den Text aber kaum noch kennen, hier zunächst die Geschichte, die Conny damals über Sonne und Mond als „himmlisches, aber glückloses Liebespaar" sang.

„Lady Sunshine und Mr. Moon
können gar nichts dagegen tun,
daß sie am Himmel sich niemals trafen,
denn wenn er aufsteht, dann geht sie schlafen.

Lady Sunshine und Mr. Moon
können gar nichts dagegen tun,
wenn sie auch träumen von einem Märchen
ein Pärchen werden sie nie.

Da sind wir beide besser dran
viel besser dran,
weil mich Dein Mund so oft ich will
am Tage küssen kann.

Hier unten ist das Leben schön
Für Dich und mich
Dein Mund sagt mir so oft ich will
Mein Schatz ich liebe Dich,
Doch Lady,

Lady Sunshine und Mr. Moon
können gar nichts dagegen tun,
wenn sie auch träumen von einem Märchen
ein Pärchen werden sie nie.

*Lady Sunshine und Mr. Moon
würden gern was dagegen tun,
daß sie so einsam dort oben wandern,
daß sie nur träumen, verliebt vom andern.*

*Lady Sunshine und Mr. Moon
können gar nichts dagegen tun,
wenn sie auch träumen von einem Märchen
ein Pärchen werden sie nie,
niee, niee, nieee."*

Da ist also die Rede von einem himmlischen Pärchen – Sonne und Mond –, das auf seine Erfüllung verzichten muß: Lady Sunshine und Mr. Moon können nur davon träumen, ein Pärchen zu sein, „denn wenn er aufsteht, dann geht sie schlafen".
Wer den Lauf der Gestirne am Himmel verfolgt, weiß, daß dies nicht immer so ist: Ein paar Tage nach Neumond leuchtet die zunehmende Mondsichel kurz nach Sonnenuntergang am **West**himmel auf, nicht weit von der Stelle, an der die Sonne verschwunden ist – er selbst geht dann schon bald nach der Sonne unter. In dieser Phase sieht man den Mond gar nicht aufgehen; er steht vielmehr schon am Himmel, wenn es allmählich dunkler wird, und mitunter kann man ihn sogar schon bei Tageslicht, wenn die Sonne noch am Himmel steht, als blassen Lichtfleck erkennen.
Etwa drei Wochen später, ein paar Tage vor Neumond, steigt der Mond dagegen als schmale Sichel erst kurz vor Sonnenaufgang am **Ost**himmel empor, nicht weit von der Stelle entfernt, wo die Sonne bald darauf selbst am Horizont auftauchen wird.
Irgendwo dazwischen kommt aber der Zeitpunkt, an dem der Mond bei Sonnenuntergang aufgeht (und bei Sonnenaufgang wieder verschwindet). Er steht dann der Sonne am Himmel genau gegenüber und erscheint voll und rund wie die Sonne – der Erdtrabant sendet ja kein eigenes Licht aus, sondern wirft nur das auftreffende Sonnenlicht wieder zurück, und so hängt es von den jeweiligen Stellungen von Sonne, Erde und Mond relativ zueinander ab, welchen Teil des Mondes wir beleuchtet sehen.
Die Textzeile „Denn wenn er aufgeht, dann geht sie schlafen" beschreibt also diese jeden Monat nur einmal wiederkehrende Vollmondposition; auf sie nimmt der Texter Bezug, wenn er feststellt,

daß „sie so einsam dort oben wandern" müssen und nie ein Pärchen werden können.

Die Tragik dieser himmlischen Liebe geht sogar noch tiefer. Wir hatten ja schon gesehen, daß der „Mondmann" durchaus auch näher an die Sonnenfrau heranrücken kann. Irgendwann zwischen der abnehmenden Sichel am Morgenhimmel und der zunehmenden Sichel am Abendhimmel kommen beide Himmelskörper einander sehr wohl nahe, nur – der Mondmann ist dann (wie sich jeder ein paar Tage vorher und nachher überzeugen kann) äußerst geschwächt oder, umgangssprachlich gesagt, einfach nicht „voll drauf". Zwei Wochen später aber, wenn er wieder bei Kräften ist und voller Tatendrang am Abendhimmel aufgeht, dann ist **sie** müde und geht schlafen...

Wer selbst einen Eindruck von dieser Dramatik der himmlischen Liebe zwischen Sonne und Mond gewinnen möchte, braucht sich nur einmal vor Aufgang des Vollmondes etwas erhöht aufzustellen, um einen freien Blick auf den gegenüberliegenden Horizont zu haben. Besonders geeignet ist ein Vollmond in der Nähe der Tag- undnachtgleichen, weil dann Sonne und Mond ähnlich schnell an Höhe verlieren beziehungsweise gewinnen. Dies kommt nicht in jedem Jahr vor, denn die Vollmonde fallen nicht jedes Jahr auf das gleiche Datum – sie treten vielmehr von Jahr zu Jahr um etwa zehn bis elf Tage früher ein.

Eine günstige Gelegenheit bot sich zum Beispiel am 19. September 1994, vier Tage vor der Herbst-Tagundnachtgleiche. An diesem Abend ging der Vollmond in Kassel um 18.56 Uhr mitteleuropäischer Sommerzeit ziemlich genau im Osten auf, während die Sonne um 19.28 Uhr im Westen verschwand. „Frau" Sonne konnte ihren „Angehimmelten" also nur ganze 32 Minuten lang sehen. (Zumindest für einen irdischen Betrachter mußte es so erschienen sein – in Wirklichkeit fällt das Sonnenlicht ja (fast) immer auf den Mond, „sieht" die Sonne den Mond also eigentlich immer.) Kein Wunder, daß sie und er in der Nacht nur „träumen von einem Märchen – ein Pärchen werden sie nie."

Während Frau Sonne und Herr Mond nichts dagegen tun können, „daß sie so einsam dort oben wandern" und nur „träumen" können „verliebt vom andern", kommen die Menschen im Schlagertext besser weg, jedenfalls die beiden, von denen dort die Rede ist: „Hier unten ist das Leben schön für Dich und mich. Dein Mund sagt mir, so oft ich will, mein Schatz, ich liebe Dich."

Kinder- und Schlaflieder

Natürlich greifen nicht nur Schlager auf himmlische Abläufe zurück – auch manches Kinderlied hat mehr oder minder offenkundig astronomische Weisheiten zum Inhalt und übernimmt damit noch heute eine Rolle, die früher auch von anderen volkstümlichen Dichtungen erfüllt wurde. Ein allgemein bekanntes Beispiel für eine solche frühkindliche Begegnung mit der Himmelskunde ist die Kinderweise von J. Fr. Reichardt auf Worte von Hoffmann von Fallersleben:

2. Er kommt am späten Abend,
wenn alles schlafen will,
hervor aus seinem Hause
am Himmel leis' und still.

3. Dann weidet er die Schäfchen
auf seiner blauen Flur;
denn all die weißen Sterne
sind seine Schäfchen nur.

4. Sie tun sich nichts zuleide,
hat eins das andre gern,
und Schwestern sind und Brüder
da oben Stern an Stern.

Die Bezeichnung in der höchsten Steigerungsform („Wer hat die schönsten...") ist immer ein Hinweis auf eine Himmelsgeschichte. Der Mond wird als golden verherrlicht. Gold kann Mond- und Sonnensinnbild sein. Zunächst ist nicht klar, wer die Mondschäfchen sein könnten. Erst die dritte Strophe klärt uns darin eindeutig auf: „Dann weidet er die Schäfchen auf seiner blauen Flur; denn all die weißen Sterne sind seine Schäfchen nur." Der Mond kommt „hervor aus seinem Hause am Himmel leis' und still", und zwar „am späten Abend, wenn alles schlafen will." Der Dichter hat richtig beobachtet und verwendet für den Mond das Sinnbild eines Schäfers, für die Sterne dasjenige von weißen Schäfchen. Die scheinbare Unbeweglichkeit der Sterne (= Fixsterne) deutet der Dichter als Geschwisterliebe „Sie tun sich nichts zuleide, hat eins das andre gern, und Schwestern sind und Brüder da oben Stern an Stern." Behutsam wird eine Vermenschlichung des Himmels angedeutet, „wie auf Erden, so im Himmel".

An Beliebtheit unerreicht ist das Schlaflied für Säuglinge und Kleinkinder „Schlaf, Kindlein, schlaf!" Das Lied betrachtet den neuen Erdenbürger so, als sei er von Sonne und Mond geboren. Dieses Geheimnis, daß die eigentlichen Eltern Sonne und Mond sind, wird nur teilweise von Strophe zu Strophe offenbart. Es lautet:

Schlaf, Kindlein, schlaf!

Schlaf, Kind-lein, schlaf! Der Va-ter hüt't die Schaf, die Mut-ter schüt-telt's Bäu-me-lein, da fällt her-ab ein Träu-me-lein. Schlaf, Kind-lein, schlaf!

Schlaf, Kindlein, schlaf!
Am Himmel ziehen die Schaf';
Die Sternlein sind die Lämmerlein,
Der Mond, der ist das Schäferlein.
Schlaf, Kindlein, schlaf!

Schlaf, Kindlein, schlaf!
Christkindlein hat ein Schaf;
Ist selbst das liebe Gotteslamm,
Das um uns all' zu Tode kam.
Schlaf, Kindlein, schlaf!

Schlaf, Kindlein, schlaf!
So schenk' ich dir ein Schaf
Mit einer goldenen Schelle fein,
Das soll dein Spielgeselle sein.
Schlaf, Kindlein, schlaf!

Schlaf, Kindlein, schlaf!
Und blök' nicht wie ein Schaf,
Sonst kommt des Schäfers Hündelein
Und beißt mein böses Kindelein.
Schlaf, Kindlein, schlaf!

Schlaf, Kindlein, schlaf!
Geh fort und hüte die Schaf'!
Geh fort, du schwarzes Hündelein
Und weck mir nicht mein Kindelein!
Schlaf, Kindlein, schlaf!

Bis auf das vom Baum herabfallende ‚Träumelein' erzählen die beiden ersten Strophen wie von einem gewöhnlichen Geschehen auf Erden. Erst die dritte Strophe berichtet davon, daß die Schafe am Himmel ziehen. Ausdrücklich wird das Geschehen nun als Gleichnis ans Himmelszelt gesetzt „Die Sternlein sind die Lämmerlein, Der Mond, der ist das Schäferlein". Auch das Christkindlein hat ein Schaf, das heißt, sein ihm eigenes Sternbild „Ist selbst das liebe Gotteslamm, Das um uns all' zu Tode kam". Das Gotteslamm ist Sternbild Widder (Ari), das bis nach der Zeitenwende noch als Frühlingssternbild galt.
In der folgenden Strophe schenkt die Mutter dem Kind ein Schaf

mit einer goldenen Schelle als Spielgesellen, damit es (endlich) einschlafen soll. Umgehend folgt die Drohung der Mutter „Sonst kommt des Schäfers Hündelein, und beißt mein böses Kindelein". Während, wie wir noch sehen werden, ein Wolf die Mondfrau Skati begleitet, ist es ein Hündelein beim Mondschäfer. Beide Tiere unterstützen die Mondzugehörigkeit der beiden Himmelsgestalten. Die Angst vor dem Mondhund soll das Kindlein zum Einschlafen bringen. Mit Erfolg. Doch plötzlich taucht der Mondvater auf. Um zu retten, was zu retten ist, singt die Mutter die letzte Strophe:

„Geh fort und hüte die Schaf'!
Geh fort, du schwarzes Hündelein
Und weck mir nicht mein Kindelein!
Schlaf, Kindlein, schlaf!"

Diese punktuelle Unverträglichkeit zwischen zwei Eheleuten kennen wir auch von Lady Sunshine und Mr. Moon, und sie kommt natürlich auch im normalen Alltagsleben vor. Was dieses Kinderlied nicht beim Namen nennt, ist, daß die eigentliche Mutter die Sonne ist. Das Lied verrät den solaren Bezug der Mutter nur durch die Beschreibung der Tätigkeit des Bäumleinschüttelns. Mit diesem Baum kann nur die Milchstraße in südlicher Stellung oder die Mittagslinie (= Meridian) gemeint sein. Und nur von einem dergestaltigen Baum fällt herab ein „Träumelein". Damit erweist sich dieses Schlaflied unter anderem als ein Schlüssel zum astralen Verständnis des Frau-Holle-Märchens. Die Goldmarie, die das Bäumlein schüttelt, ist eigentlich die Sonne, kann aber auch die Lichtseite des Mondes sein, während die Pechmarie die dunkle Seite des Mondes verkörpert. Auch andere Märchen lassen sich mit dem im Schlaflied verborgenen Schlüssel astronomisch aufschließen. Überall dort, wo ein Hirte mit seinem Hunde auftaucht, können wir von einem ursprünglichen Mondsinnbild ausgehen.
Neben den Mondliedern gibt es auch solche, die den Lauf der Sonne – oder vordergründiger: den Wechsel der Jahreszeiten – zum Inhalt haben. Sie greifen ebenfalls auf eine Bildersprache zurück, die nicht selten als Schlüssel zum Verständnis von Märchen, Legenden und Bräuchen herangezogen werden kann. Auch hierzu ein Beispiel:

„Es war eine Mutter, die hatte vier Kinder,
den Frühling, den Sommer, den Herbst und den Winter.
Der Frühling bringt Blumen,
der Sommer den Klee,
der Herbst bringt die Früchte,
der Winter den Schnee."

Die vier Jahreszeiten sind allen geläufig, ihr Zustandekommen vielleicht schon weniger, doch dies ist an dieser Stelle auch ohne Belang. Wichtig ist vielmehr, daß die Jahreszeiten als Kinder einer Mutter bezeichnet werden und der Umschwung der Sonne als Jahresmutter. Wir dürfen vermuten, daß die Sonne – genauer, die übers Jahr wechselnde Mittagshöhe der Sonne – bereits vor langer Zeit als Ursache für die Entstehung der Jahreszeiten bekannt war. Als Kinder einer Mutter stehen die Jahreszeiten außerdem in einem geschwisterlichen Verhältnis zueinander, was uns in vielen Märchen wieder begegnen wird.

Der Mond –
ein himmlischer Störenfried

Nach diesen ersten Beispielen für astrale Wurzeln von Schlagertexten und Kinderliedern sei an dieser Stelle ein kleiner Ausflug in die Himmelskunde gestattet. Schließlich haben wir „modernen" Menschen den Bezug zum himmlischen Geschehen weitgehend verloren – und damit dann auch den einfachen Zugang zu den überlieferten Texten. Zentralheizung und elektrisches Licht einerseits sowie die zunehmende Verstädterung andererseits haben unser Leben fast vollständig von kosmischen Einflüssen abgekoppelt. Die elektrische Beleuchtung läßt die Nacht zum Tage werden und den Wechsel zwischen Hell und Dunkel verschwinden, während Zentralheizung und Klimaanlage selbst bei klirrenden Winterfrösten oder sengender Sommersonne für eine erträgliche Umgebung sorgen. Die äußeren Reize auf den Menschen fallen immer mehr weg.
Das vermutlich auffälligste Geschehen am Himmel liefert der Mond, der als blasser Abglanz der Sonne die Nacht erhellt. Allerdings erscheint er als Inbegriff der Unbeständigkeit, denn er versieht seinen „Nachtdienst" scheinbar sehr eigenwillig, mal nur in der ersten Nachthälfte, mal nur in der zweiten, und manchmal wartet man die ganze Nacht über vergeblich auf den Mond. Ein solch eigenwilliges, unberechenbar erscheinendes Verhalten nennen wir launisch, und dieser Begriff leitet sich von dem lateinischen Wort für Mond, luna, ab.
Dabei sind die „Launen des Mondes" sehr wohl berechenbar – nicht erst für uns, die wir Menschen mit Raketen zum Mond geschickt haben. Schon die frühen Hochkulturen haben ihre Zeitrechnung auch nach dem Mond gerichtet und sich dabei auf genaue Beobachtungen und Berechnungen stützen können. Entscheidend für sie war das Auftauchen des neuen Mondes als schmale Sichel am abendlichen Westhimmel. Dieses „Neulicht" markierte vor allem bei den Südländern den Monatsbeginn und wurde daher von den Priesterastronomen aufmerksam beobachtet.
In dieser Neulicht-Stellung steht der Mond nur etwa 20 Grad links (östlich) der Richtung zur Sonne, so daß wir ihn fast im Gegenlicht

sehen, von schräg hinten beleuchtet. Ein ähnliches Gegenlicht setzt ein guter Fotograf bei Portraitfotos, um die Umrisse des Kopfes stärker zu betonen. Noch einen anderen „Beleuchtungstrick" finden wir in dieser Mondphase von der Natur gleichsam vorweggenommen: die Aufhellung des Gesichtes durch einen zusätzlichen Blitz. Denn die Erde selbst reflektiert ja auch das auftreffende Sonnenlicht und hellt entsprechend die Mondnacht auf, so daß wir neben der schmalen Mondsichel oft auch die restliche Mondkugel in einem fahlen, aschgrauen Licht erkennen können.

Auf seinem Weg um die Erde wandert der Erdtrabant gegen den Uhrzeigersinn (dies ist übrigens der gleiche Drehsinn, mit dem auch die Erde selbst und die meisten anderen Himmelskörper im Sonnensystem rotieren) und entfernt sich im doppelten Sinne zunehmend von der Sonne. Dabei bewegt er sich im wesentlichen auf dem gleichen Weg durch die Sternbilder, dem die Sonne im Laufe eines Jahres folgt, auf der Ekliptik also. Je weiter er nach Osten von der Sonne abrückt, desto mehr verspätet sich sein Untergang; gleichzeitig wird ein immer größerer Ausschnitt der von der Sonne beleuchteten Mondhälfte sichtbar, bis der Mond nach einigen Tagen (von außen betrachtet) etwa auf gleicher Höhe mit der Erde steht. Der Winkelabstand zwischen Sonne und Mond ist jetzt auf rund 90 Grad angewachsen, und wir sehen den Erdtrabanten zur Hälfte beleuchtet – das anfängliche Gegenlicht ist zu einem reinen Seitenlicht geworden. (Die Astronomen bezeichnen diese Phase als das Erste Viertel, weil der Mond dann ein Viertel seiner Wanderung bis zur nächsten Neumondstellung hinter sich gebracht hat.)

In den folgenden Tagen wächst der Winkelabstand zwischen Sonne und Mond weiter an, und der Mond verlegt seinen Untergang in die frühen Morgenstunden. Entsprechend verändern sich auch die Beleuchtungsverhältnisse weiter, bis wir schließlich das Sonnenlicht gleichsam „im Rücken" haben und die vollbeleuchtete Mondhälfte überblicken können. In dieser „Vollmondstellung" steht der Mond der Sonne am Himmel gegenüber, geht also bei Sonnenuntergang auf und bei Sonnenaufgang wieder unter, gerade so, wie es in dem Schlager von „Lady Sunshine und Mr. Moon" besungen wird. Erst jetzt – und nur jetzt – wird der Mond seiner Rolle als Nachtleuchte gerecht, ist er bei voller Helligkeit die ganze Nacht über zu sehen.

Doch schon am nächsten Abend kommt der Mond etwas verspätet, und dies setzt sich auch in den folgenden Nächten immer weiter

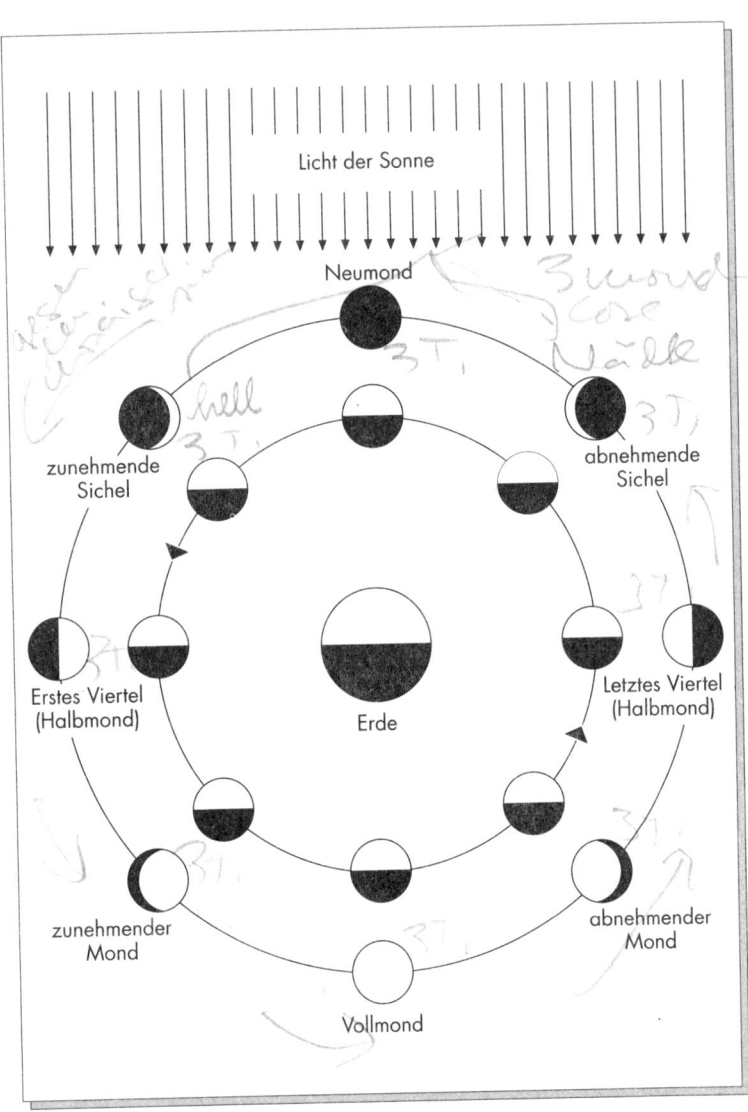

Abbildung 1: Wie die Erde erhält der Mond sein Licht von der Sonne: Auf der sonnenzugewandten Seite herrscht Tag, auf der sonnenabgewandten Seite dagegen Nacht. Weil der Mond die Erde umrundet, sehen wir einen ständig wechselnden Anteil der Tag- und Nachtseiten des Mondes. Der Neumond steht mit der Sonne am Taghimmel, wir blicken auf die dunkle Nachtseite, und der Mond bleibt unsichtbar; der Vollmond dagegen steht der Sonne am Himmel gegenüber, wir sehen die Tagseite des Mondes, und der Erdtrabant ist die ganze Nacht über zu sehen.

„aller guten Dinge sind drei"

fort, denn auf seiner Bahn um die Erde kann der Mond natürlich nicht innehalten. Hand in Hand damit verändert sich auch die Lichtgestalt des Mondes, sehen wir einen immer kleiner werdenden (abnehmenden) Teil der beleuchteten Mondhälfte, bis der Erdtrabant etwa eine Woche nach Vollmond ein zweites Mal auf gleicher Höhe mit der Erde steht. War es beim Ersten Viertel die rechte oder auch „richtige" oder „gute" Mondhälfte, so wird jetzt, beim Letzten Viertel, die linke, „falsche" oder „schlechte" Mondhälfte von der Sonne beschienen.

Wieder ein paar Tage später tritt der Mond, der sich längst auf die Stunden vor Sonnenaufgang zurückgezogen hat, vorübergehend ganz von der Himmelsbühne ab, nachdem er zuletzt noch einmal als schmale Altlicht-Sichel vor Sonnenaufgang im Osten erschienen war. Im Schnitt folgen dann drei mondlose Tage und Nächte, bis der Erdtrabant wieder als Neulicht-Sichel am Abendhimmel im Westen auftaucht und der Kreislauf von neuem beginnt.

Ein solcher Zeitraum, von den Astronomen synodischer Monat genannt, dauert im Mittel etwas mehr als 29,5 Tage (in den Lehrbüchern findet man eine Längenangabe von 29 Tagen, 12 Stunden, 44 Minuten und 3 Sekunden). 12 Monde oder Lunationen dauern demnach etwas mehr als 354 1/3 Tage; das sind 10 7/8 Tage weniger als die Länge eines mittleren Sonnenjahres.

Nach jeweils drei Jahren summiert sich der „Überschuß" somit zu mehr als einem vollen Monat, und um wieder eine bessere Übereinstimmung zwischen Mond- und Sonnenjahr zu bekommen, pflegten die Himmelskundigen nach drei Jahren einen 13. Monat einzufügen. Für den, der Steuern und sonstige Abgaben monatlich zu entrichten hatte, mußte die 13 zwangsläufig zu einer Unglückszahl werden. Rechnet man noch ein wenig weiter, so zeigt sich, daß 99 solcher Monde ziemlich genau acht Jahre dauern – der Unterschied beträgt nur etwas mehr als einen Tag. Und 100 Monde entsprechen 8 Jahren und 31 Tagen. Wer also die mittlere Dauer eines synodischen Monats ziemlich genau bestimmen will, die ja einer direkten Messung verborgen bleibt, braucht nur 8 Jahre und 31 Tage (oder 2953 Tage) durch 100 zu teilen – der „Fehler" bleibt unter einem hundertstel Prozent! Ein einfacher und zuverlässiger Weg gerade für Völker, die fast ständig unter wolkenverhangenem Himmel leben müssen.

Umgekehrt erlaubt diese Regel natürlich auch eine Bestimmung des Jahresstandes und damit eine Überprüfung der Sonnenbeobachtung, die vor allem in Mittel- und Nordeuropa immer wieder durch längeranhaltende Schlechtwetterperioden unterbrochen werden konnte. Mit Hilfe des Mondkalenders und der 99- (bzw. 100-) zu 8-Schaltregel besaß der frühe Mensch eine willkommene Sicherheit für die Bestimmung wichtiger Festpunkte im Jahreslauf unabhängig vom Wetter.

Wen wundert es also, daß eine solche astronomische Hilfe auch in den Überlieferungen wiederzufinden ist. Ein kleines Beispiel dafür ist eine der unzähligen Dainas, die das jahrhundertealte lettische „Volksliedgut" darstellen:

„In den Apfelgarten fuhr die Sonne,
mit neun Rädern, mit hundert Pferden."

Das Rad ist schon in den frühen Hochkulturen das Symbol der Sonne und des Jahreslaufes (darauf deutet auch der Apfelgarten hin, der einen jahreszeitlichen Bezug vermittelt), so daß neun Räder neun Jahren gleichzusetzen sind; die hundert Pferde dagegen verkörpern die hundert Monde, die nach acht Jahren und 31 Tagen (= im neunten Jahr) vollendet werden.

Weil der Mond während eines Umlaufs um die Erde der vollen Jahresbahn der Sonne folgt, wird es kaum verwundern, wenn ein Mondumlauf mitunter (astronomisch nicht ganz richtig), auch als (Mond-)Jahr bezeichnet wurde, vor allem dann, wenn ein Zeitraum von hundert Jahren ins Spiel kommt – und der taucht bei Märchen des öfteren auf, zum Beispiel im Märchen von Dornröschen.

Dornröschen

„Vor Zeiten war ein König und eine Königin, die sprachen jeden Tag ‚ach, wenn wir doch ein Kind hätten!' und kriegten immer keins. Da trug sich zu, als die Königin einmal im Bade saß, daß ein Frosch aus dem Wasser ans Land kroch und zu ihr sprach ‚dein Wunsch wird erfüllt werden, ehe ein Jahr vergeht, wirst du eine Tochter zur Welt bringen.' Was der Frosch gesagt hatte, das geschah, und die Königin gebar ein Mädchen, das war so schön, daß der König vor Freude sich nicht zu lassen wußte und ein großes Fest anstellte. Er ladete nicht bloß seine Verwandten, Freunde und Bekannte, sondern auch die weisen Frauen dazu ein, damit sie dem Kind hold und gewogen wären. Es waren ihrer dreizehn in seinem Reiche, weil er aber nur zwölf goldene Teller hatte, von welchen sie essen sollten, so mußte eine von ihnen daheim bleiben. Das Fest ward mit aller Pracht gefeiert, und als es zu Ende war, beschenkten die weisen Frauen das Kind mit ihren Wundergaben: die eine mit Tugend, die andere mit Schönheit, die dritte mit Reichtum, und so mit allem, was auf der Welt zu wünschen ist. Als elfe ihre Sprüche eben getan hatten, trat plötzlich die dreizehnte herein. Sie wollte sich dafür rächen, daß sie nicht eingeladen war, und ohne jemand zu grüßen oder nur anzusehen, rief sie mit lauter Stimme ‚die Königstochter soll sich in ihrem fünfzehnten Jahr an einer Spindel stechen und tot hinfallen.' Und ohne ein Wort weiter zu sprechen, kehrte sie sich um und verließ den Saal. Alle waren erschrocken, da trat die zwölfte hervor, die ihren Wunsch noch übrig hatte, und weil sie den bösen Spruch nicht aufheben, sondern nur ihn mildern konnte, so sagte sie ‚es soll aber kein Tod sein, sondern ein hundertjähriger tiefer Schlaf, in welchen die Königstochter fällt.'

Der König, der sein liebes Kind vor dem Unglück gern bewahren wollte, ließ den Befehl ausgehen, daß alle Spindeln im ganzen Königreiche sollten verbrannt werden. An dem Mädchen aber wurden die Gaben der weisen Frauen sämtlich erfüllt, denn es war so schön, sittsam, freundlich und verständig, daß es jedermann, der es ansah, lieb haben mußte. Es geschah, daß an dem Tage, wo es gerade fünfzehn Jahr alt ward, der König und die Königin nicht zu Haus waren, und das Mädchen ganz allein im Schloß zurückblieb. Da ging es allerorten herum, besah Stuben und Kammern, wie es Lust hatte, und kam endlich auch an einen alten Turm. Es stieg die enge Wendeltreppe hinauf, und gelangte zu einer kleinen Türe. In dem Schloß steckte ein verrosteter Schlüssel, und als es umdrehte, sprang die Türe auf, und saß da in einem kleinen Stübchen eine alte Frau mit einer Spindel und spann emsig ihren Flachs. ‚Guten Tag, du altes Mütterchen', sprach die Königstochter, ‚was machst du da?' ‚Ich spinne', sagte die Alte und nickte mit dem Kopf. ‚Was ist das für ein Ding, das so lustig herumspringt?' sprach das Mädchen, nahm die Spindel und wollte auch spinnen. Kaum hatte sie aber die Spindel angerührt, so ging der Zauberspruch in Erfüllung, und sie stach sich damit in den Finger.

In dem Augenblick aber, wo sie den Stich empfand, fiel sie auf das Bett nieder, das da stand, und lag in einem tiefen Schlaf. Und dieser Schlaf verbreitete sich über das ganze Schloß: der König und die Königin, die eben heim gekommen waren und in den Saal getreten waren, fingen an einzuschlafen, und der ganze Hofstaat mit ihnen. Da schliefen auch die Pferde im Stall, die Hunde im Hofe, die Tauben auf dem Dache, die Fliegen an der Wand, ja, das Feuer, das auf dem

Herde flackerte, ward still und schlief ein, und der Braten hörte auf zu brutzeln, und der Koch, der den Küchenjungen, weil er etwas versehen hatte, an den Haaren ziehen wollte, ließ ihn los und schlief. Und der Wind legte sich, und auf den Bäumen vor dem Schloß regte sich kein Blättchen mehr.
Rings um das Schloß aber begann eine Dornenhecke zu wachsen, die jedes Jahr höher ward, und endlich das ganze Schloß umzog und darüber hinauswuchs, daß gar nichts mehr davon zu sehen war, selbst nicht die Fahne auf dem Dach. Es ging aber die Sage in dem Land von dem schönen schlafenden Dornröschen, denn so ward die Königstochter genannt, also daß von Zeit zu Zeit Königssöhne kamen und durch die Hecke in das Schloß dringen wollten. Es war ihnen aber nicht möglich, denn die Dornen, als hätten sie Hände, hielten fest zusammen, und die Jünglinge blieben darin hängen, konnten sich nicht wieder losmachen und starben eines jämmerlichen Todes. Nach langen Jahren kam wieder einmal ein Königssohn in das Land, und hörte, wie ein alter Mann von der Dornhecke erzählte, es sollte ein Schloß dahinter stehen, in welchem eine wunderschöne Königstochter, Dornröschen genannt, schon seit hundert Jahren schliefe, und mit ihr schliefe der König und die Königin und der ganze Hofstaat. Er wußte auch von seinem Großvater, daß schon viele Königssöhne gekommen wären und versucht hätten, durch die Dornenhecke zu dringen, aber sie wären darin hängen geblieben und eines traurigen Todes gestorben. Da sprach der Jüngling ‚Ich fürchte mich nicht, ich will hinaus und das schöne Dornröschen sehen.' Der gute Alte mochte ihm abraten, wie er wollte, er hörte nicht auf seine Worte.
Nun waren aber gerade die hundert Jahre verflossen, und der Tag war gekommen, wo Dornröschen wieder erwachen sollte. Als der Königssohn sich der Dornenhecke näherte, waren es lauter große schöne Blumen, die taten sich von selbst auseinander und ließen ihn unbeschädigt hindurch, und hinter ihm taten sie sich wieder als eine Hecke zusammen. Im Schloßhof sah er die Pferde und scheckigen Jagdhunde liegen und schlafen, auf dem Dache saßen die Tauben und hatten das Köpfchen unter den Flügel gesteckt. Und als er ins Haus kam, schliefen die Fliegen an der Wand, der Koch in der Küche hielt noch die Hand, als wollte er den Jungen anpacken, und die Magd saß vor dem schwarzen Huhn, das sollte gerupft werden. Da ging er weiter und sah im Saale den ganzen Hofstaat liegen und schlafen, und oben bei dem Throne lag der König und die Königin. Da ging er noch weiter, und alles war so still, daß einer seinen Atem hören konnte, und endlich kam er zu dem Turm und öffnete die Türe zu der kleinen Stube, in welcher Dornröschen schlief. Da lag es und

war so schön, daß er die Augen nicht abwenden konnte, und er bückte sich und gab ihm einen Kuß. Wie er es mit dem Kuß berührt hatte, schlug Dornröschen die Augen auf, erwachte, und blickte ihn ganz freundlich an. Da gingen sie zusammen herab, und der König erwachte und die Königin und der ganze Hofstaat, und sahen einander mit großen Augen an. Und die Pferde im Hof standen auf und rüttelten sich: die Jagdhunde sprangen und wedelten: die Tauben auf dem Dache zogen das Köpfchen unterm Flügel hervor, sahen umher und flogen ins Feld: die Fliegen an den Wänden krochen weiter: das Feuer in der Küche erhob sich, flackerte und kochte das Essen: der Braten fing wieder an zu brutzeln: und der Koch gab dem Jungen eine Ohrfeige, daß er schrie: und die Magd rupfte das Huhn fertig. Und da wurde die Hochzeit des Königssohns mit dem Dornröschen in aller Pracht gefeiert, und sie lebten vergnügt bis an ihr Ende."

Kennzeichen für alle Dornröschenlesarten ist der hundertjährige Schlaf. In den Anmerkungen, die von Johannes Bolte und Georg Polívka wesentlich vermehrt wurden, lautet es: „In dem entsprechenden Märchen Basiles 1637... ‚Sole Luna e Talia' erscheinen statt der Feen Wahrsager und verkünden, das neugeborene Kind werde sich an einer Flachsfaser... zu Tode stechen. Es soll nun kein Flachs ins Schloß gelassen werden; eines Tages sieht Talia eine spinnende Alte vorübergehen, und beim Ergreifen des Rockes stößt sie sich eine Agen (Flachsfaser) unter den Fingernagel und sinkt tot zu Boden. Der König läßt sie unter einen Thronhimmel auf einen Sessel niedersetzen und dann das Schloß verschließen. Eines Tages geschah nun, daß einem König auf der Jagd sein Falke von der Hand entflog und sich in ein Fenster jenes Schlosses setzte; weil der Vogel nicht zurückzulocken war, drang er in das Schloß und fand endlich die schöne Schlafende, trug sie aufs Lager und genoß, während sie fortschlief, ihre Liebe. Nach neun Monaten, immer noch schlafend, gebar sie Zwillinge, einen Knaben und ein Mädchen... Als die Kinder nun einmal die Mutterbrust nicht finden konnten, faßten sie die Finger und sogen, bis sie jenen Flachsagen herauszogen, worauf Talia aus ihrem Schlaf erwachte. Der König aber erinnerte sich wieder des Waldes und Schlosses, fand Talia und die Kinder, welche Sole und Luna hießen..."
Wenn die Kinder von Dornröschen, Talia in der italienischen Fassung genannt, Sonne und Mond heißen, so kann Dornröschen selbst ebenfalls nur eines dieser beiden Gestirne vertreten. Weitere

Hinweise auf die rein himmelskundliche Grundlage dieser Märe ist auch der Zug, daß Talia-Dornröschen nach ihrem Stich unter einem „Thronhimmel" eingeschlossen wird. Zum Namen selbst bemerken Bolte-Polívka „Der Name der Heldin Dornröschen mag mit Beziehung auf die umgebende Dornhecke gewählt sein". Im Märchen selbst lautet es „Rings um das Schloß aber begann eine Dornenhecke zu wachsen, die jedes Jahr höher ward, und endlich das ganze Schloß umzog …". Eine weitere Daina wird uns noch darüber aufklären, daß die Sonne einen Rosengarten pflegt, daß also die einzelnen Sonnen auf der Ekliptik auch als Rosen versinnbildlicht wurden. Wenn die Sonne nun einmal im Jahr ihre Bahn zieht, dann besucht oder pflegt sie ihren Rosengarten. Doch im Dornröschenmärchen wächst und wuchert Jahr für Jahr die Dornenhecke, weil Dornröschen ja nicht die Jahressonne vertritt, sondern eine Schaltregel von hundert Mondjahren, die bis ins neunte Jahr reicht. Auch dieser schöne Zug der Dornenhecke unterstützt die bisherigen astralen Deutungen.

Die bereits erwähnte Daina lautet:

> *„Sonne hat den Mond verprügelt*
> *mit dem spitzen Silberspieß,*
> *weil er ihren Rosengarten*
> *in der Nacht erfrieren ließ."*

Sie hat weitreichende Folgen für die astrale Enträtselung deutscher Dichtungen. Wird in ihr doch ohne Umschweife erzählt, daß die Sonne mit der Rose, die Sonnenbahn mit dem Rosengarten gleichzusetzen ist. Die zuvor erläuterte Deutung der Dornenhecke als mehrjährig aufgefaßte Sonnenbahn in der Dornröschenmäre erscheint damit bewiesen. Und wenn Johann Wolfgang von Goethe (1749–1832) dichtet „sah ein Knab' ein Röslein stehen, Röslein auf der Heide" und der Knabe damit droht, das Röslein zu brechen, so steckt er damit (unbewußt!?) ebenfalls mitten in der alteuropäischen astralen Bildersprache. Der Rosengarten spielt in der mittelalterlichen Dichtung eine große Rolle und kann jetzt Zug um Zug als wahrhaft himmlische Dichtung ganz neuartig untersucht werden. Dabei ist es gleichgültig, ob den damaligen Dichtern der himmelskundliche Bezug noch bis in alle Einzelheiten hinein klar war oder nicht. Zu erwähnen, daß der Silberspieß die Strahlen der Sonne bedeutet, erscheint nun kaum noch notwendig.

Die Sonne – Garant des Lebens

Weniger auffällig zwar, weil langsamer in seinem Ablauf, aber für den Menschen noch einschneidender als der regelmäßige Wechsel des Mondlichtes ist der Jahreslauf der Sonne: Während die hochstehende Sommersonne viel Licht und Wärme – und damit Leben – spendet, kann die tiefstehende Wintersonne den todbringenden Frost nicht brechen.
Diese wechselnde Mittagshöhe der Sonne ergibt sich aus der Schiefstellung der Erdachse. Wenn die Sonne bei uns im Sommer hoch am Himmel steht, ist die Nordhälfte der Erde etwas zur Sonne hin geneigt (und entsprechend die Südhälfte von der Sonne abgewandt, so daß dort zur gleichen Zeit Winter herrscht). Dann geht die Sonne weit (und früh) im Nordosten auf, steigt den ganzen Vormittag am Ost- und Südosthimmel hoch und höher, bis sie zur Mittagsstunde im Süden kulminiert, ihre größte Höhe erreicht.
Wie hoch sie dabei steigt, hängt zum einen von der geografischen Breite ab, zum anderen natürlich von der Jahreszeit. Die größtmögliche Höhe überhaupt wird am Tag der Sommersonnenwende erreicht – für Beobachter auf dem 50sten Breitengrad klettert die Sonne dann bis auf rund 63,5 Grad (weiter nördlich bleibt die Mittagshöhe geringer, weiter südlich nimmt sie noch größere Werte an). Wenn sie nach ihrem Abstieg am Südwest- und Westhimmel schließlich weit im Nordwesten versinkt, war die Sonne an diesem Tag für einen Beobachter auf dem 50sten Breitengrad rund 16 Stunden und 22 Minuten über dem Horizont.
Ein halbes Jahr später, zur Wintersonnenwende, ist die Nordhalbkugel der Erde von der Sonne weggerichtet. Daher kann die Sonne bei uns nicht so hoch über den Horizont steigen und geht dann auch entsprechend später auf – nicht mehr im Nordosten, sondern jetzt im Südosten. Zur Mittagszeit bringt sie es gerade noch auf 16,5 Grad oder gut ein Viertel der Sommerhöhe, und am Ende ihres Tageslaufes stand die Sonne nicht einmal halb so lange über dem Horizont wie im Sommer – bloße 8 Stunden und 4 Minuten. Ganz klar, daß die tiefstehende Wintersonne in der kurzen Zeit nicht soviel Wärme bringt wie die hochstehende Sommersonne.
Dieser Wechsel zwischen Sommer und Winter steuert alle nur er-

denklichen Abläufe in der Natur, vom Wetter und Klima als unmittelbaren Folgen der veränderlichen Wärme-Einstrahlung über das Wachstum der Pflanzen bis hin zu den Wanderungen der Tiere, die nach neuen Futterplätzen und Tränken suchen. So ist es nicht verwunderlich, daß dieser regelmäßig wiederkehrende Jahreslauf den Menschen schon lange als Zeitmaß diente. Er umfaßt etwa 365 Tage und ist damit rund 10 Tage länger als ein Mondjahr aus 12 Monden (weshalb die letzten 10 Tage eines Jahres mitunter auch als „Zeit zwischen den Jahren" bezeichnet werden).

Neben der (am Monde orientierten) Zwölferteilung spielte auch die Viererteilung eine wichtige Rolle, die sich an den Sonnenlauf anlehnte. Zwei der Hauptpunkte haben wir bereits kennengelernt, die Sommersonnenwende mit der höchsten Mittagsstellung der Sonne und die Wintersonnenwende mit der niedrigsten Mittagsstellung. Jeweils auf halbem Wege dazwischen liegen die beiden Tagundnachtgleichen oder Äquinoktien, die den Anfang und das Ende der Wachstumsperiode markieren: Zu Frühjahrsbeginn steht die Sonne erstmals länger als zwölf Stunden oder einen halben Tag über dem Horizont und gewinnt damit die Oberhand, und zu Herbstbeginn muß sie diese Herrschaft dann wieder an die Nacht (und damit den Mond) abgeben. Den entsprechenden Sternbildern kam naturgemäß eine große Bedeutung zu.

Anders als beim Mond kann man bei der Sonne nicht direkt sehen, in welchem Sternbild sie gerade steht – tagsüber wird der Himmel durch die Sonnenstrahlen so aufgehellt, daß die Sterne dagegen verlöschen. Es gibt aber eine einfache Möglichkeit, den Weg der Sonne und ihren jeweiligen Himmelsort vor den Sternbildern herauszufinden. Wenn nämlich die Sonne jedes Jahr einmal ihren Himmelsweg entlangwandert, so muß sie dabei – zeitlich um einige Wochen versetzt – nacheinander durch die Sternbilder ziehen, die am Westhimmel nach Sonnenuntergang verschwinden. Wenn also etwa das Sternbild Stier zum letzten Mal am Abendhimmel im Westen gesehen wird und anderthalb „Monde" später am Morgenhimmel im Osten wieder auftaucht, dann muß die Sonne im Zeitraum dazwischen durch dieses Sternbild gewandert sein.

Dieser Jahresweg der Sonne, die sogenannte Ekliptik, ist in den meisten Kulturkreisen schon früh in 12 gleiche Abschnitte – in Anlehnung zu den 12 Monden im Laufe eines Jahres – unterteilt und mit Sternbildfiguren gekennzeichnet worden. Die heute noch in der Astronomie gebräuchlichen Ekliptiksternbilder lassen sich

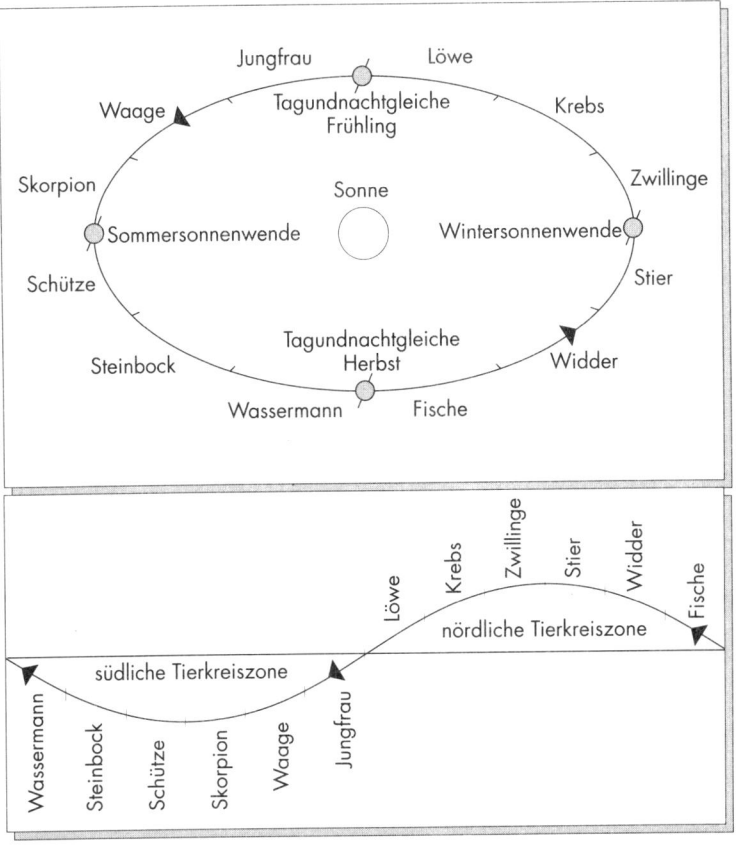

Abbildung 2: Für die Umrundung der Sonne benötigt die Erde ein Jahr (oben). Während dieser Zeit sehen wir die Sonne vor einem ständig wechselnden Hintergrund: Die Sonne scheint durch die Sternbilder der Ekliptik zu wandern (unten). Weil die Erdachse um rund 23,5 Grad geneigt ist, verläuft diese Ekliptik zur Hälfte nördlich des Himmelsäquators (Sommerhalbjahr), zur Hälfte südlich (Winterhalbjahr).

bis weit in die vorchristliche Zeit zurückverfolgen, zum Teil auch über die eine oder andere Umbenennung hinaus. So hieß unser heutiges Sternbild Widder bei den Sumerern des Zweistromlandes vor mehr als 4000 Jahren Bauer, während der benachbarte Stier auch damals schon als „Himmelsstier" bezeichnet wurde.

Noch genauer kann man den Sonnenweg mit einer einfachen Messung festlegen: Wenn die Sonne ein ganzes Jahr braucht, um über diese Straße zu ziehen, dann steht sie immer gerade an der Stelle des Himmels, die ein halbes Jahr später um die Mitte der Nacht im Süden zu finden ist. Es genügt also, um die Mittagszeit die Höhe der Sonne zu messen und ein halbes Jahr später um Mitternacht nachzusehen, welcher Stern in der gleichen Höhe am Südhimmel steht.

Spätestens bei diesen Beobachtungen (die sich übrigens vergleichsweise einfach durch Peilungen vorbei an Visiersteinen verwirklichen ließen) dürfte aufgefallen sein, daß die Himmelswege von Sonne und Mond (und auch der übrigen Wandelsterne, der Planeten also) sehr ähnlich verlaufen. Weil dies so ist (die Mondbahn ist nur um etwas mehr als 5 Grad gegen die Ekliptik geneigt), reichte es in den meisten Fällen auch, das jeweilige Vollmondsternbild zu bestimmen, um zu wissen, durch welches Sternbild die Sonne gerade zog – Sonne und Vollmond stehen einander am Himmel ja gerade gegenüber.

Die Brücke zum himmlischen Glück

Das jährliche Auf und Ab der Sonne (und ihres Gegenübers, des Vollmondes) hat das Leben der frühen Menschen so stark geprägt, daß man in den Überlieferungen entsprechende Hinweise zu Hauf finden sollte – allerdings, wie man nun schon erwarten darf, in verschlüsselter Form. Der Bilder gibt es genügend, weckt doch das „Vor"Bild Sonne oder Mond Erinnerungen an das Besteigen eines Berges oder Baumes, die Benutzung einer Leiter oder auch nur einer Brücke.

In seinem Aufsatz „Der Glasberg" zitiert Professor Otto Huth ein Zigeunermärchen, das seiner Ansicht nach zu den schönsten europäischen Volksmärchen gehört.

„Hier möchte ich ein Zigeunermärchen erwähnen, das zu den schönsten europäischen Volksmärchen gehört... An Stelle des Berges hat es drei Brücken aus Kupfer, Silber und Gold, das ist die Činvatbrücke Irans oder... ‚die Asenbrücke', über die die Asen reiten... Nun eine Stelle aus einer Zigeunerfassung des Glasbergritt-Märchens:

‚Damit gab er seinem Pferd die Sporen und setzte froh und stolz seinen Weg fort. Er ritt, und er ritt. Wie lange er ritt, weiß ich nicht und kann es euch deshalb nicht erzählen. Aber endlich! Endlich, meine Freunde, sah ich etwas, was in der Ferne glänzte. Je weiter ich ritt, um so stärker wurde der Glanz. Und was sehe ich zu guter Letzt, wenn nicht eine Brücke aus blinkendem Kupfer! Wahrhaftig! Ich hielt mein Pferd an. Lange stand ich da mit den Zügeln in der Hand. Die Brücke glänzte im Sonnenschein. Schön war sie. Aber vorwärts mußte ich. Voller Eifer setzte ich den Fuß in den Steigbügel. Rasch schwang ich mich in den Sattel. Ich gab meinem Pferde die Sporen. Das zauderte nicht. Ich selber war blind von dem starken Glanz, aber das Pferd fand doch seinen Weg. Wahrhaftig, ein starker Klang stieg alsbald zum Himmel auf. Dröhnend schlugen die stählernen Hufe des Pferdes gegen das Kupfergewölbe. Ök-doj-trin-schtar-panch![1] Stolz war ich, wie ein König! Mitten auf der Brücke verhielt ich mein Pferd bei den Zügeln. Ich reckte mich in den Steigbügeln. Ich wandte meinen Kopf hin und her und neigte ihn. Tief da unten sah ich das blaue Wasser. Noch tiefer sah ich die rote Kupferbrücke sich spiegeln. Meine Tränen rannen, aber meine Hand zitterte nicht. Stolz ritt ich. Laut erklang die Brücke unter meinem Springer. Ritt ich einen Tag? Ritt ich viele? Was weiß ich! Endlich aber erhob sich in der weitesten Ferne ein Schein, und ein Lichtstrahl traf meine Augen. Ich hielt mein Pferd an. Ich stellte mich zu seiner Linken. Wahrhaftig! Das war die Silberbrücke... Ihr Glanz glich dem Sonnenschein... ich ritt weiter... Endlich begann es in der Ferne zu glänzen. Ein Leuchten stieg auf. Es wurde immer gewaltiger. Sehr bald blendete es meine Augen... Wahrhaftig, die Goldbrücke lag vor mir! Schön war sie. War die Silberbrücke schön gewesen, so war die Goldbrücke doch noch hundertmal schöner... Jetzt aber, meine Freunde, jetzt war ich über sie hinweg. Stolz ritt ich weiter... Bald gewahrte ich ein prächtiges Schloß...'
Eins, zwei drei, vier, fünf!

Das von einem Zigeuner erzählte Märchen zeigt, daß der Himmelsritt den scheinbaren Aufstiegsbögen von Sonne oder Mond nachempfunden wurde. Als Mondreiter sind die Sommerbögen des Nachtgestirns klein und aufgrund der niedrigen Höhe (= niedrige Deklination) oft kupfern und rötlich, besonders im Auf- und Untergange, so daß das Bild von einer Kupferbrücke leicht verständlich wird. Je höher die Mondbögen gegen die Herbst- und Winterzeit werden, desto schöner und heller glänzend wird auch die Brücke des Mondreiters, die dann als silbern und golden beschrieben wird. Wie sehr die Menschen der Frühzeit sich bereits mit den unterschiedlichen Gestirnshöhen beschäftigt haben, zeigen auch Steinritzungen aus jungsteinzeitlichen Kammern in der Bretagne. Aber auch das Pferd des Mondreiters läßt sich unmittelbar vom Himmel abschauen, es ist das geflügelte Unterweltroß, lat. Pegasus (Peg), das als astrales Urbild dem Mondherrscher zugeordnet ist.

Der Auf- und Abstieg zum Himmel oder in die Hölle erfolgt mit Hilfe der Gestirnsbögen, aber auch die Milchstraße kann, wie der Name schon sagt, ein Weg in den Himmel sein, zumal wenn er die große Straße der Sonnenbahn (= Ekliptik) verläßt, um noch höher aufsteigen zu können.

Dies ist besonders schön in lauen Sommernächten zu sehen, wenn sich die Milchstraße um Mitternacht wie eine Brücke vom Südpunkt hoch fast zum Zenit (Scheitelpunkt) und dann wieder hinab zum Nordpunkt spannt. Vielleicht klingt dieses alte Bild von der Brücke zum Himmel unbewußt auch in einem Schlager an, den Gitte vor einiger Zeit sang: „Die Brücke zum Glück ist von Engeln gebaut"; daß das Glück der Verliebten im siebten Himmel zu finden sein soll, hat sich ja mittlerweile herumgesprochen.

Das Sonne-Mond-Ehedrama

Dabei scheint es am Himmel mit dem Glück der Verliebten nicht weit her zu sein, wie der Schlager von Conny schon anklingen ließ. Zumindest Lady Sunshine und Mr. Moon müssen auf die Erfüllung ihrer Liebe verzichten. Ein früher „Vorläufer" dieses Schlagers, noch mit wesentlich mehr Astronomie gespickt, wurde im 13. Jahrhundert von dem isländischen Gelehrten Snorri Sturluson (1179–1241) aufgeschrieben.

„Der dritte der Asen, dieser wird Njörd genannt. Er wohnt am Himmel, dort, wo es Nóatún heißt... Njörd hat (da) eine Frau, die Skati heißt, die Tochter des Joten Thiassi. Skati will unbedingt die Wohnstätte (Thrymheim) haben, die ihr Vater gehabt hatte... Aber Njörd will nahe der See sein.
Sie einigten sich darauf, daß sie neun Nächte in Thrymheim und dann weitere neun (in anderen Fassungen drei) in Nóatún bleiben wollten. Aber als Njörd vom Gebirge nach Nóatún zurück kam, da sagte er dies:

> *‚Leid bin ich das Gebirge*
> *ich war nicht lange da*
> *einmal neun Nächte.*
> *Der Wölfe Getöse*
> *mir dünkt dies übel zu sein,*
> *gegen den Gesang der Schwäne.'*
>
> *Da sagt Skati dies:*
> *‚Schlafen konnte ich nicht*
> *auf dem ‚Bett der Seefahrt'(= Meeresstrand)*
> *des Vogels Lärm (da) droben*
> *dies weckt mich (ständig),*
> *wenn von der Weite kommt*
> *jeden Morgen die Möwe.'"*

Zu dieser Stelle merkt Gottfried Lorenz an:
„Während Skati in ihrer Heimat, dem Gebirge, leben will, zieht Njörd die Nähe des Meeres vor. Dies sind schlechte Voraussetzungen für eine glückliche Ehe... Von einem Streit zwischen Njörd und Skati zu sprechen..., geht wohl zu weit, da der Text darüber nichts sagt, sondern nur das Faktum... des unvereinbaren Willens der Eheleute konstatiert... De Vries ist... recht zu geben, wenn er meint, daß eine derartige eheliche Verbindung schwer zu deuten sei."
Mit Connys Lied fällt die Deutung leicht, Njörd ist die diesmal männlich gedachte Sonne und Skati, got. Skadus ‚Schatten', ist der weiblich gedachte Mond. Es ist erstaunlich, daß bis jetzt noch kein Wissenschaftler darauf gekommen ist, daß hier – wie im Schlagertext – auf das für den Menschen auffälligste Himmelsereignis, Sonne und Mond in Gegenüberstellung, hingewiesen wird. Darüber hinaus wird die kosmische Gesetzmäßigkeit, daß Vollmond und Sonne ‚nicht zusammenleben' können, mit Hilfe einer traurigen Liebes- oder Ehegeschichte erzählt. Connys Schlager und die im Mittelalter aufgeschriebene Himmelsgeschichte beschreiben den Augenblick des Vollmondes, wenn Sonne und Mond gleichgroß, aber in weiter Ferne erscheinen.
Daß die Überlieferung nicht von der Fachwelt verstanden wurde, liegt nicht am Text, sondern an der ungenügenden Zusammenarbeit zwischen Astronomen und Nordisten. Ausdrücklich wird berichtet, daß Njörd und Skati am Himmel wohnen. Aus dem

Verlaufe der Geschichte geht hervor, daß nur Sonne und Mond gemeint sein können. Während im Gespräch zwischen Sonne und Mond, Njörd und Skati, von zweimal neun gemeinsamen Nächten gesprochen wird, berichten zwei andere Handschriften von nur drei Nächten in Nóatún. Damit ist genau diejenige Zeitspanne um den Neumond angegeben, die den astronomischen Gegebenheiten entspricht. Reine Himmelskunde, so weit das Auge reicht! Ja die Geschichte geht noch weiter: Sie berichtet noch davon, in welchem Teil des Himmels Njörd und Skati zu Hause sind. Njörd wohnt im Himmelsheim Nóatún, Hafenheim (vgl. lat. Navis ‚Boot, Schiff' und awnord. Tún ‚Zaun') und Skati im Thrymheim (entweder von awnord. Prymr ‚Getöse, Lärm' oder awnord. Pruðr ‚Kraft'). Im Eddalied Grímnismál (Grm.), dem Lied von Grimnir, werden alle zwölf Himmelsheime der Reihe nach genannt. Das zwölfte bewohnt „Widar mit dem dicken Schuh". Da in einer anderen Geschichte der „dicke Schuh" das Sternbild Steinbock (lat. Capricornus, Cap) vertritt, konnte das elfte Himmelsheim Nóatún, Hafenheim, nur eines der benachbarten Sternbilder, also der Schütze (lat. Sagittarius, Sgr) oder der Wassermann (lat. Aquarius, Aqr) sein. Da Njörds Heim ausdrücklich als am Wasser gelegen beschrieben wird, kommt nur das Sternbild Wassermann für das nordische Nóatún, Hafenheim, in Frage. Damit ließ sich die Reihenfolge der zwölf nordischen Himmelsheime mit der der heute gebräuchlichen Tierkreiseinteilung in Übereinstimmung bringen. Die Himmelsheime mit ihren Hausherren lauten im Grímnismál:

1. Trudheim – Schütze – Thor,
2. Ydalir – Skorpion – Uller,
3. Walaskialf – Skorpion/Waage – (Tagundnachtgleiche) –
4. Sökkwabeck – Jungfrau – Odin,
5. Gladsheim – Löwe – Odin,
6. **Thrymheim** – Krebs/Zwillinge – (Sommersonnenwende) – Thiassi,
7. Breidablick – Zwillinge – Baldur,
8. Himinbiörg – Stier/Orion – Heimdall,
9. Volkwang – Plejaden/Widder – (Tagundnachtgleiche) – Freya,
10. Glitnir – Fische – Forseti,
11. **Nóatún** – Fische/Wassermann – Njörd,
12. Widi – Steinbock – (Wintersonnenwende) – ‚Widar mit dem Schuh'.

Nach dieser Einteilung umfaßt das Himmelsheim Nóatún den

Wassermann und den südlichen und westlichen Fisch (PsA-Psc.). In Richtung Steinbock, Delphin (lat. Delphinus, Del) und Schwan (lat. Cygnus, Cyg) liegt das Meeresufer (Milchstraße bei Cyg), an dem es die Mondfrau Skati wegen der Vogelschreie nicht aushalten kann. Njörd dagegen erträgt nicht das Geheul der Wölfe und sehnt sich nach dem Gesang der Schwäne (vgl. Sternbild Schwan). Das Haus der Mondfrau Skati liegt neben dem Haus des Vaters. Sie will unbedingt in dieses Haus Thrymheim, das an der östlichen Grenze dem Hafenheim an seiner westlichen Grenze gegenübersteht. Diese Grenzlage enthält womöglich einen versteckten Hinweis auf eine weitere astronomische Besonderheit, die „Wanderung der Sternbilder".

Die Wanderung der Sternbilder

Im Zusammenhang mit dem Jahreslauf der Sonne entlang der Ekliptik ist noch auf eine Besonderheit hinzuweisen, die nur bei sehr sorgfältiger und langfristiger Beobachtung der himmlischen Abläufe bemerkt werden kann. Gemeint ist die langsame Wanderung der Sternbilder in Bezug zum irdischen Himmel.
Der Wechsel der Jahreszeiten entsteht ja, wie wir gesehen hatten, durch die Schiefstellung der Erdachse: Im Sommer ist die Nordhalbkugel der Erde etwas mehr auf die Sonne zugewandt, im Winter die Südhalbkugel. Mit anderen Worten bleibt die Lage der Erdachse im Raum weitgehend unverändert, denn sonst würde sie ja nicht Nacht für Nacht immer in Richtung auf den Polarstern zeigen. Es könnte stattdessen auch stets die Nordhalbkugel in Richtung Sonne gedreht sein – etwa so, wie der Mond uns Erdbewohnern immer die gleiche Seite zuwendet.
Schuld an dieser scheinbar fixierten Lage der Erdachse ist die Tatsache, daß sich die Erde um ihre Achse dreht und die Richtung dieser Achse durch die Rotationsbewegung selbst festgehalten wird. Vergleichbares kann man beobachten, wenn man zum Beispiel einen Fahrradreifen antreibt und weiterrollen läßt: So lange der Reifen sich schnell genug dreht, gerät die Achse nicht ins Schlingern, und der Reifen rollt ziemlich geradeaus (Physiker sprechen in diesem Zusammenhang vom Erhalt des Drehimpulses); erst wenn der Schwung durch Reibung aufgezehrt ist, beginnt der Reifen zu schlingern und kippt schließlich um.
Ganz so ideal sind die Dinge dann aber leider doch nicht, denn ein bißchen kommt auch die Erdachse ins Taumeln. Und das hängt mit den „Fettpölsterchen" zusammen, die die Erde aufgrund eben ihrer Rotation angesetzt hat – sie ist nämlich ein bißchen abgeplattet und hat daher am Äquator einen um 43 Kilometer größeren Durchmesser als zwischen den beiden Polen. Die Anziehungskräfte von Sonne und Mond wirken auf diesen Äquatorwulst naturgemäß etwas stärker; sie würden den Wulst am liebsten in die Ekliptikebene zurückkippen, damit die etwas verformte Erde dann „aufrecht" rotiert und ständig gleichbleibenden Kräften ausgesetzt ist. Doch dagegen sträubt sich die Erde und weicht aus. Ein ähnliches Ver-

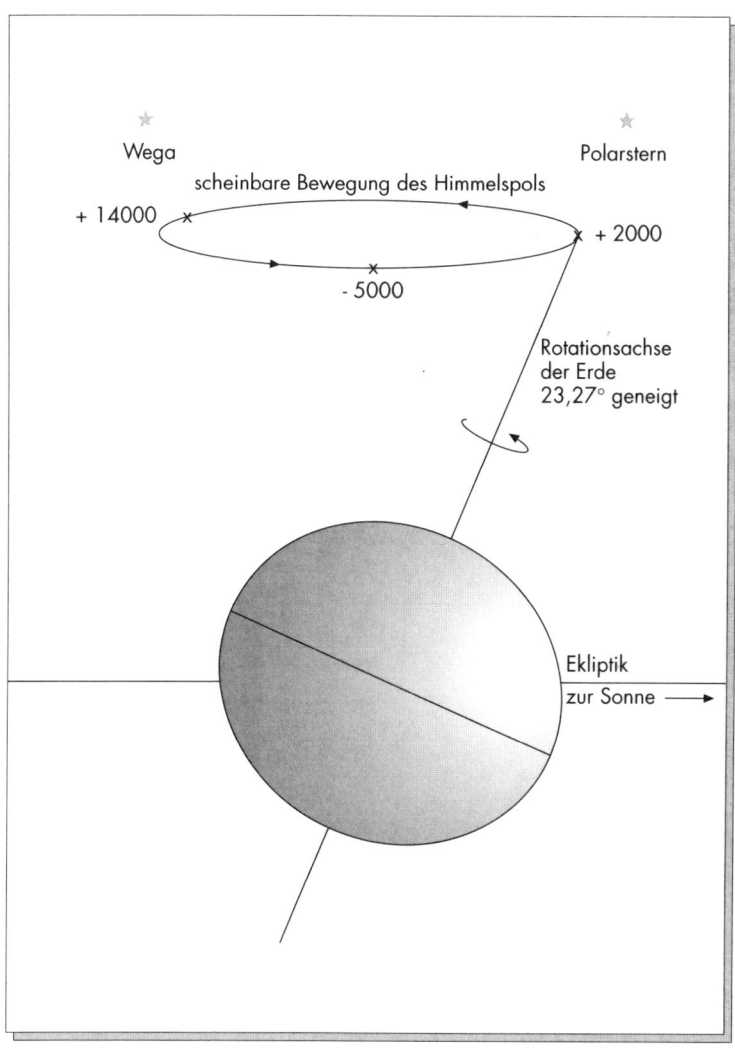

Abbildung 3: Die Erde ist keine vollkommene Kugel, sondern am Äquator etwas dicker als zwischen den beiden Polen. Weil die Drehachse dieser abgeplatteten Erde nicht senkrecht steht, wirkt die Anziehungskraft der Sonne nicht gleichmäßig auf die Erdkugel, sondern versucht, die schiefstehende Erde aufzurichten. Die Erde reagiert jedoch wie ein Kreisel und weicht in eine langsame „Taumelbewegung" aus, die sogenannte Präzession. Dadurch verschiebt sich nicht nur die Ausrichtung der Erdachse (und mit ihr der Himmelspol), sondern auch der Frühlingspunkt wandert langsam entlang der Ekliptik (siehe auch Abbildung 4).

halten kennen wir von einem schiefstehenden Kinderkreisel, der auch nicht gleich umkippt – vielmehr vollführt seine Achse eine langsame Kreis(el)bewegung.

Bei der massereichen Erde und den (vergleichsweise) schwachen Anziehungskräften von Sonne und Mond dauert eine solche Kreiselbewegung fast 26 000 Jahre – sie ist also alles andere als auffällig. Und doch bleibt sie aufmerksamen Himmelsbeobachtern über die Jahrhunderte hinweg nicht verborgen, denn sie führt zu einer sehr langsamen, scheinbaren Wanderung (Präzession) der Sternbilder: Wenn die Richtung der Erdachse verändert wird, verschiebt sich auch die Lage der vier Hauptpunkte der Sonnenbahn (Frühlingstagundnachtgleiche, Sommersonnenwende, Herbsttagundnachtgleiche und Wintersonnenwende) – sie rücken langsam in westlicher Richtung weiter (um etwa 50 Bogensekunden pro Jahr oder 1 Grad alle 72,2 Jahre). Steht die Sonne zur Zeit der Sommersonnenwende heute zum Beispiel im Grenzbereich zwischen Stier und Zwillinge, so erreichte sie vor etwa 2000 Jahren ihren höchsten Punkt im Sternbild Krebs (dessen Name vermutlich daher rührt, daß die Sonne dort gleichsam den „Rückwärtsgang" einlegte und mit ihrem Abstieg im Jahreslauf begann).

Damals, vor rund 2000 Jahren, lag der Frühlingspunkt im Sternbild Widder (weshalb der Frühlingspunkt auch heute noch gelegentlich als Widderpunkt bezeichnet wird), der Herbstpunkt fiel mit dem Sternbild Waage zusammen (dessen Sterne ursprünglich einmal zum benachbarten Skorpion gehört hatten und dort dessen Scheren markierten) und die Wintersonnenwende mit dem Steinbock. Weitere 2000 Jahre früher, zur Blütezeit der Sumerer im Zweistromland, war die Zuordnung um ein weiteres Sternbild nach Osten verschoben. Sie beobachteten die Sommersonnenwende im Sternbild Löwe (das als „König der Tiere" vielleicht deswegen genau diese Position auf der Ekliptik erhielt), die Herbsttagundnachtgleiche im Skorpion, die Wintersonnenwende im Wassermann und die Frühlingstagundnachtgleiche im Stier.

Die Präzessionsuhr tickt

Diese scheinbare Wanderung der Sternbilder (eigentlich dreht sich ja umgekehrt die Erde ganz langsam relativ zur Ekliptik) erlaubt nun eine „astronomische" Altersbestimmung frühzeitlicher astra-

ler Texte, falls sie Hinweise auf die Position eines oder mehrerer der Hauptpunkte enthalten. Als Beispiel wollen wir uns noch einmal die Liste der nordischen „Himmelsheime", die sich aus der Snorra-Edda zusammenstellen läßt, und ihre „moderne" Zuordnung anschauen:
Trudheim (Schütze)
Ydalir (Skorpion)
Walaskialf (Skorpion/Waage)
Sökkwabeck (Jungfrau)
Gladsheim (Löwe)
Thrymheim (Krebs/Zwillinge)
Breidablick (Zwillinge)
Himinbiörg (Stier/Orion)
Volkwang (Plejaden/Widder)
Glitnir (Fische)
Nóatún (Fische/Wassermann)
Widi (Steinbock)
Die Jahresbahn der Sonne beginnt mit dem (heutigen) Schützen, in dem Thor, der Hauptgott, wohnt (daß die Sternbilder entgegengesetzt zur Wanderungsrichtung der Sonne aufgereiht sind, braucht nicht weiter zu stören – diese westwärts gerichtete Zählung entspricht sowohl dem Himmelsanblick als auch der Drift des Frühlingspunktes). Da es früher üblich war, das Jahr im Herbst zu beginnen (eine Tradition, die im jüdischen Kalender bis heute erhalten geblieben ist), darf man annehmen, daß diese Einteilung noch aus jener Zeit stammt, zu der die Herbsttagundnachtgleiche im Sternbild Schütze lag (und entsprechend die Frühlingstagundnachtgleiche im Sternbild Zwillinge). Eine Überschlagsrechnung zeigt, daß dies vor rund 6000 bis 8000 Jahren der Fall war.
Das muß nun nicht heißen, daß auch die Geschichte selbst so alt ist, die uns von Snorre Sturluson überliefert wird. Vielmehr finden wir dort Hinweise auf einen späteren Entstehungszeitpunkt. Wenn man davon ausgeht, daß die Mittagshöhe der Sonne in den ersten Wochen nach der Wintersonnenwende nur sehr langsam und kaum merklich ansteigt, darf man vermuten, daß die in Nóatún wohnende Sonne ursprünglich wohl die Ende-Januar-Sonne darstellte; durch die westwärts gerichtete Präzession kam die Sonne jedoch immer später im Jahr in diese Himmelsregion, so daß sie darauf drängte, in das nach Westen benachbarte Himmelsheim Widi umzuziehen. Erzählt wird zwar, daß es die Mondfrau Skati auf der

anderen Seite des Himmels von Gladsheim ins benachbarte Thrymheim zieht, doch mag dies nur deshalb so geschehen, weil das Drängen des späten Januar-Vollmondes, in den sich die langsam erholende Sonne ja verliebt, für jedermann leichter zu beobachten war. Mit dieser Vorgabe (die Ende-Januar-/Anfang-Februar-Sonne an der Westgrenze des Sternbild Nóatún) kommen wir zu dem Ergebnis, daß die Geschichte von Njörd und Skati möglicherweise vor etwa 1800 Jahren entstand, als weiter westlich der Wintersonnenwendpunkt vom Himmelsheim Widi nach Trudheim (unserem Schützen) abdriftete.

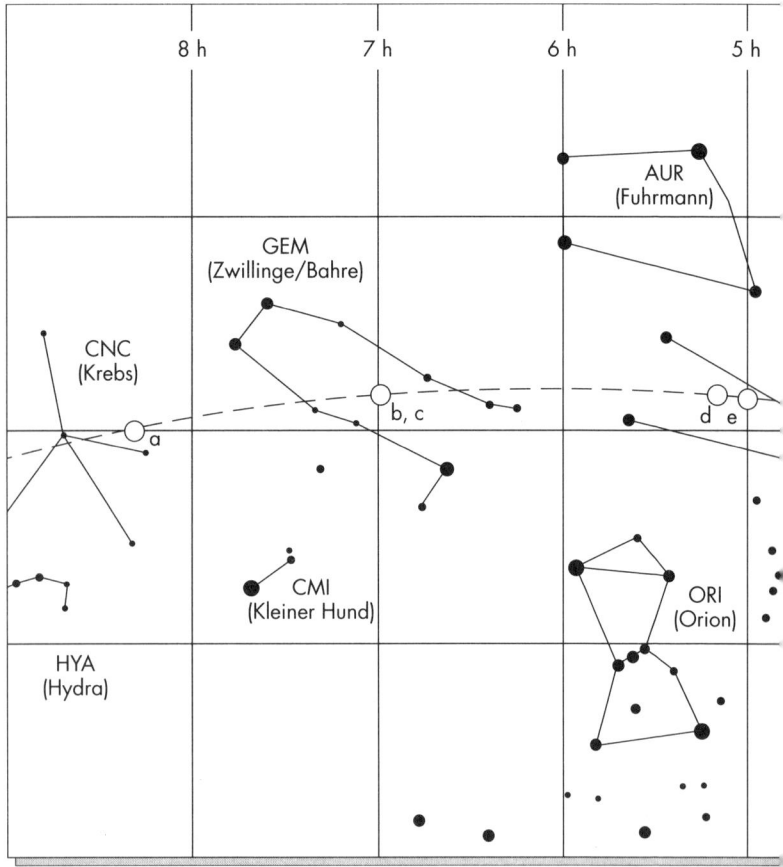

Abbildung 4: Eine vollständige Taumelbewegung der Erdachse als Folge der Präzession (siehe Abbildung 3) dauert knapp 26 000 Jahre. Dadurch verschiebt sich die Position des Frühlingspunktes etwa alle 72 Jahre um ein Grad nach Westen. Heute liegt der Frühlingspunkt im Sternbild Fische, vor knapp 9000 Jahren dagegen befand er sich im Sternbild Krebs (siehe auch die Tabelle unten).

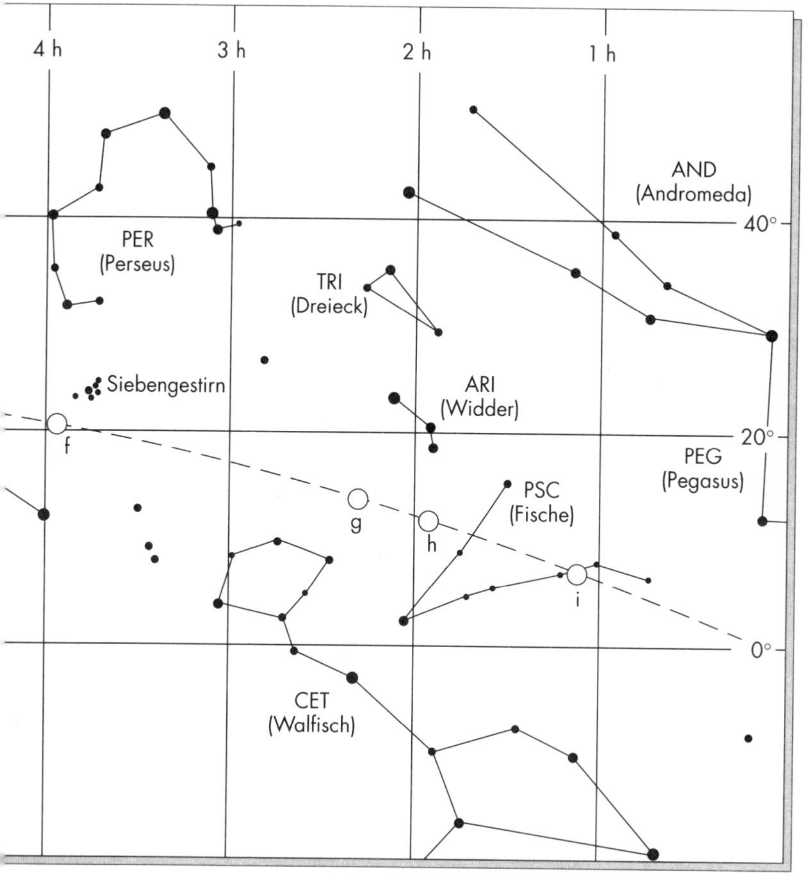

Tabelle 1. Lage des Frühlingspunktes zu Beginn der verschiedenen Ären

	2000	Ära	1. Weltjahr nach unserer Zeitr.	Frühlingspunkt im 1. „Weltjahr" (RA 2000)	in Sternnähe von
a	8984	längste bei Des Vignoles	−6983	8 Std. 20 Min.	ζ Cancri
b	7509	byzantinische	−5508	6 Std. 58 Min.	ζ Geminorum
c	7502	christliche	−5501	6 Std. 58 Min.	ζ Geminorum
d	5761	jüdische	−3760	5 Std. 20 Min.	σ Tauri
e	5483	kürzeste bei Des Vignoles	−3482	5 Std. 5 min.	ι Tauri
f	4340	Siebengestirnsära	−2339	4 Std. 1 Min.	η Tauri
g	2660	japanische	−659	2 Std. 28 Min.	θ Arietis
h	2000	christliche Zeitrechnung	1	1 Std. 51 Min.	γ Arietis
i	1421	mohammedanische	579	1 Std. 19 Min.	ζ Piscium

Tabelle 2: Die Zeitalter nach Frühlingssternbildern

Zeit			Frühlingssternbild	Sternkarte (RA 2000)	historische Epoche
−13600	bis	−10450	Jungfrau	14.22 – 11.37	Jüngere Altsteinzeit
−10450	bis	− 7890	Löwe/Pferd	11.37 – 9.22	Mittelsteinzeit
−7890	bis	− 6450	Krebs	9.22 – 8.00	Mittelsteinzeit
−6450	bis	− 4450	Zwillinge	8.00 – 6.00	Mittelsteinzeit
−4450	bis	− 1830	Stier	6.00 – 3.22	Jungsteinzeit
−1830	bis	− 40	Widder	3.22 – 1.46	Bronze- bis Römerzeit
− 40	bis	2640	Fische	1.46 – 23.29	Römer- bis Neuzeit
2640	bis	4330	Wassermann	23.29 – 21.59	„Zukunft"

Wie im Himmel, so auf Erden

Nicht nur zeitgenössische Schlagertexter greifen gelegentlich (unbewußt) auf himmlische Vorbilder zurück, um Irdisches zu beschreiben oder einzuordnen. In den schon erwähnten lettischen Dainas gibt es sehr viele „kosmische Bezüge". In dem Buch „Hab fünf Truhen voller Lieder", das zahlreiche Dainatexte in deutscher Übertragung enthält, sind unter der Überschrift „Bin auf Brautschau ausgeritten" etliche Beispiele für diese „Himmelslieder" zu finden. Bei dem Versuch, die astralen Wurzeln unserer Märchen freizulegen, haben sie sich als wertvolle Schlüsseltexte erwiesen. Hören wir selbst:

> „Zog drei Jahr' ein braunes Rößlein
> mir in meinem Stall heran,
> kaufte ihm im vierten Jahre
> Sattel wohl und Halfter dann.
> Ich beschlug ihm seine Hufe
> gut und fest im fünften Jahr.
> Bin auf Brautschau ausgeritten
> endlich dann im sechsten Jahr,
> und wohin ich auch geritten,
> sucht' ich eine Mädchenschar.
> Sucht' ich eine Schar von Mädchen,
> warf mein Ringlein mittendrein,
> mittendrein warf ich mein Ringlein,
> allen vor die Füße hin.
> Sprang die erste gleich darüber,
> ging die zweite drumherum.
> Die das Ringlein übersprungen,
> wünsch' ich nicht mal meinem Freund,
> die darum herumgegangen,
> kriegt mein jüngstes Brüderlein,
> aber die es aufgehoben,
> wird mein liebes Bräutchen sein."

Der Bursche mit dem braunen Rößlein ist der Mond auf Brautschau. Monat für Monat, Jahr für Jahr reitet er von Westen nach Osten der aufgehenden Sonne zu. Als er nahe genug auf sie zugeritten kam, „warf" er sein „Ringlein" ihr „vor die Füße hin. Sprang die erste gleich darüber, ging die zweite drum herum." Hier wird deutlich auf die Himmelsbeobachtung Bezug genommen, daß der Mond einmal unterhalb, einmal oberhalb der Sonnenbahn (= Ekliptik) an dem Tagesgestirn vorbeiziehen kann, und daß es Jahre dauert bis Sonne und Mond vereinigt sein können – „aber die es aufgehoben, wird mein liebes Bräutchen sein."
Der in der Nähe der Sonne stets auftauchende Mondring, das monatliche An-der-Sonne-Vorbeireiten und schließlich die Gewißheit, daß beide sich nach einer Anzahl von Jahren finden und vereinigen werden, sind nachprüfbare, sichere Hinweise, daß auch diese lettische Singweise vom Himmel abgeschaut wurde. Dabei wird das auffällige Ereignis einer Sonnenfinsternis als Vereinigung zwischen Bursch' und Maid wie in einer Brautnacht angesehen. Auch auf Erden kann es ebenso lange dauern, bis sich die Richtigen gefunden haben, „wie im Himmel, so auf Erden".
Neben dem Ring wird die abnehmende Mondlichtgestalt auch als Mütze oder Handschuh aufgefaßt. Wenn die Mütze hingefallen ist und von einem Sonnenmädchen aufgehoben wird, haben sich Braut und Bräutigam gefunden, was astronomisch ebenso eine Sonnenfinsternis widerspiegelt:

> *„Schande hast du mir bereitet,*
> *Schwarzfuchs, du mein wildes Roß:*
> *Hier, wo junge Mädchen stehen,*
> *ist der Huf dir ausgerutscht.*
> *Als der Huf dir ausgerutscht ist,*
> *fiel die Mütze mir herab.*
> *He, ihr Mädchen wohlgesittet,*
> *hebt mir meine Mütze auf!*
> *Wer mein Mützlein aufgehoben,*
> *steigt in meinen Schlitten ein.*
> *Sitzt sie neben mir im Schlitten,*
> *Wird sie bald mein Bräutchen sein."*

Nur der naturverbundene, etwas mit der Himmelskunde und ihren volkstümlichen Sinnbildern vertraute Mensch wird in den letzten

beiden lettischen Singweisen unschwer dasselbe astronomische Ereignis wiederfinden, daß nämlich die jahrelange Werbezeit zwischen Sonne und Mond mit einer anschließenden Vereinigung (= Sonnenfinsternis) den beiden Gesängen zu Grunde liegt.
Für die weitere astrale Enträtselung kosmischer Sinnbilder ist der Zug wichtig, daß der Mondbursch' zur Sonne sagt: „steigt in meinen Schlitten ein. Sitzt sie neben mir im Schlitten, wird sie bald mein Bräutchen sein."
Da der Schlitten bereits seit der Bronzezeit in Nord- und Südeuropa (Griechenland) für das Sternbild Zwillinge stand, haben wir hier sogar noch den Himmelsort für die Vereinigung von Sonne und Mond angegeben. Wahrscheinlich hat eine totale Sonnenfinsternis vor langer Zeit im Sternbild Zwillinge den Dichter zu diesem Bild angeregt. Geschah dies noch zu einem besonderen Festtage, z. B. zu Johanni am 24. Juni (Sommersonnenwendfest), so gäbe dies eine gute Erklärung dafür, daß dieses Ereignis den Letten in Form einer Daina in so langer Erinnerung blieb.

> „Gebt mir Handschuh' für die Hände,
> stellt dem Pferdchen Hafer hin.
> Wollt ihr mir nicht Handschuh' geben,
> gebt mir her die Strickerin."

Der Mondreiter benötigt Handschuhe. Weiße Hand (= weißer Vollmond) und Handschuh (= schwarze Hand, schwarzer Mond, aschgraues Mondlicht) sind Mondsinnbilder. Der reitende Mondbursche bittet die ihm nahe stehende Sonne um Handschuhe (die Sonne als Verbergerin des weißen Mondlichtes!). Sollten sie ihm nicht gegeben werden, so begehre er die Strickerin, die die Sonne selber ist. Auch dieser Daina liegt eine genaue Himmelsbeobachtung zu Grunde, daß nämlich der Mond mit zunehmend geringer werdendem Abstand zur Sonne immer dunkler wird, und das bedeutet „er benötige Handschuhe". Wenn ein Mädchen einem Burschen Handschuhe strickt, kann dies als Zuneigung dem jungen Mann gegenüber aufgefaßt werden. Und in der Tat ist dies in Lettland noch heute Brauch.

> „Ach, mein Pferdchen ist verschwunden
> von dem Feld, wo ich geeggt,
> sucht's drei Tage und drei Nächte,
> wo hat es sich nur versteckt?

*Als der vierte Tag vergangen,
ich mein braunes Pferdchen fand:
Fremdes Mädchen hielt's gefangen,
hielt's im Stall am neunten Stand.
‚Fremdes Mädchen, halt mein Pferdchen
länger nicht an deiner Hand!'
‚Wie soll ich's zurück dir geben,
sieh nur, was es angestellt:
Mir zertrat's den Rosengarten,
Brüderlein das Haferland.
Brüderlein verzeih den Hafer,
ich verzeih' die Rosen nicht,
könnte sie vielleicht verzeihen,
wenn dein Mund von Hochzeit spricht.'
‚Bist doch nicht nach meinem Sinne,
wie soll ich dich nehmen, sag?
Ist es doch fürs ganze Leben
und nicht nur für einen Tag.
Das ist doch kein Schultertüchlein,
das man trägt und wieder löst,
das ist doch kein Perlenkränzlein,
das man trägt und fallen läßt.'"*

Das Mondpferdchen ist drei Tage verschwunden. Erst am vierten Tage fand der Bräutigam es wieder. Ein „fremdes Mädchen hielt's gefangen, hielt's im Stall am neunten Stand." Die bereits enträtselten Sinnbilder und die Zahlenverhältnisse zeigen eindeutig die himmelskundliche Vorlage auch dieser Daina. Das fremde Mädchen ist die Sonne, die das Mondpferdchen für drei Tage versteckte und gefangen hielt. Das entspricht auch den tatsächlichen Beobachtungen am Himmel. Das am vierten Tage wiedergefundene Mondpferdchen kennzeichnet das Neulicht des Mondes. Auch hier ist richtig beobachtet worden. Wenn die Sonne das Pferdchen am „neunten Stand" festhielt, so ist damit offenbar der neunte Monat des Jahres gemeint. Dies kann ein Hinweis dafür sein, daß die Brautschau verstärkt im September, wenn alle bäuerlichen Arbeiten beendet waren, einsetzte.
Im zweiten Teil des Gesanges folgt ein Zwiegespräch zwischen Sonne und Mond, Braut und Bräutigam. Der Mondbursch' möchte von der Sonne wieder sein Pferdchen zurückhaben. Sie will nicht

Tafel 1
Dornröschen (Westfälisches Schulmuseum, Foto: Jürgen Spiler, Dortmund)

Tafel 2
Eine Nikolausserviette zu Weihnachten 1993 (unten) und ein bronzezeitliches Felsbild (oben, aus: Herbert Kühn, Wenn Steine reden – Die Sprache der Felsbilder, Wiesbaden, 1969) zeigen nahezu dieselbe Zusammenstellung von Sinnbildern.

Tafel 3
Hase und Igel (Westfälisches Schulmuseum, Foto: Jürgen Spiler, Dortmund)

so recht, weil es der Sonne Rosengarten zertrat. Aus der Sicht der Himmelskunde wäre der Rosengarten die Sonnenbahn (= Ekliptik) und die darauf befindlichen Sonnen die Rosen. Aufgrund der Neigung der Mondbahnebene zur Sonnenbahnebene von etwas mehr als 5 Grad muß der Mond zweimal im Monat die Sonnenbahn kreuzen. In unserem Sinnbild bedeutet dies, daß sich die Sonne beim Mond beschwert, weil er ihr den Rosengarten zertrat. Zunächst will die Sonne dem Mond das Zertreten des Rosengartens nicht verzeihen. Doch dann macht sie dem Mond ein Angebot, „könnte sie vielleicht verzeihen, wenn dein Mund von Hochzeit spricht". Entrüstet lehnt der Mond ab: „Bist doch nicht nach meinem Sinne, wie soll ich dich nehmen, sag? Ist es doch fürs ganze Leben und nicht nur für einen Tag". Der Mond weiß also, daß die Sonne ihn nur für einen Tag nehmen wird und lehnt daher das Angebot ab. Und in der Tat haben auch hier die Letten gut beobachtet, denn Sonne und Mond sind nur zu Neumond so dicht beieinander, daß sie über sich sprechen können, und nur einmal in vielen Jahren vereinigen sie sich zu einem Paar, was eine Sonnenfinsternis zur Folge hat. Wenn der Mond das Angebot der Sonne zunächst stets ablehnt, entspricht das dem „vergeblichen Ringewerfen vor die Füße der Sonnenbraut". Nur ist es diesmal der Mond, der das Werben des Gegenübers ablehnt.

> „Guten Abend, Töchtermutter,
> teilen in zwei Hälften wir:
> Dir gehört der Rosengarten,
> doch die Gärtnerin gib mir."

Tafel 4
Das Sinnbild für den Rupert-Tag (24. 9., oben) ist ein Kübel oder Faß, der Nikolaus-Tag (6. 12., Mitte) wird durch ein Buch mit drei Kugeln symbolisiert, und der Dreikönigstag (6. 1., unten) durch drei Kronen. Das Faß und die Dreiersymbolik spielen im Mondkalender und in den Mondmärchen eine wichtige Rolle (siehe Text). Aus: Alter Bauernkalender, Leykam-Kalenderverlag, Graz-Wien (jährlich neu).

Der Mondbräutigam hat es sich offenbar doch anders überlegt. Er ist des Alleinseins überdrüssig und bietet der Töchtermutter ein Brautgeschäft an: „teilen in zwei Hälften wir: Dir gehört der Rosengarten, doch die Gärtnerin gib mir". Unsere Vermutung, daß die Sonnenbahn der Rosengarten ist, wird bestätigt. Der Mond verzichtet freiwillig auf den Rosengarten, weil er sowieso die Sonnenbahn nicht als Weg benutzt. Nur zweimal im Monat kreuzt er sie. Und nur an diesen Kreuzungspunkten wäre eine Vereinigung mit der Sonne möglich, die als Gärtnerin des Rosengartens beschrieben wird. Sonnenmutter und Töchter beschreiben als Sinnbild die Jahressonne im Verhältnis zu den einzelnen Sonnenbahnabschnitten, so wie im deutschen Kinderliede „Es war eine Mutter, die hatte vier Kinder, den Frühling, den Sommer, den Herbst und den Winter". Der Mond hofft also, daß er eine Sonnentochter einmal wird erwischen können.

Eine himmlische Erlösung

„Vom Himmel hoch, da komm' ich her. Ich bring' euch gute, neue Mär..." Mit diesen Worten beginnt ein alter Weihnachtschoral, dessen Text von keinem geringeren als Martin Luther stammt. Hier tritt er noch offen zutage, der himmlische Bezug der Mär, der Kunde. In der Verkleinerungsform, als Mär-chen, vermag die Überlieferung dem Kundigen auch heute noch himmlische Bezüge zu vermitteln. Er muß sie nur sehen, muß die astralen Wurzeln freilegen, muß gleichsam eine Archäologie der Märchen betreiben, die Bilder und Symbole verstehen lernen, um den himmlischen Kern erschließen zu können.
Eine entsprechende Astro-Untersuchung der Märchentexte fördert verschiedene Themengruppen zutage. Da gibt es Märchen, die den Jahreslauf der Sonne zum Inhalt haben oder den Lichtwechsel des Mondes, andere schildern eine besondere astronomische Begebenheit wie etwa eine Sonnenfinsternis oder die Bedeckung eines Sternhaufens durch den Mond; und wieder andere enthalten wichtige Zahlenverhältnisse. Breiten Raum schließlich nehmen jene Märchen ein, die den Kampf zwischen Sonne und Mond oder – moralisch überhöht – zwischen Gut und Böse thematisieren.
Gerade wegen dieses vermeintlich moralischen Anspruchs sind die Märchen in den letzten Jahrzehnten zunehmend kritisiert, ja verdrängt worden. Umso dringlicher erscheint daher eine Rückführung solcher Inhalte auf den eigentlichen Kern, eben die astronomischen Begebenheiten, die einen ständigen „Kampf" zwischen Licht und Dunkel widerspiegeln. Auf diese Weise gewinnen wir einen ganz anderen Bewertungsmaßstab, der sich an dem jeweiligen himmelskundlichen Wissen anlehnt. Dabei werden wir feststellen, daß unsere mitunter als „Barbaren" verschrieenen Vorfahren weit mehr als nur brandschatzen und Met trinken oder sich in Eroberungszügen gegenseitig die Köpfe einschlagen konnten. Zumindest die „Gebildeten" unter ihnen wußten sehr wohl um die astronomischen Zusammenhänge, und sie haben es nicht versäumt, dieses Wissen in Form von Mythen und Märchen auch dem „gemeinen Volk" zu vermitteln.
Beginnen wir also unsere Suche nach den astralen Wurzeln der

Märchen und Mythen mit dem wohl auffälligsten Himmelsgeschehen, dem Lichtwechsel des Mondes. Er stellt zweifellos eine Ausnahme im kosmischen Schauspiel dar, denn er paßt scheinbar so gar nicht in das Bild vom ewig unveränderlichen Himmel, das der unvoreingenommene Betrachter auch nach jahrelanger Beobachtung gewinnen muß. Kein anderes Himmelsobjekt zeigt auch nur im entferntesten eine vergleichbare starke Veränderung des äußeren Erscheinungsbildes, die auch mit bloßem Auge unübersehbar ist: Wer als Gelegenheitsbeobachter nur die schmale, zunehmende Mondsichel am Abendhimmel sieht und – bedingt etwa durch eine langanhaltende Schlechtwetterperiode – erst rund zwei Wochen später wieder den Vollmond erblickt, wird es kaum für möglich halten, daß es sich in beiden Fällen um ein und dasselbe Objekt handelt. Noch krasser erscheint der Unterschied über knapp vier Wochen zwischen der schmalen Neulichtsichel am Abendhimmel und der schmalen Altlichtsichel am Morgenhimmel (oder umgekehrt zwischen der fahlen Altlichtsichel vor Sonnenaufgang, dem „sterbenden" Mond, und der jungen Neulichtsichel, dem zu neuem Leben erweckten Mond, drei Tage später nach Sonnenuntergang). Erst eine längere Zeit in Anspruch nehmende Beobachtungsreihe läßt den stetigen Wechsel zwischen diesen verschiedenen Lichtgestalten des Mondes erkennbar werden, der vom jungen Neulicht über den prachtvollen Vollmond bis zum blassen Altlicht reicht und dem die dreitägige Unsichtbarkeit während der (heute so bezeichneten) Neumondphase folgt.

Wer nicht um die wirklichen Zusammenhänge weiß oder wissen muß, die zu diesem Lichtwechsel führen, dem erscheint dieser Ablauf als ständige (Ver-)Wandlung, als Wechsel zwischen Licht und Dunkelheit oder eben zwischen Gut und Böse. „Jedes Ding hat zwei Seiten", diese „Volksweisheit" trifft in besonderer Weise auf den Mond zu, dessen Seiten sich im Laufe eines Monats sogar umkehren. Man wird vermuten dürfen, daß diese (Ver-)Wandlung in den Märchen mit ganz besonderen Stilmitteln umschrieben wird.

Die erlöste Prinzessin

„Es war einmal ein König und eine Königin. Die hatten aber gar keine Kinder. Da wurde der König einmal recht böse, und da rief er: ‚Nun wollte ich doch, daß ich ein Kind hätte, und wenn es auch der

lebendige Teufel wäre!' Und alsbald bekam die Königin eine Tochter, die war so schwarz wie ein Rabe, und so häßlich, daß man ordentlich angst wurde, wenn man sie ansah. Und sie brüllte wie ein Tier und war ganz unklug.
Und da sie nun zwölf Jahr alt war, sagte sie zum König, er möchte ihr ein Grab mauern lassen. Das wollte er aber gar nicht tun. Da fing sie aber so an zu brüllen, daß er es aus Angst tat. Und da ließ der König ihr ein Grab mauern in der Kirche, gerade hinter dem Altar. Da legte sie sich hinein und es wurde ein Deckel drauf gelegt, den konnte sie aber selbst wieder davon werfen. Und alle Nacht müssen sechs Soldaten sich abwechseln, um bei ihrem Grabe zu wachen. So hatte sie es befohlen. Wenn man aber des Morgens in die Kirche kam, so hatte die Prinzessin alle umgebracht, und die andere Nacht mußten wieder sechs andere beim Grabe wachen, und die brachte sie wieder um, und das währte zwei Jahre.
Da ging der König einmal spazieren, da begegnete ihm ein Junge. Da sagte der König: ‚Mein Sohn! wo willst du hin?' Da antwortete der Junge: ‚Ach, ich wollte mich gerne vermieten bei einem Schuster oder Schneider.' Da antwortete der König: ‚Wie heißt du denn?' ‚Ich heiße Friedrich.' Da sprach der König: ‚Du sollst dich nicht vermieten, sondern du sollst bei mir Soldat werden. Du kannst Offizier oder du kannst werden, was du willst, nur mußt du eine Nacht bei dem Grabe meiner Tochter wachen.' Das wollte aber Friedrich gar nicht tun, denn er wußte wohl, wie es den Soldaten immer erging. Da ihn aber der König so viel quälte, da tat er es endlich.
Wie er aber nun des Abends in die Kirche kam, da ward ihm so angst ums Herz, daß er wieder heraus lief. Als er aber vor das Tor kam, da stand da so ein weißes Männchen, das sagte: ‚Wo willst du hin, mein Sohn?' Da sagte Friedrich: ‚Ach, ich wollte nur ein wenig spazieren gehen.' Da sagte das Männchen: ‚Ich weiß es wohl; du willst desertieren, weil du angst bist, die Prinzeß würde dich auch umbringen. Geh aber nur wieder zurück! Sie soll dir nichts tun, und nun will ich dir auch sagen, was du tun mußt. Wenn du in die Kirche kommst, dann mußt du beide Arme ausbreiten und dann mußt du vor den Altar hinknien und beten und immer an Gott denken, und was dir dann auch geschehen mag: du darfst gar nicht aufsehen und auch nicht von der Stelle gehen.'
Friedrich tat so, wie ihm das weiße Männchen gesagt hatte. Als es nun 11 Uhr war, da stand die Prinzeß aus ihrem Grabe auf und nahm einen Säbel und schlug Friedrich so damit, daß das Blut immer herunter lief. Aber er fühlte gar keine Schmerzen und betete immer zu Gott. Sie fing so fürchterlich an zu brüllen, daß es die Leute in der Stadt hören konnten. Und sie sagte ihm, er möchte doch aus der

Kirche gehen; aber er stand gar nicht auf, und die Prinzeß schlug ihn immerzu, bis es 12 Uhr war. Da ging sie wieder in ihr Grab.
Wie nun der König den andern Morgen in die Kirche kam und sehen wollte, wie es dem Friedrich ergangen, da saß er noch vor dem Altar und betete. Da wunderte sich der König sehr und die ganze Welt freute sich. Die folgende Nacht mußten wieder sechs Soldaten wachen, die hatte sie aber alle wieder umgebracht. Und die dritte Nacht sollte Friedrich wieder wachen. Da er nun in die Kirche kam, wurde ihm aber so angst, daß er schnell fortlief. Vor dem Tore begegnete ihm wieder das weiße Männchen: er sollte gar nicht angst sein heute Nacht; aber er sollte sich in der Länge vor den Altar aufs Gesicht legen und gar nicht aufsehen und immer beten. Und Friedrich ging auch wieder zurück und tat alles, wie das weiße Männchen befohlen hatte. Und als es 11 Uhr schlug, kam wieder die schwarze Prinzeß und fing ganz schrecklich an zu brüllen und schlug ihn, aber er betete immer zu Gott, bis es 12 Uhr war. Da ging sie wieder in ihr Grab.
Der König konnte das Wunder gar nicht begreifen, da er den Friedrich noch im Leben sah. Und er versprach ihm viel Gold und Silber, wenn er noch eine Nacht bei ihr wachen wollte. Das wollte Friedrich aber gar nicht tun; denn er dachte: heute Nacht bringt sie dich gewiß um, und lieber will ich so weit laufen, als mich meine Füße tragen können.
Er ging also heimlich fort. Als er aber vor das Tor kam, da kam das weiße Männchen wieder her und sagte: ‚Mein Sohn! Heute Nacht mußt du noch beim Grabe wachen und dann wirst du deine Belohnung auch bekommen. Wenn die Prinzessin heute Nacht aufsteht, so mußt du dich gleich in ihr Grab legen und immer beten und an Gott denken und wenn sie auch noch so viel bittet, du möchtest aus ihrem Grabe gehen, so darfst du es doch nicht eher tun, bis sie ganz schnee-engelweiß vor dir steht, und wenn sie dann an zu weinen fängt, so kannst du aufstehen.'
Als Friedrich nun in der Kirche war, betete er recht andächtig zu Gott und, da es 11 Uhr war, stand die Prinzessin auf, und Friedrich legte sich geschwind in ihr Grab. Da fing sie so an zu schmähen und zu brüllen, daß man glaubte, die ganze Kirche wäre eingesunken. Aber Friedrich betete immer zu Gott. Endlich fing sie an zu bitten und sagte ihm, er möchte nur aus ihrem Grab gehen, sie wollte ihm auch nichts tun. Da sah er so ein bißchen auf, da hatte sie ein weißes Fleckchen über den Augen, und wie er da wieder aufsah, da war die Stirn ganz weiß und dann das ganze Gesicht. Da betete er recht zu Gott, und als es bald 12 Uhr war, da stand sie ganz schnee-engelweiß vor ihm und glänzte wie die Sonne und fing an zu weinen

und sagte: ‚Stehe nur auf, lieber Friedrich! Ich tue dir nichts mehr, denn du hast mich erlöst.' Und wie sie dies sagte, schlug es 12 Uhr, und er stand auf.
Da erzählte sie ihm, daß sie 14 Jahre wäre verwünschet gewesen, weil ihr Vater damals gesagt habe, er wollte ein Kind haben, und wenn es auch der lebendige Teufel wäre. Und wie sie ihm so erzählte, taten sich auf einmal alle Gräber auf und alle Soldaten, die die Prinzessin umgebracht hatte, waren wieder lebendig; aber die Bärte waren ihnen so lang gewachsen, daß sie bald auf der Erde schlürften. Und als der König in die Kirche kam, war sie ganz voll von Soldaten, und an der Tür trat ihm Friedrich mit der Prinzessin entgegen. Die aber war so schön, daß er es gar nicht glauben wollte, daß sie seine Tochter wäre. Wie sie ihm aber erzählte, daß Friedrich sie erlöst habe, gab er sie ihm zur Frau, und der König ließ noch am selbigen Tage ein großes Gastmahl anrichten, wo alle die Soldaten mit aßen. Denn sie waren sehr hungrig. Friedrich aber wurde nach dem Tode des Königs König."

Das Märchen *Die erlöste Prinzessin* schrieb die Westfälin Anna von Haxthausen (1801–1877) für die befreundeten Grimms auf. Es enthält jedoch mehrere Einschübe, die nicht zur ursprünglichen Geschichte gehört haben konnten und die eine vollständige astrale Erklärung erschweren. Die Hauptzüge sind aber sicher sehr alt. Offenbar ist die „erlöste Prinzessin" ein mißglücktes Wunschkind, „schwarz wie ein Rabe und so häßlich". Wir werden noch sehen, daß der Rabe in der astralen Symbolik als Vertreter des Mondes zu verstehen ist. In der griechischen Mythologie zum Beispiel wird der zunächst **weiße** Vogel von Apollo als Strafe **angeschwärzt**; anschwärzen kann aber nur die Sonne den auf sie zulaufenden Mond, der ständig an Licht verliert und schließlich völlig schwarz dasteht. Die Umschreibung „schwarz wie ein Rabe" deutet also darauf hin, daß die „erlöste Prinzessin" zunächst eine Schwarz- oder Dunkelmondgestalt ist. Demnach muß der Soldat Friedrich die Sonne sein, die der schwarzen Prinzessin wieder (ihr) Licht geben kann.
„Als Friedrich ... in der Kirche war ... stand die Prinzessin auf, und Friedrich legte sich geschwind in ihr Grab ... da sah er so ein bißchen auf, da hatte sie ein weißes Fleckchen über den Augen, und wie er da wieder aufsah, da war die Stirn ganz weiß und dann das Gesicht ... da stand sie ganz schnee-engelweiß vor ihm und glänzte wie die Sonne."
Schrittweise wird die schwarze Prinzessin weiß und weißer und

glänzte schließlich „wie die Sonne". Das Märchen beschreibt hier den Vorgang des zunehmenden Mondlichtes bis zum Höhepunkt, der mit Vollmond erreicht ist. Der Vollmond wird mit der Sonne verglichen. Dieser Vergleich ist in doppelter Hinsicht gut gewählt: Einmal erscheinen Sonne und Mond gleich groß, zum Zweiten können beide leuchtend weiß sein, der Vollmond besonders im Winter, wenn er sehr hoch am Himmel steht, die Sonne, wenn sie von milchigen, dünnen Wolken halb verdeckt erscheint.
Ein weiterer Hinweis, daß mit der schwarzen Prinzessin nur der zum Vollmond erlöste Dunkelmond gemeint sein kann, liegt in der dreimaligen Prüfung der Sonne (= Friedrich) begründet. Es sind ja nun tatsächlich nur zwei bis drei Tage, in denen der Mond sich verdunkelt hat. Nur zu Beginn und am Ende der Dreitagesfrist ist der Mond aber als dunkle Gestalt zu erkennen. Die Unsichtbarkeit des schwarzen Neumondes wird im Märchen durch die Grablegung versinnbildlicht.
„Da ließ der König ihr ein Grab mauern in der Kirche, gerade hinter dem Altar. Da legte sie sich hinein und es wurde ein Deckel drauf gelegt, den konnte sie aber selbst wieder da von werfen."
Gleich zu Beginn des Märchens wird übrigens eine Verbindung zwischen dem Schwarzmond und dem Gehörnten (= Teufel) hergestellt. Der Vater der schwarzen Prinzessin fluchte ja: „Nun wollte ich doch, daß ich ein Kind hätte, und wenn es auch der lebendige Teufel wäre!" Es wurde zwar nur eine schwarze Prinzessin, deren Benehmen aber zeigte, daß sie im Grunde die weibliche Form des Teufels darstellte („sie brüllte wie ein Tier und war ganz unklug"). Ob Teufel oder schwarze Prinzessin, beide versinnbildlichen den Schwarz- oder Dunkelmond.
Die Zahlenverhältnisse 12 und 2 Jahre hatten ursprünglich sicher auch eine himmlische Zuordnung, die aber in dem uns vorliegenden Märchen mit dem Verlauf der Geschichte nicht mehr übereinstimmt – sei es, weil die Geschichte unvollständig ist oder aber der Erzähler verschiedene Züge miteinander verknüpft hat.

Die weiße und die schwarze Braut

„Eine Frau ging mit ihrer Tochter und Stieftochter über Feld, Futter zu schneiden. Da kam der liebe Gott als ein armer Mann zu ihnen gegangen und fragte ‚wo führt der Weg ins Dorf?' ‚Wenn Ihr ihn wissen wollt', sprach die Mutter, ‚so sucht ihn selber', und die Tochter setzte hinzu ‚habt Ihr Sorge, daß Ihr ihn nicht findet, so nehmt Euch einen Wegweiser mit.' Die Stieftochter aber sprach ‚armer Mann, ich will dich führen, komm mit mir.' Da zürnte der liebe Gott über die Mutter und Tochter, wendete ihnen den Rücken zu und verwünschte sie, daß sie sollten schwarz werden wie die Nacht und häßlich wie die Sünde. Der armen Stieftochter aber war Gott gnädig und ging mit ihr, und als sie nahe am Dorf waren, sprach er einen Segen über sie und sagte ‚wähle dir drei Sachen aus, die will ich dir gewähren.' Da sprach das Mädchen ‚ich möchte gern so schön und rein werden wie die Sonne;' alsbald war sie weiß und schön wie der Tag. ‚Dann möchte ich einen Geldbeutel haben, der nie leer würde;' den gab ihr der liebe Gott auch, sprach aber ‚vergiß das Beste nicht.' Sagte sie ‚ich wünsche mir zum dritten das ewige Himmelreich nach meinem Tode.' Das ward ihr auch gewährt, und also schied der liebe Gott von ihr.

Als die Stiefmutter mit ihrer Tochter nach Hause kam und sah, daß sie beide kohlschwarz und häßlich waren, die Stieftochter aber weiß und schön, so stieg die Bosheit in ihrem Herzen noch höher, und sie hatte nichts anders im Sinn, als wie sie ihr ein Leid antun könne. Die Stieftochter aber hatte einen Bruder namens Reginer, den liebte sie sehr und erzählte ihm alles, was geschehen war. Nun sprach Reginer einmal zu ihr ‚liebe Schwester, ich will dich abmalen, damit ich dich beständig vor Augen sehe, denn meine Liebe zu dir ist so groß, daß ich dich immer anblicken möchte.' Da antwortete sie ‚aber ich bitte dich, laß niemand das Bild sehen.' Er malte nun seine Schwester ab und hing das Bild in seiner Stube auf; er wohnte aber in des Königs Schloß, weil er bei ihm Kutscher war. Alle Tage ging er davor stehen und dankte Gott für das Glück seiner lieben Schwester. Nun war aber gerade dem König, bei dem er diente, seine Gemahlin verstorben, die so schön gewesen war, daß man keine finden konnte, die ihr gliche, und der König war darüber in tiefer Trauer. Die Hofdiener bemerkten aber, daß der Kutscher täglich vor dem schönen Bilde stand, mißgönntens ihm und meldeten es dem König. Da ließ dieser das Bild vor sich bringen, und als er sah, daß es in allem seiner verstorbenen Frau glich, nur noch schöner war, so verliebte er sich sterblich hinein. Er ließ den Kutscher vor sich kommen und fragte, wen das Bild vorstellte. Der Kutscher sagte, es wäre seine Schwester, so entschloß sich der König, keine andere als diese zur Gemahlin zu nehmen, gab ihm Wagen und Pferde und prächtige Goldkleider und schickte ihn fort, seine erwählte Braut abzuholen. Wie Reginer mit der Botschaft ankam, freute sich seine Schwester, allein die Schwarze war eifersüchtig über das Glück, ärgerte sich über alle Maßen und sprach zu ihrer Mutter ‚was helfen nun all Eure Künste, da Ihr mir ein solches Glück doch nicht verschaffen könnt.' ‚Sei still', sagte die Alte, ‚ich will dirs schon zuwenden.' Und durch ihre Hexenkünste trübte sie dem Kutscher die Augen, daß er halb blind war, und der Weißen verstopfte sie die Ohren, daß sie halb taub war. Darauf stiegen sie in den Wagen, erst die Braut in den herrlichen königlichen Kleidern, dann die Stiefmutter mit ihrer Tochter, und Reginer saß auf dem Bock, um zu fahren.

Wie sie eine Weile unterwegs waren, rief der Kutscher
    ‚deck dich zu, mein Schwesterlein,
    daß Regen dich nicht näßt,
    daß Wind dich nicht bestäubt,
    daß du fein schön zum König kommst.'

Die Braut fragte ‚was sagt mein lieber Bruder?' ‚Ach', sprach die Alte, ‚er hat gesagt, du solltest dein gülden Kleid ausziehen und es deiner Schwester geben.' Da zog sies aus und tats der Schwarzen an, die gab ihr dafür einen schlechten grauen Kittel. So fuhren sie weiter: über ein Weilchen rief der Bruder abermals
    ‚deck dich zu, mein Schwesterlein,
    daß Regen dich nicht näßt,
    daß Wind dich nicht bestäubt,
    und du fein schön zum König kommst.'

Die Braut fragte ‚was sagt mein lieber Bruder?' ‚Ach', sprach die Alte, ‚er hat gesagt, du solltest deine güldene Haube abtun und deiner Schwester geben.' Da tat sie die Haube ab und tat sie der Schwarzen auf und saß im bloßen Haar. So fuhren sie weiter: wiederum über eine Weile rief der Bruder
    ‚deck dich zu, mein Schwesterlein,
    daß Regen dich nicht näßt,
    daß Wind dich nicht bestäubt,
    und du fein schön zum König kommst.'

Die Braut fragte ‚was sagt mein lieber Bruder?' ‚Ach', sprach die Alte, ‚er hat gesagt, du möchtest einmal aus dem Wagen sehen.' Sie fuhren aber gerade auf einer Brücke über ein tiefes Wasser. Wie nun die Braut aufstand und aus dem Wagen sich herausbückte, da stießen sie die beiden hinaus, daß sie mitten ins Wasser stürzte. Als sie versunken war, in demselben Augenblick stieg eine schneeweiße Ente aus dem Wasserspiegel hervor und schwamm den Fluß hinab. Der Bruder hatte gar nichts davon gemerkt und fuhr den Wagen weiter, bis sie an den Hof kamen. Da brachte er dem König die Schwarze als seine Schwester und meinte, sie wärs wirklich, weil es ihm trübe vor den Augen war und doch die Goldkleider schimmern sah. Der König, wie er die grundlose Häßlichkeit an seiner vermeinten Braut erblickte, ward sehr bös und befahl, den Kutscher in eine

Grube zu werfen, die voll Ottern und Schlangengezücht war. Die alte Hexe aber wußte den König doch so zu bestricken und durch ihre Künste ihm die Augen zu verblenden, daß er sie und ihre Tochter behielt, ja daß sie ihm ganz leidlich vorkam und er sich wirklich mit ihr verheiratete.
Einmal abends, während die schwarze Braut dem König auf dem Schoße saß, kam eine weiße Ente zum Gossenstein in die Küche geschwommen und sagte zum Küchenjungen
,Jüngelchen, mach Feuer an,
daß ich meine Federn wärmen kann.'
Das tat der Küchenjunge und machte ihr ein Feuer auf dem Herd: da kam die Ente und setzte sich daneben, schüttelte sich und strich sich die Federn mit dem Schnabel zurecht. Während sie so saß und sich wohltat, fragte sie
,was macht mein Bruder Reginer?'
Der Küchenjunge antwortete
,liegt in der Grube gefangen
bei Ottern und bei Schlangen.'
Fragte sie weiter
,was macht die schwarze Hexe im Haus?'
Der Küchenjunge antwortete
,die sitzt warm
ins Königs Arm.'
Sagte die Ente
,daß Gott erbarm!'
und schwamm den Gossenstein hinaus.
Den folgenden Abend kam sie wieder und tat dieselben Fragen und den dritten Abend noch einmal. Da konnte es der Küchenjunge nicht länger übers Herz bringen, ging zu dem König und entdeckte ihm alles. Der König aber wollte es selbst sehen, ging den andern Abend hin, und wie die Ente den Kopf durch den Gossenstein hereinstreckte, nahm er sein Schwert und hieb ihr den Hals durch, da ward sie auf einmal zum schönsten Mädchen, und glich genau dem Bild, das der Bruder von ihr gemacht hatte. Der König war voll Freuden; und weil sie ganz naß dastand, ließ er köstliche Kleider bringen und ließ sie damit bekleiden. Dann erzählte sie ihm, wie sie durch List und Falschheit wäre betrogen und zuletzt in den Fluß hinabgeworfen worden; und ihre erste Bitte war, daß ihr Bruder aus der Schlangenhöhle herausgeholt würde. Und als der König diese Bitte erfüllt hatte, ging er in die Kammer, wo die alte Hexe saß, und fragte ,was verdient die, welche das und das tut?' und erzählte, was geschehen war. Da war sie so verblendet, daß sie nichts merkte und sprach ,die verdient, daß man sie nackt auszieht und in ein Faß mit

Nägeln legt, und daß man vor das Faß ein Pferd spannt und das Pferd in alle Welt schickt.' Das geschah alles an ihr und ihrer schwarzen Tochter. Der König aber heiratete die weiße und schöne Braut und belohnte den treuen Bruder, indem er ihn zu einem reichen und angesehenen Mann machte."

Wie so oft beginnt auch dieses Märchen mit der Altlichtsichel im Osten. Mutter und Tochter kennzeichnen den noch glänzenden, aber an Licht abnehmenden Halbmond, während die Stieftochter die bereits verdunkelte Seite des ersten Mondviertels vertritt und daher eben nur Stieftochter ist!

Sie treffen im Osten den als armen Mann verkleideten lieben Gott, der Mutter und Tochter aufgrund ihrer Überheblichkeit bestraft, denn er:

„wendete ihnen den Rücken zu und verwünschte sie, daß sie sollten schwarz werden wie die Nacht und häßlich."

Wie wir bereits oben gesehen haben, kann nur die Sonne oder ihre Vertreterin den Mond anschwärzen. In der griechischen Mythologie ist es Apollo, und in unserem Märchen nimmt diese Rolle der ‚liebe Gott' ein. Der ‚liebe Gott' ist hier die Sonne, der der abnehmenden Mondhälfte den Rücken zukehrt, wodurch diese schwarz wird. Zur artigen Stieftochter verhält er sich ganz entgegengesetzt:

„Gott ... sprach ... einen Segen über sie und sagte ‚wähle dir drei Sachen aus' ... Da sprach das Mädchen ‚ich möchte gern so schön und rein werden wie die Sonne'; alsbald war sie weiß und schön wie der Tag. ‚Dann möchte ich einen Geldbeutel haben, der nie leer würde'; gab ihr der liebe Gott auch ... ‚ich wünsche mir zum dritten das ewige Himmelreich nach meinem Tode.'"

Während sich das alles bei der zuvor verdunkelten Stieftochter erfüllt, kommen Mutter und Tochter kohlschwarz und häßlich zu Hause an. Das Märchen beschreibt also zunächst den **Lichtwechsel bei Neumond**. Alles ist dabei richtig beobachtet und wiedergegeben worden. Der Astronom, der die Bildersprache des Märchens versteht, wird keine Unstimmigkeit feststellen können.

Aber die Geschichte geht noch weiter. Der Bruder der Mondschönen malt ein Bild von ihr. In dieses Bild verliebt sich ein König, dessen Gemahlin ihm verstorben war. Das Bild glich der verstorbenen Gemahlin. Es versteht sich von selbst, daß der König entschlossen ist, die Braut zu heiraten. An dieser Stelle erinnern wir uns an „Lady Sunshine und Mr. Moon", die sich ebenfalls **von Ferne** verliebten. Im Gegensatz zu ihnen handelt der König in unserem Märchen. Er läßt die Braut zu sich holen. Zunehmende und abnehmende Mondtochter besteigen die Kutsche und fahren zum König. Unterwegs kommt es zum erneuten Lichtwechsel, diesmal bei Vollmond: Die zunehmende Mondhälfte muß ihr „gülden Kleid" ausziehen und der abnehmenden Mondhälfte überlassen. Dafür erhält sie einen „grauen Kittel". Damit nicht genug, denn auch ihre „güldene Haube" muß sie abgeben. Schließlich stürzt die zunehmende Mondhälfte ins Wasser. Doch als sie versunken war, stieg eine schneeweiße Ente aus dem Wasserspiegel hervor. Wir wissen also, daß die gute Mondtochter nicht wirklich tot ist. Sie wird durch eine weiße Ente vertreten, die am Ende zur Erlösung der wahren Braut beiträgt. In anderen Lesarten wird die gute, das heißt die zunehmende Mondhälfte durch einen Sonnenstrahl in eine Eidechse oder in eine Wölfin verwandelt.

Genau genommen wird damit derjenige Augenblick beschrieben, der himmelskundlich gesehen einen Tag nach Vollmond eintritt. An diesem Tage geht die Sonne erstmals eher auf, als der Mond untergeht. Bestätigt wird dieser, völlig mit der exakten Astronomie übereinstimmende Zug auch im Vers einer anderen Lesart. Dort spricht die häßliche Begleiterin zur zunehmenden Mondhälfte:
„Madl, tunk ti, taß ti ta Reign nit anspritzt und taß ti t Sun nit aunplitzt!"
(Mädel, ducke dich, daß dich der Regen nicht anspritzt und daß dich die Sonne nicht anblitzt!)

Die bösartige, abnehmende Mondhälfte weiß also genau, daß mit dem ersten Sonnenstrahl die wahre Braut an Licht verliert. Neben der Verwandlung der zunehmenden Mondhälfte in dunkle Mondtiere wie Eidechse, Wolf oder Schlange („Die Heldin soll nach der Verwünschung ihrer Mutter zur Schlange werden, sobald die Sonne sie beleuchte.") wird der Lichtverlust der wahren Braut in anderen Lesarten sehr derb geschildert. Sie wird von einem Walfisch verschlungen, von der Brücke gestürzt, gar werden ihr von der bösen Widersacherin im Wagen Hände und Füße abgehackt, und schließlich wird sie selbst ins Meer geworfen. Alle diese Züge sind jedoch nur poetische Bilder für ein und denselben Vorgang des **Lichtwechsels zu Vollmond**, den jedermann selbst beobachten kann.

Mutter und Bruder Reginer sind Gestalten, die die Handlung der astralen Mär in Gang bringen sollen. Astronomisch gesehen fallen sie mit ihren Verwandten zusammen. Mutter und Tochter versinnbildlichen beide die abnehmende Mondhälfte, während die wahre Braut und ihr Bruder Reginer die zunehmende verkörpern.

Wenn der König der weißen Ente den Kopf abschlägt, ist die wahre Braut erlöst. Astronomisch gesehen bedeutet das Kopfabschlagen den Lichtwechsel zu Neumond. Danach wird die wahre Braut, die ihres Lichtes beraubt war, wieder vom König, der die Sonne selber ist, mit neuem Licht versehen. Das Märchen sagt dazu, daß der nackten Braut erneut goldene Kleider angelegt werden. Die falsche Braut erhält genau diejenige Strafe, die sie selber in einem solchen Fall des Betruges aussprechen würde:

„die verdient, daß man sie nackt auszieht und in ein Faß mit Nägeln legt, und daß man vor das Faß ein Pferd spannt und ... in alle Welt schickt."

Wenn der zunehmenden Mondgestalt neue (Licht-)Kleider angelegt werden, so müssen entsprechend der anderen Mondgestalt diese Kleider wieder abgenommen werden, sie muß nackt ausgezogen werden. Und das Faß, in das die falsche Braut (die Altlichtsichel) gesteckt wird, taucht als Faß oder Kübel in alten Bauernkalendern zur Kennzeichnung des Neumondes auf (vgl. Tafel 4).

Die Gänsemagd

„Es lebte einmal eine alte Königin, der war ihr Gemahl schon lange Jahre verstorben, und sie hatte eine schöne Tochter. Wie die erwuchs, wurde sie weit über Feld an einen Königssohn versprochen. Als nun die Zeit kam, wo sie vermählt werden sollten und das Kind in das fremde Reich abreisen mußte, packte ihr die Alte gar viel köstliches Gerät und Geschmeide ein, Gold und Silber, Becher und Kleinode, kurz alles, was nur zu einem königlichen Brautschatz gehörte, denn sie hatte ihr Kind von Herzen lieb. Auch gab sie ihr eine Kammerjungfer bei, welche mitreiten und die Braut in die Hände des Bräutigams überliefern sollte, und jede bekam ein Pferd zur Reise, aber das Pferd der Königstochter hieß Falada und konnte sprechen. Wie nun die Abschiedsstunde da war, begab sich die alte Mutter in ihre Schlafkammer, nahm ein Messerlein und schnitt damit in ihre Finger, daß sie bluteten: darauf hielt sie ein weißes Läppchen unter und ließ drei Tropfen Blut hineinfallen, gab sie der Tochter und sprach ‚liebes Kind, verwahre sie wohl, sie werden dir unterwegs not tun.'

Also nahmen beide voneinander betrübten Abschied: das Läppchen steckte die Königstochter in ihren Busen vor sich, setzte sich aufs

Pferd und zog nun fort zu ihrem Bräutigam. Da sie eine Stunde geritten waren, empfand sie heißen Durst und sprach zu ihrer Kammerjungfer ‚steig ab, und schöpfe mir mit meinem Becher, den du für mich mitgenommen hast, Wasser aus dem Bache, ich möchte gern einmal trinken.' ‚Wenn Ihr Durst habt', sprach die Kammerjungfer, ‚so steigt selber ab, legt Euch ans Wasser und trinkt, ich mag Eure Magd nicht sein.' Da stieg die Königstochter vor großem Durst herunter, neigte sich über das Wasser im Bach und trank, und durfte nicht aus dem goldenen Becher trinken. Da sprach sie ‚ach Gott!' da antworteten die drei Blutstropfen ‚wenn das deine Mutter wüßte, das Herz im Leibe tät ihr zerspringen.' Aber die Königsbraut war demütig, sagte nichts und stieg wieder zu Pferde. So ritten sie etliche Meilen weiter fort, aber der Tag war warm, die Sonne stach, und sie durstete bald von neuem. Da sie nun an einen Wasserfluß kamen, rief sie noch einmal ihrer Kammerjungfer ‚steig ab und gib mir aus meinem Goldbecher zu trinken', denn sie hatte aller bösen Worte längst vergessen. Die Kammerjungfer sprach aber noch hochmütiger ‚wollt Ihr trinken, so trinkt allein, ich mag nicht Eure Magd sein.' Da stieg die Königstochter hernieder vor großem Durst, legte sich über das fließende Wasser, weinte und sprach ‚ach Gott!' und die Blutstropfen antworteten wiederum ‚wenn das deine Mutter wüßte, das Herz im Leibe tät ihr zerspringen.' Und wie sie so trank und sich recht überlehnte, fiel ihr das Läppchen, worin die drei Tropfen waren, aus dem Busen und floß mit dem Wasser fort, ohne daß sie es in ihrer großen Angst merkte. Die Kammerjungfer hatte aber zugesehen und freute sich, daß sie Gewalt über die Braut bekäme: denn damit, daß diese die Blutstropfen verloren hatte, war sie schwach und machtlos geworden. Als sie nun wieder auf ihr Pferd steigen wollte, das da hieß Falada, sagte die Kammerfrau ‚auf Falada gehör ich, und auf meinen Gaul gehörst du', und das mußte sie sich gefallen lassen. Dann befahl ihr die Kammerfrau mit harten Worten, die königlichen Kleider auszuziehen und ihre schlechten anzulegen, und endlich mußte sie sich unter freiem Himmel verschwören, daß sie am königlichen Hof keinem Menschen etwas davon sprechen wollte; und wenn sie diesen Eid nicht abgelegt hätte, wäre sie auf der Stelle umgebracht worden. Aber Falada sah das alles an und nahms wohl in acht.
Die Kammerfrau stieg nun auf Falada und die wahre Braut auf das schlechte Roß, und so zogen sie weiter, bis sie endlich in dem königlichen Schloß eintrafen. Da war große Freude über ihre Ankunft, und der Königssohn sprang ihnen entgegen, hob die Kammerfrau vom Pferde und meinte, sie wäre seine Gemahlin: sie ward die Treppe hinaufgeführt, die wahre Königstochter aber mußte unten

stehen bleiben. Da schaute der alte König am Fenster und sah sie im Hof halten und sah, wie sie fein war, zart und schön: ging alsbald hin ins königliche Gemach und fragte die Braut nach der, die sie bei sich hätte und da unten im Hof stände, und wer sie wäre. ‚Die hab ich mir unterwegs mitgenommen zur Gesellschaft; gebt der Magd was zu arbeiten, daß sie nicht müßig steht.' Aber der alte König hatte keine Arbeit für sie und wußte nichts, als daß er sagte ‚da hab ich so einen kleinen Jungen, der hütet die Gänse, dem mag sie helfen.' Der Junge hieß Kürdchen (Konrädchen), dem mußte die wahre Braut helfen Gänse hüten.

Bald aber sprach die falsche Braut zu dem jungen König ‚liebster Gemahl, ich bitte Euch, tut mir einen Gefallen.' Er antwortete ‚das will ich gerne tun.' ‚Nun so laßt den Schinder rufen und da dem Pferde, worauf ich hergeritten bin, den Hals abhauen, weil es mich unterwegs geärgert hat.' Eigentlich aber fürchtete sie, daß das Pferd sprechen möchte, wie sie mit der Königstochter umgegangen war. Nun war das so weit geraten, daß es geschehen und der treue Falada sterben sollte, da kam es auch der rechten Königstochter zu Ohr, und sie versprach dem Schinder heimlich ein Stück Geld, das sie ihm bezahlen wollte, wenn er ihr einen kleinen Dienst erwiese. In der Stadt war ein großes finsteres Tor, wo sie abends und morgens mit den Gänsen durch mußte, ‚unter das finstere Tor möchte er dem Falada seinen Kopf hinnageln, daß sie ihn doch noch mehr als einmal sehen könnte.' Also versprach das der Schindersknecht zu tun, hieb den Kopf ab und nagelte ihn unter das finstere Tor fest.

Des Morgens früh, da sie und Kürdchen unterm Tor hinaustrieben, sprach sie im Vorbeigehen
    ‚o du Falada, da du hangest',
da antwortete der Kopf
    ‚o du Jungfer Königin, da du gangest,
    wenn das deine Mutter wüßte,
    ihr Herz tät ihr zerspringen.'
Da zog sie still weiter zur Stadt hinaus, und sie trieben die Gänse aufs Feld. Und wenn sie auf der Wiese angekommen war, saß sie nieder und machte ihre Haare auf, die waren eitel Gold, und Kürdchen sah sie und freute sich, wie sie glänzten, und wollte ihr ein paar ausraufen. Da sprach sie
    ‚weh, weh, Windchen,
    nimm Kürdchen sein Hütchen,
    und laß 'n sich mit jagen,
    bis ich mich geflochten und geschnatzt,
    und wieder aufgesatzt.'
Und da kam ein so starker Wind, daß er dem Kürdchen sein Hütchen

wegwehte über alle Land, und es mußte ihm nachlaufen. Bis es wiederkam, war sie mit dem Kämmen und Aufsetzen fertig, und er konnte keine Haare kriegen. Da war Kürdchen bös und sprach nicht mit ihr; und so hüteten sie die Gänse, bis daß es Abend ward, dann gingen sie nach Haus.
Den andern Morgen, wie sie unter dem finstern Tor hinaustrieben, sprach die Jungfrau
,o du Falada, da du hangest',
Falada antwortete
,o du Jungfer Königin, da du gangest,
wenn das deine Mutter wüßte,
ihr Herz tät ihr zerspringen.'
Und in dem Feld setzte sie sich wieder auf die Wiese und fing an ihr Haar auszukämmen, und Kürdchen lief und wollte danach greifen, da sprach sie schnell
,weh, weh, Windchen,
nimm Kürdchen sein Hütchen,
und laß 'n sich mit jagen,
bis ich mich geflochten und geschnatzt,
und wieder aufgesatzt.'
Da wehte der Wind und wehte ihm das Hütchen vom Kopf weit weg, daß Kürdchen nachlaufen mußte; und als es wiederkam, hatte sie längst ihr Haar zurecht, und es konnte keins davon erwischen; und so hüteten sie die Gänse, bis es Abend ward.
Abends aber, nachdem sie heim gekommen waren, ging Kürdchen vor den alten König und sagte ,mit dem Mädchen will ich nicht länger Gänse hüten.' ,Warum denn?' fragte der alte König. ,Ei, das ärgert mich den ganzen Tag.' Da befahl ihm der alte König zu erzählen, wies ihm denn mit ihr ginge. Da sagte Kürdchen ,morgens, wenn wir unter dem finsteren Tor mit der Herde durchkommen, so ist da ein Gaulskopf an der Wand, zu dem redet sie
,o du Falada, da du hangest',
da antwortet der Kopf
,o du Königsjungfer, da du gangest,
wenn das deine Mutter wüßte,
das Herz tät ihr zerspringen.'
Und so erzählte Kürdchen weiter, was auf der Gänsewiese geschähe, und wie es da dem Hut im Winde nachlaufen müßte. Der alte König befahl ihm, den nächsten Tag wieder hinauszutreiben, und er selbst, wie es Morgen war, setzte sich hinter das finstere Tor und hörte da, wie sie mit dem Haupt des Falada sprach: und dann ging er ihr auch nach in das Feld und barg sich in einem Busch auf der Wiese. Da sah er nun bald mit seinen eigenen Augen, wie die Gänsemagd und

der Gänsejunge die Herde getrieben brachte, und wie nach einer Weile sie sich setzte und ihre Haare losflocht, sie strahlten von Glanz. Gleich sprach sie wieder

> ‚weh, weh, Windchen,
> faß Kürdchen sein Hütchen,
> und laß 'n sich mit jagen,
> bis daß ich mich geflochten und geschnatzt,
> und wieder aufgesatzt.'

Da kam ein Windstoß und fuhr mit Kürdchens Hut weg, daß es weit zu laufen hatte, und die Magd kämmte und flocht ihre Locken still fort, welches der alte König alles beobachtete. Darauf ging er unbemerkt zurück, und als abends die Gänsemagd heim kam, rief er sie beiseite und fragte, warum sie dem allem so täte. ‚Das darf ich Euch nicht sagen, und darf auch keinem Menschen mein Leid klagen, denn so hab ich mich unter freiem Himmel verschworen, weil ich sonst um mein Leben gekommen wäre.' Er drang in sie und ließ ihr keinen Frieden, aber er konnte nichts aus ihr herausbringen. Da sprach er ‚wenn du mir's nicht sagen willst, so klag dem Eisenofen da dein Leid', und ging fort. Da kroch sie in den Eisenofen, fing an zu jammern und zu weinen, schüttete ihr Herz aus und sprach ‚da sitze ich nun von aller Welt verlassen, und bin doch eine Königstochter, und eine falsche Kammerjungfer hat mich mit Gewalt dahingebracht, daß ich meine königlichen Kleider habe ablegen müssen, und hat meinen Platz bei meinem Bräutigam eingenommen, und ich muß als Gänsemagd gemeine Dienste tun. Wenn das meine Mutter wüßte, das Herz im Leib tät ihr zerspringen.' Der alte König stand aber außen an der Ofenröhre, lauerte ihr zu und hörte, was sie sprach. Da kam er wieder herein und hieß sie aus dem Ofen gehen. Da wurden ihr königliche Kleider angetan, und es schien ein Wunder, wie sie so schön war. Der alte König rief seinen Sohn und offenbarte ihm, daß er die falsche Braut hätte: die wäre bloß ein Kammermädchen, die wahre aber stände hier, als die gewesene Gänsemagd. Der junge König war herzensfroh, als er ihre Schönheit und Tugend erblickte, und ein großes Mahl wurde angestellt, zu dem alle Leute und guten Freunde gebeten wurden. Obenan saß der Bräutigam, die Königstochter zur einen Seite und die Kammerjungfer zur andern, aber die Kammerjungfer war verblendet und erkannte jene nicht mehr in dem glänzenden Schmuck. Als sie nun gegessen und getrunken hatten und guten Muts waren, gab der alte König der Kammerfrau ein Rätsel auf, was eine solche wert wäre, die den Herrn so und so betrogen hätte, erzählte damit den ganzen Verlauf und fragte ‚welches Urteils ist diese würdig?' Da sprach die falsche Braut ‚die ist nichts Besseres wert, als daß sie splitternackt ausgezogen und in ein Faß gesteckt wird, das inwendig mit spitzen Nägeln beschlagen ist: und zwei weiße Pferde müssen vorgespannt werden, die sie Gasse auf, Gasse ab zu Tode schleifen.' ‚Das bist du', sprach der alte König, ‚und hast dein eigen Urteil gefunden, und danach soll dir widerfahren.' Und als das Urteil vollzogen war, vermählte sich der junge König mit seiner rechten Gemahlin, und beide beherrschten ihr Reich in Frieden und Seligkeit."

Das Märchen *Die Gänsemagd* gehört ebenso wie die Märchen *Die weiße und die schwarze Braut*, *Die drei Männlein im Walde* oder *Jungfrau Maleen* (beide hier nicht im einzelnen vorgestellt) zur Erzählgattung der „untergeschobenen Braut". Der Vorgang des Lichtwechsels bei Vollmond und die Erlösung des ersten Mondviertels bei Neumond wird in der Gänsemagd in urtümlicher und reiner Weise erzählt. Das Märchen hat einige Besonderheiten, die wir näher untersuchen wollen.
Ausgangspunkt bildet der Aufbruch der Braut zum weit weg wohnenden Königssohn. Die Umstände des Beginns der Geschichte sind uns nicht neu. Bemerkenswert sind die sprechenden Sinnbilder des Brautschatzes. Die schöne Braut ist ja die zunehmende Mondhälfte. Sie führt einen Goldbecher mit, der ebenfalls ein Sinnbild für die zunehmende Mondhälfte ist (wie der Geldbeutel im vorherigen Märchen). Die alte Königin gibt ihrer schönen Tochter eine Kammerjungfer mit. Sie ist als Dienerin deutlich niedriger in der Rangfolge als die Königstochter. Das entspricht den himmelskundlichen Gegebenheiten. Die schöne Braut beginnt ihre Reise im Westen, ihr Ziel liegt im Osten. Die Kammerjungfer als Vertreterin der zweiten, noch dunklen Mondhälfte muß natürlich gemeinsam mit der schönen Braut fahren. Beide erhalten ein Pferd. Das Pferd der wahren Braut heißt Falada und kann sprechen. Das Pferd der dunklen Mondhälfte ist ein grauer Gaul.
Zum Brautschatz gehört auch ein weißes Läppchen mit drei Blutstropfen der Mutter. Die drei Blutstropfen erinnern an die lunare Dreiersymbolik für den 6. und 26. Dezember und den 6. Januar auf alten Bauernkalendern, die wir noch kennenlernen werden. Die oben genannten Tagessinnbilder kennzeichnen Vollmonde, das heißt volles Licht. Sie sollen der wahren Braut helfen, den beschwerlichen Weg zum Königssohn im Westen zu schaffen.
Kammerjungfer und wahre Braut sind eine Zeitlang unterwegs. Die schöne Braut bekommt Durst. Doch die Kammerjungfer sorgt

dafür, daß die wahre Braut nicht aus ihrem Goldbecher trinken kann. Himmelskundlich gesehen wird hierbei der Augenblick beschrieben, wenn die Sonne vor dem Untergang des Mondes aufgeht, wodurch die zunehmende Mondhälfte erstmals an Licht verliert. Am darauffolgenden Abend erkennt man schon deutlich, daß der nicht mehr ganz volle Mond verspätet aufgeht und an seiner zunehmenden, das heißt westlichen Seite bereits an Licht und Gestalt etwas verloren hat. Die wahre Braut wird entweder zerstückelt oder kann aus dem beschädigten Goldbecher so oder so nicht mehr trinken. Als sie dann noch ihr Läppchen mit den drei roten Blutstropfen beim Trinken am Wasserfluß verliert, merkt die Kammerjungfer, „daß sie Gewalt über die Braut bekäme". Wir nähern uns jetzt mehr und mehr dem Osten und damit auch dem letzten Mondviertel, bei dem das ganze Licht der zunehmenden Mondhälfte auf die östliche Mondhälfte überzugehen scheint. Nach rund 21 Tagen hat sich die westliche Mondhälfte fast vollständig verdunkelt, während die östliche Hälfte im vollen Licht steht. Daher kann die zuvor dunkle, jetzt mächtige Kammerjungfer von der schwach gewordenen Braut fordern:

„,auf Falada gehör ich, und auf meinen Gaul gehörst du' ... Dann befahl ihr die Kammerfrau mit harten Worten, die königlichen Kleider auszuziehen und ihre schlechten anzulegen ... Die Kammerfrau stieg nun auf Falada und die wahre Braut auf das schlechte Roß, und so zogen sie weiter, bis sie endlich in dem königlichen Schloß eintrafen."

Die „harten Worte" der Kammerjungfer sind eben nichts anderes, als den unabänderlichen und ewigen Gesetzmäßigkeiten des Mondlaufes zu folgen. Ebensohart wird die Kammerjungfer am Ende für ihren Betrug bestraft aufgrund derselben „harten" Physik des Gestirnslaufes von Sonne und Mond, so wie er uns von der Erde aus erscheint.

Der Lichtwechsel ist vollzogen, die leuchtende, aber falsche Altlichtbraut erreicht gemeinsam mit der gedemütigten Königstochter das im Osten stehende Schloß des Bräutigams. Doch die Freude währt nicht lange. Gerade dadurch, daß sie mögliche Zeugen der bösen Tat, wie das sprechende Pferd Falada, tötet und die Braut durch erzwungenen Eid zum Schweigen zu bringen versucht, wird ihre Falschheit am Ende entdeckt, und sie spricht geblendet und unabsichtlich ihr eigenes Todesurteil.

Enten, Gänse oder deren Hüter wie Kürdchen (= Konrädchen) sind genauso feststehende Sinnbilder für die Tage um den Neumond wie die kleinen grauen Männchen oder andere Fabelwesen. Der abgeschlagene Pferdekopf versinnbildlicht das Ende des synodischen Mondlaufes, und die zur Gänsemagd erniedrigte Königsbraut ist ebenfalls dem Neumondbereich zugeordnet. Die Dunkelmondgestalt Kürdchen will sich unstandesgemäß der Gänsemagd nähern. Doch die läßt den Wind kommen, der „Kürdchen sein Hütchen" davonbläst. Ein schönes Bild dafür, daß die Dunkelmondgestalt Kürdchen mit Hütchen eben nicht der rechte Gemahl der Königsbraut sein kann.

Alle vier um die Neumondzeit gruppierten Sinnbilder haben ihre besondere Aufgabe und sind zueinander in voller astronomischer Verantwortlichkeit so abgestimmt, daß sie sowohl den Gang der Ereignisse spannend schildern als auch sich innerhalb der astronomischen Gesetzmäßigkeiten bewegen. In der astronomischen Deutung erklärt sich auch die berühmte Dreimaligkeit in den Märchen. Sie ist den drei Tagen um den Neumond nachempfunden, in denen sich die für den Mond und die Sonne entscheidenden Ereignisse abspielen.

Das Märchen *Die Gänsemagd* lehrt uns, daß abgeschlagene Köpfe den exakten Zeitpunkt des Neumondes versinnbildlichen. Sie haben nichts mit der Darstellung von Grausamkeiten zu tun, sondern geben derb das Ende einer himmelskundlichen Erscheinung an. In der Regel können die abgeschlagenen Mondköpfe auch sprechen. Spätestens hier hätte klar sein müssen, daß wir es mit Sinnbildergeschichten zu tun haben und nicht mit der Lust an grausamen Darstellungen. Es ist ja merkwürdig, daß ein abgeschlagener Kopf sprechen und Rat geben kann. In der germanischen Mythologie ist es Mimir, der dem Odin Ratschläge erteilt. Zumindest in diesem Zug wäre Odin eine vergötterte Mondgestalt. Odin und Mimir verhalten sich zueinander wie die Gänsemagd zu Falada.

Auch im astral bezogenen Christentum hat sich dieses Bild erhalten. Felix und Regula halten ihre eigenen Köpfe in Händen, wie das Tageskennzeichen für den 11. September in alten Bauernkalendern noch angibt (vgl. Tafel 4). Das Kennzeichen für den 28. August ist das auf einem Teller dargebrachte Haupt von Johannes. Kalendarisch gesehen kennzeichnen alle Tagessinnbilder, die abgeschlagene Köpfe zeigen, das Ende eines Zeitraumes, meist einer Mondzeit.

Im Märchen von der weißen und schwarzen Braut behauptet der

verwitwete König vom Bild seiner zukünftigen Braut, „daß es in allem seiner verstorbenen Frau glich, nur noch schöner war." Die Betonung liegt wohl auf „noch schöner". Da der Vollmond nach der Wintersonnenwende der höchste und schönste ist, dürfen wir daraus schließen, daß der König zunächst mit der lunaren Dezemberbraut verheiratet war, zumindest mit einer Mondgestalt, die auf jeden Fall eine niedrigere Mittagshöhe (= Deklination) besaß als seine Nachfolgerin. Der Name des Mondpferdes Falada läßt sich auf „Velentin" und „Valentin" zurückführen. Unmittelbar im Anschluß an den heiligen Dreikönigstag ist Valentinstag (7. Januar). Auch wenn es einen weiteren Valentinstag am 14. Februar gibt, so läßt sich schon jetzt vermuten, daß der mögliche Ursprung der Märchengattung von der vertauschten Braut im Januar- oder Julmond begründet liegt.

Als Erlösermärchen der „zweiten Art" kann man jene Erzählungen bezeichnen, in denen es um verwünschte Personen geht; sie sind zumeist längere Zeit von einem Fluch befallen, den es durch eine gute Tat oder ein „Opfer" zu brechen gilt. Zu dieser Gruppe gehört zum Beispiel *Dornröschen*, das wir schon kennengelernt haben. Dort hatten wir die „hundert Mond-Jahre" als dichterische Beschreibung für eine Schaltregel kennengelernt, nach der hundert (synodische) Monate gerade acht Jahren und einem Monat entsprechen.

Auch in unserem nächsten Märchen taucht dieser Zeitraum von acht Jahren wieder auf.

Hans mein Igel

„Es war einmal ein Bauer, der hatte Geld und Gut genug, aber wie reich er war, so fehlte doch etwas an seinem Glück: er hatte mit seiner Frau keine Kinder. Öfters, wenn er mit den andern Bauern in die Stadt ging, spotteten sie und fragten, warum er keine Kinder hätte. Da ward er endlich zornig, und als er nach Haus kam, sprach er ‚ich will ein Kind haben, und sollts ein Igel sein.' Da kriegte seine Frau ein Kind, das war oben ein Igel und unten ein Junge, und als sie das Kind sah, erschrak sie und sprach ‚siehst du, du hast uns verwünscht.' Da sprach der Mann ‚was kann das alles helfen, getauft mußt der Junge werden, aber wir können keinen Gevatter dazu nehmen.' Die Frau sprach ‚wir können ihn auch nicht anders taufen als Hans mein Igel.' Als er getauft war, sagte der Pfarrer ‚der kann wegen seiner Stacheln in kein ordentlich Bett kommen.' Da ward hinter dem Ofen ein wenig Stroh zurecht gemacht und Hans mein Igel darauf gelegt. Er konnte auch an der Mutter nicht trinken, denn er hätte sie mit seinen Stacheln gestochen. So lag er da hinter dem Ofen acht Jahre, und sein Vater war ihn müde und dachte, wenn er nur stürbe; aber er starb nicht, sondern blieb da liegen. Nun trug es sich zu, daß in der Stadt ein Markt war, und der Bauer wollte hingehen, da fragte er seine Frau, was er ihr sollte mitbringen. ‚Ein wenig Fleisch und ein paar Wecke, was zum Haushalt gehört', sprach sie. Darauf fragte er die Magd, die wollte ein paar Toffeln und Zwickelstrümpfe. Endlich sagte er auch ‚Hans mein Igel, was willst du denn haben?' ‚Väterchen', sprach er, ‚bring mir doch einen Dudelsack mit.' Wie nun der Bauer wieder nach Haus kam, gab er der Frau, was er ihr gekauft hatte, Fleisch und Wecke, dann gab er der Magd die Toffeln und die Zwickelstrümpfe, endlich ging er hinter den Ofen und gab dem Hans mein Igel den Dudelsack. Und wie Hans mein Igel den Dudelsack hatte, sprach er ‚Väterchen, geht doch vor die Schmiede und laßt mir meinen Göckelhahn beschlagen, dann will ich fortreiten und will nimmermehr wiederkommen.' Da war der Vater froh, daß er ihn los werden sollte, und ließ ihm den Hahn beschlagen, und als er fertig war, setzte sich Hans mein Igel darauf, ritt fort, nahm auch Schweine und Esel mit, die wollt er draußen im Walde hüten. Im Wald aber mußte der Hahn mit ihm auf einen hohen Baum fliegen, da saß er und hütete die Esel und Schweine, und saß lange Jahre, bis die Herde ganz groß war, und wußte sein Vater nichts von ihm. Wenn er aber auf dem Baum saß, blies er seinen Dudelsack und machte Musik, die war sehr schön. Einmal kam ein König vorbeigefahren, der hatte sich verirrt und hörte die Musik: da verwunderte er sich darüber und schickte seinen Bedienten hin, er sollte sich einmal umgucken, wo die Musik herkäme. Er guckte sich um, sah aber nichts als ein kleines Tier auf dem Baum oben sitzen, das war wie ein Göckelhahn, auf dem ein Igel saß, und er machte die Musik. Da sprach der König zum Bedienten, er sollte fragen, warum er da säße, und ob er nicht wüßte, wo der Weg in sein Königreich ginge. Da stieg Hans mein Igel vom Baum und sprach, er wollte den Weg zeigen, wenn der König ihm wollte verschreiben und versprechen, was ihm zuerst begegnete am königlichen Hofe, sobald er nach Hause käme. Da dachte der König ‚das kann ich leicht tun, Hans mein Igel versteht's doch nicht, und ich kann schreiben, was ich will.' Da nahm der König Feder und Tinte und schrieb etwas auf, und als es geschehen war, zeigte ihm Hans mein Igel den Weg, und er kam glücklich nach Haus. Seine Tochter aber, wie sie ihn von weitem sah, war so voll Freuden, daß sie ihm entgegenlief und ihn küßte. Da gedachte er an Hans mein Igel und erzählte ihr, wie es ihm gegangen wäre, und daß er einem wunderlichen Tier hätte verschreiben sollen, was ihm daheim zuerst begegnen würde, und das Tier hätte auf einem Hahn wie auf einem Pferde gesessen und schöne Musik gemacht; er hätte aber geschrieben, es sollts nicht haben, denn Hans mein Igel könnt es doch nicht lesen. Darüber war die Prinzessin froh und sagte, das wäre gut, denn sie wäre doch nimmermehr hingegangen.

Hans mein Igel aber hütete die Esel und Schweine, war immer lustig, saß auf dem Baum und blies auf seinem Dudelsack. Nun geschah es, daß ein anderer König gefahren kam mit seinen Bedienten und Laufern, und hatte sich verirrt, und wußte nicht wieder nach Haus zu kommen, weil der Wald so groß war. Da hörte er gleichfalls die schöne Musik von weitem und sprach zu seinem Laufer, was das wohl wäre, er sollte einmal zusehen. Da ging der Laufer hin unter den Baum und sah den Göckelhahn sitzen und Hans mein Igel oben drauf. Der Laufer fragte ihn, was er da oben vorhätte. ‚Ich hüte meine Esel und Schweine; aber was ist Euer Begehren?' Der Laufer sagte, sie hätten sich verirrt und könnten nicht wieder ins Königreich, ob er ihnen den Weg nicht zeigen wollte. Da stieg Hans mein Igel mit dem Hahn vom Baum herunter, und sagte zu dem alten König, er wolle ihm den Weg zeigen, wenn er ihm zu eigen geben wollte, was ihm zu Haus vor seinem königlichen Schlosse das erste begegnen würde. Der König sagte ‚ja' und unterschrieb sich dem Hans mein Igel, er sollte es haben. Als das geschehen war, ritt er auf dem Göckelhahn voraus und zeigte ihm den Weg, und gelangte der König glücklich wieder in sein Reich. Wie er auf den Hof kam, war große Freude darüber. Nun hatte er eine einzige Tochter, die war sehr schön, die lief ihm entgegen, fiel ihm um den Hals und küßte ihn und freute sich, daß ihr alter Vater wiederkam. Sie fragte ihn auch, wo er so lange in der Welt gewesen wäre, da erzählte er ihr, er hätte sich verirrt und wäre beinahe gar nicht wiedergekommen, aber als er durch einen großen Wald gefahren wäre, hätte einer, halb wie ein Igel, halb wie ein Mensch, rittlings auf einem Hahn in einem hohen Baum gesessen und schöne Musik gemacht, der hätte ihm fortgeholfen und den Weg gezeigt, er aber hätte ihm dafür versprochen, was ihm am königlichen Hofe zuerst begegnete, und das wäre sie, und das täte ihm nun so leid. Da versprach sie ihm aber, sie wollte gerne mit ihm gehen, wenn er käme, ihrem alten Vater zuliebe.

Hans mein Igel aber hütete seine Schweine, und die Schweine bekamen wieder Schweine, und wurden ihrer so viel, daß der ganze Wald voll war. Da wollte Hans mein Igel nicht länger im Walde leben, und ließ seinem Vater sagen, sie sollten alle Ställe im Dorf räumen, denn er käme mit einer so großen Herde, daß jeder schlachten könnte, der nur schlachten wollte. Da war sein Vater betrübt, als er das hörte, denn er dachte, Hans mein Igel wäre schon lange gestorben. Hans mein Igel aber setzte sich auf seinen Göckelhahn, trieb die Schweine vor sich her ins Dorf und ließ schlachten; hu! da war ein Gemetzel und ein Hacken, daß mans zwei Stunden weit hören konnte. Danach sagte Hans mein Igel ‚Väterchen, laßt mir meinen Göckelhahn noch einmal vor der Schmiede beschlagen, dann reit ich fort und komme mein Lebtag nicht wieder.' Da ließ der Vater den Göckelhahn beschlagen und war froh, daß Hans mein Igel nicht wiederkommen wollte.

Hans mein Igel ritt fort in das erste Königreich, da hatte der König befohlen, wenn einer käme auf einem Hahn geritten, und hätte einen Dudelsack bei sich, dann sollten alle auf ihn schießen, hauen und stechen, damit er nicht ins Schloß käme. Als nun Hans mein Igel dahergeritten kam, drangen sie mit den Bajonetten auf ihn ein, aber er gab dem Hahn die Sporen, flog auf, über das Tor hin vor des Königs Fenster, ließ er sich da nieder, und rief ihm zu, er sollt ihm geben, was er versprochen hätte, sonst so wollt er ihm und seiner Tochter das Leben nehmen. Da gab der König seiner Tochter gute Worte, sie möchte zu ihm hinausgehen, damit sie ihm und sich das Leben rettete. Da zog sie sich weiß an, und ihr Vater gab ihr einen Wagen mit sechs Pferden und herrlichen Bedienten, Geld und Gut. Sie setzte sich ein, und Hans mein Igel mit seinem Hahn und Dudelsack neben sie, dann nahmen sie Abschied und zogen fort, und der König dachte, er kriegte sie nicht wieder zu sehen. Es ging aber anders, als er dachte, denn als sie ein Stück Wegs von der Stadt waren, da zog ihr Hans mein Igel die schönen Kleider aus, und stach sie mit seiner Igelhaut, bis sie ganz blutig war, sagte ‚das ist der Lohn für eure Falschheit, geh hin, ich will dich nicht', und jagte sie damit nach Haus, und war sie beschimpft ihr Lebtag.

Hans mein Igel aber ritt weiter auf seinem Göckelhahn und mit seinem Dudelsack nach dem zweiten Königreich, wo er dem König auch den Weg gezeigt hatte. Der aber hatte bestellt, wenn einer käme wie Hans mein Igel, sollten sie das Gewehr präsentieren, ihn frei hereinführen, Vivat rufen, und ihn ins königliche Schloß bringen. Wie ihn nun die Königstochter sah, war sie erschrocken, weil er doch gar zu wunderlich aussah, sie dachte aber, es wäre nichts anders, sie hätte es ihrem Vater versprochen. Da ward Hans mein Igel von ihr bewillkommt, und ward mit ihr vermählt, und er mußte mit an die königliche Tafel gehen, und sie setzte sich zu seiner Seite, und sie aßen und tranken. Wies nun Abend ward, daß sie wollten schlafen gehen, da fürchtete sie sich sehr vor seinen Stacheln: er aber sprach, sie sollte sich nicht fürchten, es geschähe ihr kein Leid, und sagte zu dem alten König, er sollte vier Mann bestellen, die sollten wachen vor der Kammertüre und ein großes Feuer anmachen, und wann er in die Kammer eingige und sich ins Bett legen wollte, würde er aus seiner Igelshaut herauskriechen und sie vor dem Bett liegen lassen: dann sollten die Männer hurtig herbeispringen und sie ins Feuer werfen, auch dabeibleiben, bis sie vom Feuer verzehrt wäre. Wie die Glocke nun elfe schlug, da ging er in die Kammer, streifte die Igelshaut ab und ließ sie vor dem Bette liegen: da kamen die Männer und holten sie geschwind und warfen sie ins Feuer; und als sie das Feuer verzehrt hatte, da war er erlöst, und lag da im Bett ganz als Mensch gestaltet, aber er war kohlschwarz wie gebrannt. Der König schickte zu seinem Arzt, der wusch ihn mit guten Salben und balsamierte ihn, da ward er weiß, und war ein schöner junger Herr. Wie das die Königstochter sah, war sie froh, und am andern Morgen stiegen sie mit Freuden auf, aßen und tranken, und war die Vermählung erst recht gefeiert, und Hans mein Igel bekam das Königreich von dem alten König.

Wie etliche Jahre herum waren, fuhr er mit seiner Gemahlin zu seinem Vater und sagte, er wäre sein Sohn; der Vater aber sprach, er hätte keinen, er hätte nur einen gehabt, der wäre aber wie ein Igel mit Stacheln geboren worden, und wäre in die Welt gegangen. Da gab er sich zu erkennen, und der alte Vater freute sich und ging mit ihm in sein Königreich.

  Mein Märchen ist aus,
  und geht vor Gustchen sein Haus."

Wenn in einem Märchen eine Schnecke, Schildkröte oder ein Igel auftaucht, dürfen wir grundsätzlich von einem Sonnenvertreter ausgehen (siehe Anhang). Bereits in der Überschrift weist das Märchen auf den Igel hin, der in der Tat die Hauptrolle spielt. Hans mein Igel gehört zu der Märchengattung der erlösten Tierbräutigame. Diese Gattung ist sehr umfangreich. Erlöst werden können Sonne oder Mond, die Erlösung liegt im Neumond, der wiederum zu ganz bestimmten Zeiten und nach ganz bestimmten Zeitabläufen an verschiedenen Stellen des Jahres oder nach bestimmten Jahren gedacht wird. Das bedeutet, daß der Verzauberte nicht immer die Sonne alleine, sondern auch der Mond sein kann und daß die Erlösung sich auf eine Jahreszeit, z. B. den Frühling, oder auch auf eine Reihe von Jahren oder Monaten beziehen kann. Dornröschen wachte ja erst im neunten Jahre auf, nämlich nach genau 100 Mond„jahren", als 8 Jahre und 31 Tage vergangen waren. In zusammengesetzten Märchen kann es aber auch so sein, daß zunächst

ein verzauberter Sonnenvertreter erscheint und im weiteren Verlauf des Märchens sich Hinweise auf eine auf Erlösung hoffende Mondgestalt mehren. Diese oft mühselig aufzuschließenden Märchen wollen wir zunächst vernachlässigen. Mit ‚Hans mein Igel' besprechen wir ein Märchen, in dem die Sonne verzaubert erscheint. Hans mein Igel erweist sich schon im Sinnbild Igel als Sonnenvertreter. Hans mein Igel ist ein mißglücktes Wunschkind. Daher lebte er acht Jahre hinter dem Ofen. Fast dieselbe Zeitspanne schlummerte Dornröschen. Während Dornröschen ihre Erlösung durch den richtigen Mondprinzen schlafend erwartet, legt Hans mein Igel selbst an seiner Erlösung Hand an. Nach acht Jahren des Ungeliebtseins erbittet sich Hans mein Igel einen Dudelsack und einen beschlagenen Göckelhahn, auf dem er dann fortreitet. Mit Dudelsack und Göckelhahn findet er dann seine Erlösung in Form einer ungewöhnlichen Neumonderscheinung:
„da ging er in die Kammer, streifte die Igelshaut ab ... und als sie das Feuer verzehrt hatte, da war er erlöst, und lag da im Bett ganz als Mensch gestaltet, aber er war kohlschwarz wie gebrannt. Der König schickte zu seinem Arzt, der wusch ihn mit guten Salben und balsamierte ihn, da ward er weiß, und war ein schöner junger Herr. Wie das die Königstochter sah, war sie froh ... und ward die Vermählung erst recht gefeiert."
Da nur bei einer Sonnenfinsternis die Sonne schwarz werden kann, liegt hier die märchenhafte Darstellung einer Sonnenfinsternis vor. Sie ist gut beobachtet. Denn bei einer derartigen Finsternis verliert die Sonne an Kraft, es wird nicht nur dunkler, sondern auch kälter, die Sonne hat ihr Stachelkleid abgelegt und kann damit die Mondfrau nicht mehr piksen. Dies ist auch gar nicht mehr notwendig, denn im Gegensatz zur ersten Mondfrau ist die zweite die richtige. Nach genau acht Jahren sind fast 99 Monde vergangen. Die erste Neumondnacht ereignet sich zu Beginn des neunten Jahres. Aber es ist noch zu früh. Hans mein Igel kann noch nicht die rechte Mondprinzessin getroffen haben. Und so muß er folgendes tun:
„da zog ihr Hans mein Igel die schönen Kleider aus, und stach sie mit seiner Igelhaut, bis sie ganz blutig war ... und jagte sie damit nach Haus."
Der erste Neumond im neunten Jahr war also noch der falsche Zeitpunkt, erst beim zweiten Neumondereignis klappte es mit der Hochzeit in überragender Weise, nämlich in Form einer völligen Vereinigung zwischen Sonne und Mond, Mann und Frau. Zwar

wurde Hans mein Igel schwarz vor Augen, ja kohlschwarz wurde sein ganzer Körper, aber dies machte ihm nichts mehr aus, weil er ja jetzt erlöst war und zudem mit einer Salbe schnell wieder weiß und ein schöner junger Herr wurde.

Wenn Hans mein Igel nach acht Jahren das Bedürfnis hat, mit einem Dudelsack auf einem Hahn reiten zu wollen, so zeigt er damit seinen Wunsch an, das rechte Neumondereignis zu finden. Die Zeit ist reif. Der Hahn ist Kennzeichen für den Mond. Der Hahnenreiter ist eine Neumondgestalt, der Dudelsack ist, ähnlich wie die Schildkrötenschale, ein Merkmal für den Mondknoten. Während der Orpheus-Mond auf einer Sonnentierschale, nämlich der Schildkrötenschalenleier spielt, pfeift der Sonnenigel auf einem Mondtiergerät, denn der Dudelsack hieß in alten Zeiten ‚Dudelbock' oder auch ‚polnischer Bock', ein Name, der die lunare Herkunft des Dudelsackes noch erkennen läßt.

Hans mein Igel und Orpheus haben gemeinsam, daß sie sich singend nach dem rechten Neumondereignis sehnen. Ihre Musikgeräte weisen sie als Mondknotenhocker aus, das heißt, sie sind fähig und bereit, mit der Geliebten zusammenzugehen. Der Unterschied zwischen beiden ist, daß Orpheus den Mond, Hans mein Igel dagegen die Sonne vertritt. Offen bleibt, wer von beiden die schönere Musik erklingen läßt.

Die Gemeinsamkeit mit Dornröschen besteht darin, daß beide nach 100 Mondjahren erlöst werden. Dornröschen schlafend, Hans mein Igel Dudelsack spielend. Zu unterscheiden ist auch, daß mit Dornröschen die Sonne weiblich, mit Hans mein Igel die Sonne männlich gesehen wird. Aber das ist kein Hindernis in der astralen Deutung der Märchen.

Die Wettrennen der ungleichen Läufer

Die Märchen begnügen sich aber nicht nur mit einer poetischen Beschreibung des Mondlichtwechsels, sondern enthalten auch astronomische Zahlenangaben oder liefern volkstümliche Erklärungen für auf den ersten Blick unerklärliche Besonderheiten. Dazu gehört zum Beispiel die Beobachtung, daß die beleuchtete Seite des Mondes im Laufe des Monats wechselt. Für uns, die wir wissen, daß der Mond sein Licht nur von der Sonne empfängt und sein Aussehen daher lediglich von der jeweiligen Stellung von Erde, Sonne und Mond relativ zueinander abhängt, ist dies eine Selbstverständlichkeit, wiewohl man auch in unserer Zeit noch oft genug die abenteuerlichsten Erklärungen dazu hört.
Märchen, die dieses Zusammenspiel von Sonne und Mond zum Inhalt haben, können unter der Überschrift „Wettrennen der ungleichen Läufer" zusammengefaßt werden. Sie sind, wie wir noch sehen werden, besonders zahlreich. Gleichsam zur Einstimmung mag uns dabei die Geschichte dienen, in der der Krebs den listigen Fuchs austrickst:

Der Krebs und der Fuchs

„Einmal sieht der Fuchs den Krebs im Grase liegen und spottet über seinen langsamen Gang: ‚Wann wollt ihr über die Wiese kommen? Ihr könnt besser rückwärts als vorwärts gehen.' Der Krebs antwortet stolz: ‚Nun mal langsam! Die Meile von Lune bis Toskan kann ich besser als die Götter laufen. Was gilt die Wette?' Der Fuchs entgegnete: ‚Mit dir nehme ich jeden Wettlauf an.' Nachdem ein Pfand gesetzt wurde, sagte der Krebs: ‚Geh nur ein Stück voraus. Ich werde dich sowieso überholen.' Der Fuchs kehrt dem Krebs sein Hinterteil zu und will gleich losrennen. Doch der Krebs packt seinen Gegner, ohne daß dieser es merkt, mit der Schere an dem Schwanz. Der Fuchs läuft, was er kann, während der Krebs sich ruhig mittragen läßt. Als sie nahe am Ziel sind, kneipt der Krebs den Fuchs in den Schwanz, so daß dieser wütend sich umdreht und der Krebs in das Ziel geschleudert wird, der jetzt als Sieger ‚Krebs juchheee' schreit."

Erinnern wir uns an den Lauf von Sonne und Mond durch den Jahreskreis der Ekliptik, dann fällt die Zuordnung der beiden Hauptgestalten nicht schwer: In dieser Geschichte verkörpert der listige, schnelle Fuchs den Mond, während der langsame Krebs für die Sonne steht. Da beide sich nur kurz vor Neumond begegnen können, liegen Zeit und Himmelsort, nämlich der Morgen, des Treffens fest. Nachdem die Wette angenommen und ein Pfand gesetzt wurde, läßt der Krebs (die Sonne) den Fuchs (in der Gestalt des Altlichtmondes) ein Stück vorausgehen, und dabei kehrt der Fuchs dem Krebs seinen Rücken zu – ein Bild, das die Situation kurz vor Neumond beschreibt, wenn die Altlichtsichel am Morgenhimmel erscheint: Weil stets nur die sonnenzugewandte Seite des Mondes beleuchtet ist, weist die Rundung der Sichel (das Hinterteil des Fuchses) in Richtung Sonne (Krebs), und weil der auf die Sonne zueilende Mond westlich, das heißt rechts von der Sonne steht, erkennen wir den Lichtbogen auf der linken Seite.

Unbemerkt kann sich der Krebs jetzt im Fuchsschwanz fest„beißen" und vom Fuchs mitgeschleppt werden. Erst kurz vor dem Ziel kneift er den Fuchs in den Schwanz, auf daß der Fuchs sich wütend umdreht und dabei den Krebs in hohem Bogen über die Ziellinie schleudert. Zweifellos eine schöne Erklärung dafür, warum der Bogen der Neulichtsichel genau andersherum geöffnet ist als bei der Altlichtsichel. (Auch der Neumond wird ja nur von der Sonne beleuchtet; weil aber der Neumond links von der Sonne steht und nach ihr untergeht, muß der Lichtbogen (das Hinterteil des Fuchses) jetzt nach rechts zeigen.)

In einer anderen Lesart tritt ein Frosch an die Stelle des Krebses. Dort heißt es:

Der Fuchs und der Frosch

„Der Fuchs (Mond) kommt zu einem Teich und will trinken (Altsichel als Trinkhorn). Ein Frosch (Sonne) quackt ihn an und der Fuchs droht ‚geh weg, oder ich verschlinge dich'. ‚Nicht so hochmütig', erwidert der Frosch, ‚ich bins hurtiger als du'. Der Fuchs lacht ihn aus und spricht ‚wir wollen in die Stadt laufen, da wird es sich zeigen'. Der Fuchs kehrt sich um und der Frosch springt in seinen Schwanz. Reinhart (Bezeichnung für den Fuchs) fängt nun an zu laufen, als er nahe beim Thor ist (Westpunkt), dreht er sich um und will sehen ob der Frosch nachkomme: in dem Augenblick springt dieser von dem Schwanz herab und in das Thor hinein. Als der Fuchs sich wieder

umgekehrt hat und in das Thor kommt (Monduntergang), sitzt der Frosch schon am Ziel und ruft ihm zu ‚bist du endlich da? ich bin schon auf dem Heimweg und dachte du würdest gar nicht kommen'."
(Anmerkungen des Verfassers in Klammern)

Johannes Bolte und Georg Polívka haben insgesamt mehr als 60 verschiedene Märchen zusammengetragen, die alle das Wettrennen der ungleichen Läufer zum Inhalt haben. Beide Forscher stehen einer astronomischen Deutung der Märchen zwar ablehnend gegenüber, doch hindert uns das nicht, auf der Grundlage ihrer Arbeit eine Liste mit den jeweiligen Symbolfiguren für Sonne und Mond zusammenzustellen, die als Schlüssel zur astralen Enträtselung ungezählter Märchen aus aller Herren Länder, aber auch von Felszeichnungen und Höhlenbildern aus der Steinzeit dienen kann (siehe Anhang).

Das wohl bekannteste Märchen dieser Gruppe aber beschreibt das Rennen zwischen dem Hasen und dem Igel. Es folgt absichtlich erst jetzt, weil es in seinen astronomischen Bezügen weit über die bisher vorgestellten Beispiele hinausgeht. Auch hier – gleichsam zur Auffrischung der Erinnerung – die von den Gebrüdern Grimm überlieferte Fassung:

Der Hase und der Igel

„Disse Geschichte is lögenhaft to vertellen, Jungens, aver wahr is se doch, denn mien Grootvader, von den ick se hew, plegg jümmer, wenn he se mie vortüerde, dabi to seggen ‚wahr mutt se doch sien, mien Söhn, anners kunn man se jo nich vertellen.' De Geschicht hett sick aber so todragen.

Et wöör an einen Sündagmorgen tor Harvesttied, jüst as de Bookweeten bloihde: de Sünn wöör hellig upgaen am Hewen, de Morgenwind güng warm över de Stoppeln, de Larken süngen inn'r Lucht (Luft), de Immen sumsten in den Bookweeten un de Lühde güngen in ehren Sündagsstaht nah'r Kerken, un alle Kreatur wöör vergnögt, un de Swinegel ook.

De Swinegel aver stünd vör siener Döhr, harr de Arm ünnerslagen, keek dabi in den Morgenwind hinut un quinkeleerde en lütjet Leedken vör sick hin, so good un so slecht, as nu eben am leewen Sündagmorgen en Swinegel to singen pleggt. Indem he nu noch so half liese vör sick hin sung, füll em up eenmal in, he künn ook wol, mittlerwiel sien Fro de Kinnder wüsch un antröcke, en beeten in't Feld spazeeren un tosehen, wie sien Stähkröwen stünden. De Stähkröwen wöören aver de nöchsten bi sienem Huuse, un he pleggte mit siener Familie davon to eten, darüm

sahg he se as de sienigen an. Gesagt, gedahn. De Swinegel makte de Huusdör achter sick to un slög den Weg nah'n Felde in. He wöör noch nich gans wiet von Huuse un wull jüst um den Slöbusch (Schlehenbusch), de dar vörm Felde liggt, nah den Stähkröwenacker hinup dreien, as em de Haas bemött, de in ähnlichen Geschäften uutgahn wöör, nämlich um sienen Kohl to besehen. As de Swinegel den Haasen ansichtig wöör, so böhd he em en fründlichen go'n Morgen. De Haas aver, de up siene Wies en vörnehmer Herr was, un grausahm hachfahrtig dabi, antwoorde nicks up den Swinegel sienen Gruß, sondern segte tom Swinegel, wobi he en gewaltig höhnische Miene annöhm, ‚wie kummt et denn, dat du hier all bi so fröhem Morgen im Felde rumlöppst?' ‚Ick gah spazeeren', segt de Swinegel. ‚Spazeeren?' lachte de Haas, ‚mi ducht, du kunnst de Been ook wol to betern Dingen gebruuken.' Disse Antwoord verdrööt den Swinegel ungeheuer, denn alles kunn he verdregen, aver up siene Been laet he nicks kommen, eben weil se von Natur scheef wöören. ‚Du bildst di wol in', seggt nu de Swinegel tom Haasen, ‚as wenn du mit diene Beene mehr utrichten kunnst?' ‚Dat denk ich', seggt de Haas. ‚Dat kummt up'n Versöök an', meent de Swinegel, ‚ick pareer, wenn wi in de Wett loopt, ick loop di vörbi.' ‚Dat is tum Lachen, du mit diene scheefen Been', seggt de Haas, ‚aver mienetwegen macht't sien, wenn du so övergroote Lust hest. Wat gilt de Wett?' ‚En goldne Lujedor un'n Buddel Branwien', seggt de Swinegel. ‚Angenahmen', spröök de Haas, 'sla in, un denn kann't glielk los gahn.' ‚Nä, so groote Ihl hett et nich', meen de Swinegel, ‚ick bün noch gans nüchtern; eerst will ick to Huus gahn un en beeten fröhstücken: inner halwen Stünd bün ick weder hier upp'n Platz.' Damit güng de Swinegel, denn de Haas wöör et tofreeden.
Ünnerweges dachte de Swinegel bi sick ‚de Haas verlett sick up siene langen Been, aver ick will em wol kriegen. He is zwar ehn vörnehm Herr, aver doch man'n dummen Keerl, un betahlen sall he doch.' As nu de Swinegel to Huuse ankööm, spröök he to sien Fro ‚Fro, treck die gau (schnell) an, du must mit mi nah'n Felde hinuut.' ‚Wat givt et denn?' seggt sien Fro. ‚Ick hew mit'n Haasen wett't üm'n golden Lujedor un'n Buddel Branwien, ick will mit em inn Wett loopen, un da salst du mit dabi sien.' ‚O mien Gott, Mann', füng nu den Swinegel sien Fro an to schreen, ‚büst do nich klook, hest du denn ganz den Verstand verlaaren? Wie kannst du mit den Haasen in de Weet loopen wollen?' ‚Holt dat Muul, Wief', seggt de Swinegel, ‚dat is mien Saak. Resonehr nich in Männergeschäfte. Marsch, treck di an un denn kumm mit.' Wat sull den Swinegel sien Fro maken? se mußt wol folgen, se mugg nu wollen oder nich.
As se nu mit eenander ünnerwegs wöören, spröök de Swinegel to sien Fro ‚nu pass up, wat ick seggen will. Sühst du, up den langen Acker, dar wüll wi unsen Wettloop maken. De Haas löppt nemlich in

der eenen Föhr (Furche) un ick inner andern, un von baben (oben) fang wie an to loopen. Nu hast du wieder nicks to dohn, as du stellst di her unnen in de Föhr, un wenn de Haas up de andere Siet ankummt, so röpst du em entgegen ‚ick bün all (schon) hier.'
Damit wöören se bi den Acker anlangt, de Swinegel wiesde siener Fro ehren Platz an un gung nu den Acker hinup. As he baben ankööm, wöör de Haas all da. ‚Kann et losgahn?' seggt de Haas. ‚Ja wol', seggt de Swinegel. ‚Denn man to!' Un damit stellde jeder sick in siene Föhr. De Haas tellde (zählte) ‚hahl een, hahl twee, hahl dree', un los güng he wie en Stormwind den Acker hindahl (hinab). De Swinegel aver löop ungefähr man dree Schritt, dann duhkde he sick dahl (herab) in de Föhr un bleev ruhig sitten.
As nu de Haas in vullen Loopen ünnen am Acker ankööm, rööp em den Swinegel sien Fro entgegen ‚ick bün all hier.' De Haas stutzd un verwunderde sick nich wenig: he meende nich anders, als et wöör de Swinegel sülvst, de em dat torööp, denn bekanntlich süht den Swinegel sien Fro jüst so uut wie ehr Mann. De Haas aver meende ‚datt geiht nich to mit rechten Dingen.' He rööp ‚nochmal geloopen, wedder üm!' Un fort güng he wedder wie en Stormwind, dat em de Ohren am Koppe flögen. Den Swinegel sien Fro aver blev ruhig up ehren Platze. As nu de Haas baben ankööm, rööp em de Swinegel entgegen ‚Ick bün all hier.' De Haas aver, ganz uuter sick vör Ihwer (Ärger), schreede ‚nochmal geloopen, wedder üm!' ‚Mi nich to schlimm', antwoorde de Swinegel, ‚mienetwegen so oft, as du Lust hest.' So löp de Haas noch dreeunsöbentigmal, un de Swinegel höhl (hielt) et ümmer mit em uut. Jedesmal, wenn de Haas ünnen oder baben ankööm, seggten de Swinegel oder sien Fro ‚ick bün all hier.' Tum veerunsöbentigstenmal aver köm de Haas nich mehr to ende. Midden am Acker stört he tor Eerde, datt Blohd flög em utn Halse, un he bleev doot upn Platze. De Swinegel aver nöhm siene gewunnene Lujedor un den Buddel Branwien, rööp siene Fro uut der Föhr aff, un beide güngen vergnögt mit eenanner nah Huus: nu wenn se nich storben sünd, lewet se noch.
So begev et sick, dat up der Buxtehuder Heid de Swinegel den Haasen dodt lopen hett, un sied jener Tied hatt et sick keen Haas wedder infallen laten, mit'n Buxtehuder Swinegel in de Wett to lopen. De Lehre aver uut disser Geschicht is erstens, datt keener, un wenn he sick ook noch so vörnehm dücht, sick sall bikommen laten, övern geringen Mann sick lustig to maken, un wöört ook man'n Swinegel. Un tweetens, datt et gerahden is, wenn eener freet, datt he sick 'ne Fro uut sienem Stande nimmt, un de jüst so uutsüht as he sülwst. Wer also en Swinegel is, de mutt tosehn, datt siene Fro ook en Swinegel is, un so wieder."

In diesem Märchen übernimmt der flinke Hase die Rolle des Mondes, der die Ekliptik alle vier Wochen einmal durcheilt, während der langsame Igel für die Sonne steht. Diese Zuordnung ist – mehr als bei den meisten übrigen Lesarten – auch dem äußeren Erscheinungsbild der beiden Himmelsgestalten angepaßt, erkennen wir doch im zunehmenden Teil der dunklen Mondflecken leicht tatsächlich einen Hasen, und die Sonnenstrahlen der auf- oder untergehenden Sonne erinnern an die Stacheln des Igels. Wir sprechen ja auch vom Sonnen-Stich.

Überraschend erscheint zumindest im Märchen der Ausgang der Geschichte, denn da überlistet der Igel seinen hochnäsigen Konkurrenten, indem er seine Frau an das andere Ende des Ackers stellt, damit diese dem Hasen die wohlbekannten Worte „Ich bin schon da" entgegenrufen kann. Wenn die Geschichte wirklich einen himmlischen Wettlauf zwischen Mond und Sonne beschreibt, dann muß vor allem diese Besonderheit durch eine entsprechende astronomische Tatsache erklärt werden. Aber sehen wir selbst.

Das Wettrennen der „ungleichen Läufer" beginnt nach der Hauptfassung an einem Sonntagmorgen zur Herbstzeit. Wenn der Hase der Mond und der Igel die Sonne ist, müssen sich beide kurz vor Neumond getroffen haben, denn nur dann können Sonne und Mond so nahe zusammenkommen, daß sie sich über dieses und jenes unterhalten können. Während der Sonnenigel am morgendlichen Himmelsrand sich nur Stückchen für Stückchen fortbewegen kann, leuchtet als Altlicht der überhebliche Mondhase **über** die Sonne. Der Hase, der nicht wahrhaben will, daß der krummbeinige Igel schneller sein soll, läßt sich mit dem Sonnenigel auf ein Wettrennen ein. Die lunare Hochnäsigkeit bezahlt der Mondhase schließlich mit seinem Leben.

Dieses Ende des Hasen kommt im 74. Lauf, eine Zahl, die auf den ersten Blick völlig aus der Luft gegriffen erscheint. Was aber, wenn der Lauf zwischen Hase und Igel auch für eine Tages- – oder besser: für eine Nächtezählung – steht? Abends mit Sonnenuntergang starten beide, der Sonnenigel duckt sich nach ein paar Schritten in die Ackerfurche (die Sonne verschwindet), der Mondhase läuft allein über den Nachthimmel, und wenn er auch erst nach 26 Tagen als Altlicht erschöpft am Morgenhimmel auftaucht und von der Sonne zum Narren gehalten wird, so kann die Wettlaufzahl als Tage eine passende Bedeutung haben. Das ergäbe zumindest einen Sinn, aber reicht dies auch schon als Begründung für die Annahme, daß die

74 Läufe des Hasen 74 Nächten entsprechen? Ein Rennen, das am ersten Herbsttag (dem 24. September) beginnt und 74 Nächte dauert, geht am 6. Dezember zu Ende. Das allein klingt nicht besonders überzeugend, aber in den knapp 74 (Renn-)Tagen steckt noch eine andere Größe: Der Zeitraum entspricht gerade zweieinhalb synodischen Monaten (2,5 x 29,53 Tage = 73,83 Tage). Wenn also am 24. September (Herbstanfang) der Mond als Neumond unsichtbar mit der Sonne am Taghimmel steht, leuchtet er am 6. Dezember als Vollmond.
Immer noch nicht ausreichend sicherlich, und deshalb müssen wir noch etwas tiefer schürfen. Der 24. September wird im alten Bauernkalender „Rupert-Tag" genannt. Als Kinder lernen wir auch heute noch, daß „Knecht Ruprecht" und „St. Nikolaus" zusammengehören, und als Erwachsener wundert man sich später vielleicht darüber, warum (in der Legende vom heiligen Nikolaus taucht der Knecht Ruprecht jedenfalls nicht auf). Langsam dämmert uns, warum der Mondhase ausgerechnet beim 74. Mal irgendwo auf der Rennstrecke liegen bleiben mußte. Diese Zahl ist schlichtweg der sorgsamen Beobachtung des Himmels entsprungen, und deshalb kann der Großvater über den Wahrheitsgehalt dieser Geschichte so selbstbewußt sagen „Wahr mutt se doch sien, mien Söhn, anners kunn man se jo nich vertellen" („Wahr muß sie doch sein, mein Sohn, anders kann man sie ja nicht erzählen"). Der Zwang, diese Geschichte so und nicht anders erzählen zu müssen, ergibt sich also aus dem Bedürfnis, das vom Himmel Abgeschaute wahrheitsgemäß berichten zu wollen. Es geht bei dieser Geschichte nicht um phantastische Zoologie, sondern um Astronomie, deren für den Menschen bedeutsame Gesetzmäßigkeiten mit Hilfe einer volkstümlichen Sprache vermittelt werden sollen.
Für einen auf den Mond abgestimmten Kalender ist ein Nullpunkt wichtig. Er zeigt sich im Märchen vom Hasen und Igel zu Herbstanfang bei Neumond. Dabei bildet die Zeitspanne zwischen dem Rupert-Tag, Neumond am 24. September, und dem Nikolaus-Tag, Vollmond am 6. Dezember, die Prüfstrecke für die jährliche Mondbeobachtung. Die für den Rupert- und Nikolaus-Tag in alten Bauernkalendern benutzten Sinnbilder untermauern die Richtigkeit unserer Untersuchung. Wir erwarten für den Rupert-Tag ein Sinnbild für den Neumond, für den Nikolaus-Tag am 6. Dezember dagegen ein Sinnbild für den Vollmond. In dem Märchen „Die weiße und die schwarze Braut" ist die Schwarzmondgestalt so ver-

blendet, daß sie für ihr eigenes Vergehen folgende Strafe fordert: „die verdient, daß man sie nackt auszieht und in ein Faß mit Nägeln legt, und daß man vor das Faß ein Pferd spannt und das Pferd in alle Welt schickt".

Der ständige Lichtverlust der auf die Sonne zu eilenden Mondgestalt wird in der astralen Sinnbildersprache mit dem Entkleiden der Mondfigur ausgedrückt. Schließlich steht die Mondgestalt nackt da und wird in ein Faß gesperrt. Die Nägel im Faß sind die stachligen Sonnenstrahlen, die der Schwarzmondgestalt schwer zu schaffen machen. Dieser Zug des Märchens ist also keine Darstellung ausschweifender Grausamkeiten, sondern spiegelt gut beobachtete Himmelskunde wider. So könnte das Sinnbild für den Rupert-Tag ein nackter Mensch, Faß oder Kübel sein. Wir finden uns bestätigt. Das Sinnbild für den Rupert-Tag ist tatsächlich ein Kübel (Tafel 4). Für die himmelskundliche Enträtselung der Heiligen sind die einzelnen, oft widersprüchlichen Historizitäten ohne Belang. Sie können übergangen werden. Entscheidend sind stets die den Heiligen zugeordneten Beigaben (= Attribute). Über „Knecht Rupert" berichtet das Lexikon der Heiligen:

> „**Rupert**, Hl. (27. März/24. Sept., Graz, Gurk-Klagenfurt, Linz, Regensburg, Salzburg), auch als iroschottischer Glaubensbote bezeichnet, wird aus Worms, wo er als Bischof gepriesen wird, von Herzog Thendo nach Bayern gerufen. Er tauft Thendo und
> ... gründet als erster Bischof von Salzburg eine Peterskirche und das Frauenkloster St. Erentrud auf dem Nonnberg. Er stirbt 718 (?) in Salzburg, wird aber besonders als Apostel Bayerns verehrt und war Patron des Klosters auf dem Rupertsberg bei Bingen ...
> Älteste Darstellungen finden sich in Werken der Salzburger Buchmalerei des 12. Jh.,
> ... – Einem Relief des 13. Jh. in S. Zeno zu Verona folgen zahlreiche Darstellungen des 15./16. Jh. in Bayern. Erst diese geben dem bis dahin nur in Pontifikalkleidung mit Bischofsstab und Buch dargestellten R. den Salzkübel, der ihn als Förderer und Patron des Salzbergbaus kennzeichnet, in den Arm oder zu Füßen."

An dieser Stelle soll natürlich nicht bestritten werden, daß Knecht Rupert auch als Förderer und Schutzherr für den Salzbergbau angerufen oder auch als iroschottischer Glaubensbote angesehen wurde. Für unsere Betrachtung ist alleine sein Kennzeichen wichtig, der Salzkübel, der auch als Sinnbild für den Schwarzmond gelten konnte.

Verläßliche Mitteilungen über den Nikolaus sind ebensowenig greifbar. Für die astronomische Enträtselung sind nur die unhistorischen Legenden und deren als Kennzeichen beigegebene Gegenstände wichtig. Das zumeist übliche **gemeinsame Auftreten** von Knecht Rupert und Nikolaus fehlt in den Heiligenlegenden. Dieser Zug kann demnach nicht vom Christentum stammen. In den alten Bauernkalendern wird der Nikolaus-Tag meist durch ein Buch, auf dem drei Kugeln stehen, gekennzeichnet (Tafel 4). Die drei Kugeln scheinen kalendermäßig das Bedeutsame zu sein. Sie als Vollmondkennzeichen zu verstehen dürfte jetzt nicht mehr schwerfallen. Vielleicht lassen sich noch weitere Hinweise finden, daß der ursprüngliche Nikolaus eine Vollmondgestalt war, die nach und nach historisiert wurde. Immerhin führt das Lexikon der Heiligen mehrfach den Namen Nikolaus auf, beim erstenmal sogar völlig unhistorisch:

> „**Nikolaus** (französ. auch Colart, Colin; italien. auch Nicola, Cola; niederl. Niels, Claes; ung. Miklos; russ. auch Kolja) ...
> **Nikolaus von Myra (von Bari)**, Hl. (6. Dez., Basel, Chur, Freiburg i. Ü., St. Gallen, Sitten). Als Bischof von Myra in Lykien (Kleinasien) stirbt er um 350. Sein zerbrochener Sarkophag wird noch heute in der wiederhergestellten Unterkirche von Myra (= heute Demre) von Wallfahrern der östl. Kirche verehrt.
> ... Legenden identifizieren ihn mit dem Abt Nikolaus von Sion († 564), da auch diesem fürsorgliche Mildtätigkeit nachgerühmt wurde. Über die byzantin. Tradition wird N. einer der am meisten verehrten Heiligen Rußlands.
> ... – Die bekannteste und am meisten dargestellte Legende gibt ihm als einzelner Gestalt das Attribut von 3 Goldkugeln (Äpfel, auch Goldbarren); diese hat er – meist wird ein Fenster angedeutet – 3 armen, oft

schlafend im Bett liegenden Mädchen zugeworfen, die ihr Vater in ein Freudenhaus verkaufen wollte. Einer der ersten Darstellungen auf einem Glasfenster in Bücken/Weser um 1240 reiht sich das Bogenfeld des Querschiffs von St. Martin in Colmar 1263 an, wo auch die von N. gerufenen Freier hereaneilen.
... – Häufiger steht neben der Gestalt des N. ein großer Bottich mit 3 unbekleideten Knaben darin – es sind die von einem bösen Wirt zerstückelten Jünglinge, die N. zum Leben erweckt. ..."

Das ungarische ‚Miklos' erinnert an das awestn. dat. Miklo (dem Großen) der Wikinger (vgl. dt. Der ‚deutsche Michel'). Der Dezembervollmond ist in der Tat die größte und höchste Vollmondgestalt des Jahres, was gut zu seinem Namen „dem Großen" passen würde. Der Nikolaus wird meist mit drei Kugeln oder Äpfeln dargestellt, die unschwer als Vollmondscheiben zu verstehen sind. Und in der Tat liegen drei Vollmonde auf dem Weg, wenn wir sie zwischen dem Neumond am 24. September und dem 6. Dezember zählen.

Eine weitere Legende berichtet von drei unbekleideten und zerstückelten Kindern, die in einem Bottich liegen und vom heiligen Nikolaus wieder zum Leben erweckt werden. Die auf die Sonne zueilende abnehmende Mondgestalt erscheint so, als ob sich die Mondfigur entkleiden müßte. Wer an den Tagen nach Vollmond am Himmel Ausschau hält, wird bemerken, daß dem Mond Nacht für Nacht ein Stückchen von seiner Leibesfülle fehlt. Dieser Naturvorgang am Himmel wird als das Zerstückeln der im Mond gesehenen Figur aufgefaßt. Wird in der Mondfigur ein Ritter gesehen, so muß er sich tatenlos zerstückeln lassen; werden im Mond dagegen Kinder gesehen, müssen sie entsprechend dasselbe Schicksal erleiden. Wie das Faß oder der Kübel nimmt der Bottich mit den drei zerstückelten Kindern den Platz für den Schwarzmond (= Neumond) ein. Wenn der Dezembervollmond Nikolaus drei Kugeln gesammelt hat, so hat er entsprechend die bei Neumond von der Sonne zerstückelte Schwarzmondgestalt wieder zum Leben erweckt.

Die beiden berühmtesten Nikolauslegenden ergänzen sich nur dann, wenn sie auf das himmlische Geschehen bezogen werden. Auch sie spiegeln eine auf genauer Beobachtung des Mondlaufes beruhende Himmelskunde wider. Zerstückeln oder Entkleiden beschreiben denselben Vorgang des um seine Lichtgestalt beraubten, abnehmenden Mondes. Der gegensätzliche Vorgang wird im zunehmenden Mond gesehen, der wieder lebendig gemacht bzw. mit neuen, meist weißen Kleidern geschmückt wird.

Die beiden bäuerlichen Sinnbilder für den 24. September (Rupert-Tag) und für den 6. Dezember (Nikolaus-Tag) begrenzen denselben Zeitraum, wie er auch im Märchen vom Hasen und Igel angezeigt wird. Einen Monat später, in der Nacht auf den 6. Januar, folgt der erste Vollmond nach der Wintersonnenwende. Im griechischen Christentum ist noch heute der 6. Januar auch Jahresanfang.

In der Hauptfassung des Märchens vom Hasen und Igel ging es im wesentlichen um eine Merkregel, die den Kundigen in den Stand versetzte, schon im Herbst zu erkennen, ob das letzte Jahr des Mondzirkels angebrochen ist. Diese Merkregel lautete etwa so: Fällt der Schwarzmond (Neumond) auf den ersten Herbsttag (24. September), dann fällt *sowohl* der letzte Vollmond des Jahres, *als auch* der letzte Vollmond des Zirkels auf den 6. Dezember (der Hase bleibt tot auf der Strecke liegen), und das „Neue Jahr" beginnt nach einer Vollmondnacht am 6. Januar.

Höher als die Sonne

Aufmerksamen Himmelsbeobachtern wird es kaum entgehen, daß der Mond nicht genau der Sonnenbahn folgt, sondern sich jeweils ein Stückweit nach oben oder unten von ihr entfernen kann: Die beiden Himmelspfade sind ein wenig (um etwa 5,1 Grad) gegeneinander geneigt. Diese Abweichung des Mondes macht sich auf mehrere Weisen bemerkbar.
So kann der Mond gleichsam der Mittagshöhe der Sonne noch eins draufsetzen, wenn er als Wintervollmond gerade die größte Auslenkung zur Ekliptik erreicht (die Astronomen sprechen in diesem Zusammenhang von der ekliptikalen Breite). Während er als Wintervollmond ohnehin schon im nördlichsten Teil der Ekliptik steht, dort also, wo die Sonne die Sommersonnenwende erreicht, kann er im günstigsten Fall um zusätzliche 5 Grad höher emporklettern. Doch der „gerechte Ausgleich" folgt auf dem Fuße, denn umgekehrt drückt die geneigte Mondbahn den ohnehin schon tiefstehenden Sommervollmond ein halbes Jahr später auch 5 Grad tiefer zum Horizont hinab.
Allerdings – und das erschwert die Voraussage der Mondbewegung durch die Sternbilder – verändern sich die Verhältnisse im Laufe der Zeit, denn nicht immer steht der Wintervollmond wirklich höher am Himmel als die Sommersonne oder der Sommervollmond niedriger als die Wintersonne. Entscheidend für den Weg des Mondes durch die Ekliptiksternbilder sind die Orte, an denen der Mond die Ekliptik oder Sonnenbahn kreuzt. Diese (von den Astronomen als „Knoten der Mondbahn" bezeichneten) Punkte haben für den Mondlauf eine ähnliche Bedeutung wie die Tag- und Nachtgleichen für den Sonnenlauf. Wenn der Mond auf seiner Bahn durch die Sternbilder die Ekliptik nach Norden überschreitet (den „aufsteigenden Knoten" passiert), gewinnt er für einen halben Umlauf ein zusätzliches Plus gegenüber der Sonne, um dann im „absteigenden Knoten" unter die Ekliptik zu sinken und noch tiefer in die „Unterwelt" vorzudringen als die Sonne.
Man kann sich leicht überlegen, wo auf der Ekliptik diese Mondknoten liegen müssen, um eine extreme Höhe für den Wintervollmond und eine extreme „Tiefe" für den Sommervollmond zu er-

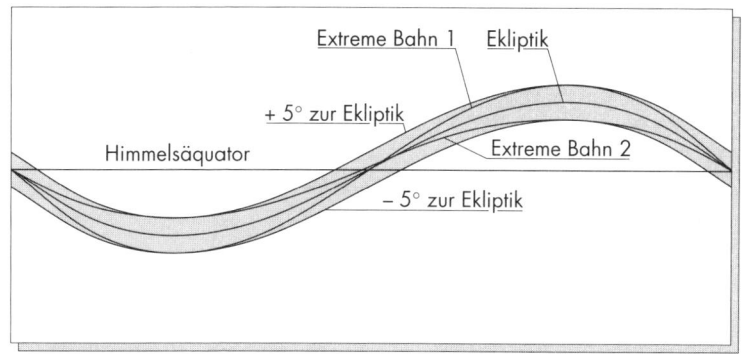

Abbildung 5: Der Mond umrundet die Erde nicht genau in der Ekliptik, sondern auf einer um etwas mehr als 5 Grad geneigten Bahn. Diese Bahn ist aber nicht raumfest, sondern taumelt ähnlich wie die Erde selbst. Dadurch kann der Vollmond im Winter um bis gut 5 Grad höher steigen als die Sonne im Sommer und dafür im Sommer noch 5 Grad tiefer bleiben als die Sonne im Winter (extreme Bahn 1) oder umgekehrt im Winter 5 Grad niedriger bleiben als die Sonne im Winter (extreme Bahn 2). Nur wenn Vollmond oder Neumond nahe der Ekliptik stehen, kann es zu einer Mond- oder Sonnenfinsternis kommen.

reichen: Dies ist genau dann der Fall, wenn der aufsteigende Mondknoten im Dezember mit dem Frühlingspunkt der Sonnenbahn zusammenfällt (beziehungsweise der absteigende Knoten im Juni mit dem Herbstpunkt). Trifft dagegen der absteigende Knoten der Mondbahn mit dem Frühlingspunkt der Sonne zusammen, wird die Mitternachtshöhe des Wintervollmondes geringer ausfallen als die Mittagshöhe der Sommersonne, weil der Mond sich dann im höchsten Punkt seiner Monatsbahn etwa 5 Grad unterhalb der Ekliptik bewegt; in gleicher Weise steigt der Sommervollmond dann höher über den Horizont als die Wintersonne, weil sein Abstieg entlang der Sonnenbahn durch die nördliche Auslenkung der Mondbahn teilweise aufgehoben wird.

Es wurde bereits erwähnt, daß sich die Lage der Mondknoten im Laufe der Zeit verschiebt: Die Mondknoten wandern innerhalb von gut 18 Jahren und 7 Monaten einmal die ganze Sonnenbahn entlang, und zwar von Ost nach West. In diesem 18- bis 19jährigen Rhythmus folgen also Jahre mit extrem hohen Wintervollmonden (und extrem niedrigen Sommervollmonden) aufeinander; zuletzt war dies 1988 der Fall, als der Sommervollmond am 30. Juni 4,6 Grad unterhalb der Ekliptik kulminierte und der Wintervollmond am 24. Dezember immerhin noch 4 Grad höher als die Sommersonne kletterte. Am 22. Juni 2005 duckt sich der Sommervollmond sogar 5 Grad unterhalb der Ekliptik, während der Wintervollmond am 14. Januar 2006 ebensoweit höher als die Sommersonne steigt. Auch diese Besonderheit der Mondbahn ist in manchen Märchen beschrieben; wir nennen sie „Deklinationsmärchen", und weil es hier nicht um Strecken geht, die von ungleichen Läufern zurückgelegt werden können, sondern um Höhen, kann jeder sich gut vorstellen, daß als Stellvertreter für Sonne und Mond eher Vögel in Frage kommen. Die bei uns bekannteste Lesart ist das Märchen vom Zaunkönig.

Der Zaunkönig

„In den alten Zeiten, da hatte jeder Klang noch Sinn und Bedeutung. Wenn der Hammer des Schmieds ertönte, so rief er ‚smiet mi to! smiet mi to!' Wenn der Hobel des Tischlers schnarrte, so sprach er ‚dor häst! dor, dor häst!' Fing das Räderwerk der Mühle an zu klappern, so sprach es ‚help, Herr Gott! help, Herr Gott!' und war der Müller ein Betrüger, und ließ die Mühle an, so sprach sie hochdeutsch und fragte erst langsam ‚wer ist da? wer ist da?' dann antwortete sie schnell ‚der Müller! der Müller!' und endlich ganz geschwind ‚stiehlt tapfer, stiehlt tapfer, vom Achtel drei Sechser.'
Zu dieser Zeit hatten auch die Vögel ihre eigene Sprache, die jedermann verstand, jetzt lautet es nur wie ein Zwitschern, Kreischen und Pfeifen, und bei einigen wie Musik ohne Worte. Es kam aber den Vögeln in den Sinn, sie wollten nicht länger ohne Herrn sein und einen unter sich zu ihrem König wählen. Nur einer von ihnen, der Kiebitz, war dagegen: frei hatte er gelebt und frei wollte er sterben, und angstvoll hin- und herfliegend rief er ‚wo bliew ick? wo bliew ick?' Er zog sich zurück in einsame und unbesuchte Sümpfe und zeigte sich nicht wieder unter seinesgleichen.
Die Vögel wollten sich nun über die Sache besprechen, und an einem schönen Maimorgen kamen sie alle aus Wäldern und Feldern zusammen, Adler und Buchfinke, Eule und Krähe, Lerche und Sperling, was soll ich sie alle nennen? selbst der Kuckuck kam und der Wiedehopf, sein Küster, der so heißt, weil er sich immer ein paar Tage früher hören läßt; auch ein ganz kleiner Vogel, der noch keinen Namen hatte, mischte sich unter die Schar. Das Huhn, das zufällig von der ganzen Sache nichts gehört hatte, verwunderte sich über die

große Versammlung. ‚Wat, wat, wat is den dar to don?' gackerte es, aber der Hahn beruhigte seine liebe Henne und sagte ‚luter riek Lüd', erzählte ihr auch, was sie vorhätten. Es ward aber beschlossen, daß der König sein sollte, der am höchsten fliegen könnte. Ein Laubfrosch, der im Gebüsch saß, rief, als er das hörte, warnend ‚natt, natt, natt! natt, natt, natt!' weil er meinte, es würden deshalb viel Tränen vergossen werden. Die Krähe aber sagte ‚Quark ok', es sollte alles friedlich abgehen.

Es ward nun beschlossen, sie wollten gleich an diesem schönen Morgen aufsteigen, damit niemand hinterher sagen könnte ‚ich wäre wohl noch höher geflogen, aber der Abend kam, da konnte ich nicht mehr.' Auf ein gegebenes Zeichen erhob sich also die ganze Schar in die Lüfte. Der Staub stieg da von dem Felde auf, es war ein gewaltiges Sausen und Brausen und Fittichschlagen, und es sah aus, als wenn eine schwarze Wolke dahinzöge. Die kleinern Vögel aber blieben bald zurück, konnten nicht weiter und fielen wieder auf die Erde. Die größern hieltens länger aus, aber keiner konnte es dem Adler gleich tun, der stieg so hoch, daß er der Sonne hätte die Augen aushacken können. Und als er sah, daß die andern nicht zu ihm herauf konnten, so dachte er ‚was willst du noch höher fliegen, du bist doch der König', und fing an sich wieder herabzulassen. Die Vögel unter ihm riefen ihm alle gleich zu ‚du mußt unser König sein, keiner ist höher geflogen als du.' ‚Ausgenommen ich', schrie der kleine Kerl ohne Namen, der sich in die Brustfedern des Adlers verkrochen hatte. Und da er nicht müde war, so stieg er auf und stieg so hoch, daß er Gott auf seinem Stuhle konnte sitzen sehen. Als er aber so weit gekommen war, legte er seine Flügel zusammen, sank herab und rief unten mit feiner durchdringender Stimme ‚König bün ick! König bün ick!'

‚Du unser König?' schrien die Vögel zornig, ‚durch Ränke und Listen hast du es dahin gebracht.' Sie machten eine andere Bedingung, der sollte König sein, der am tiefsten in die Erde fallen könnte. Wie klatschte da die Gans mit ihrer breiten Brust wieder auf das Land! Wie scharrte der Hahn schnell ein Loch! Die Ente kam am schlimmsten weg, sie sprang in einen Graben, verrenkte sich aber die Beine und watschelte fort zum nahen Teich mit dem Ausruf ‚Pracherwerk! Pracherwerk!' Der Kleine ohne Namen aber suchte ein Mäuseloch, schlüpfte hinab und rief mit seiner feinen Stimme heraus ‚König bün ick! König bün ick!'

‚Du unser König?' riefen die Vögel noch zorniger, ‚meinst du, deine Listen sollten gelten?' Sie beschlossen, ihn in seinem Loch gefangen zu halten und auszuhungern. Die Eule ward als Wache davor gestellt: sie sollte den Schelm nicht herauslassen, so ihr das Leben lieb wäre.

Als es aber Abend geworden war und die Vögel von der Anstrengung beim Fliegen große Müdigkeit empfanden, so gingen sie mit Weib und Kind zu Bett. Die Eule allein blieb bei dem Mäuseloch stehen und blickte mit ihren großen Augen unverwandt hinein. Indessen war sie auch müde geworden und dachte ‚ein Auge kannst du wohl zutun, du wachst ja noch mit dem andern, und der kleine Bösewicht soll nicht aus seinem Loch heraus!' Also tat sie das eine Auge zu und schaute mit dem andern steif auf das Mäuseloch. Der kleine Kerl guckte mit dem Kopf heraus und wollte wegwitschen, aber die Eule trat gleich davor, und er zog den Kopf wieder zurück. Dann tat die Eule das eine Auge wieder auf und das andere zu, und wollte so die ganze Nacht abwechseln. Aber als sie das eine Auge wieder zumachte, vergaß sie das andere aufzutun, und sobald die beiden Augen zu waren, schlief sie ein. Der Kleine merkte das bald und schlüpfte weg.
Von der Zeit an darf sich die Eule nicht mehr am Tage sehen lassen, sonst sind die andern Vögel hinter ihr her und zerzausen ihr das Fell. Sie fliegt nur zur Nachtzeit aus, haßt aber und verfolgt die Mäuse, weil sie solche bösen Löcher machen. Auch der kleine Vogel läßt sich nicht gerne sehen, weil er fürchtet, es ginge ihm an den Kragen, wenn er erwischt würde. Er schlüpft in den Zäunen herum, und wenn er ganz sicher ist, ruft er wohl zuweilen ‚König bün ick!' und deshalb nennen ihn die andern Vögel aus Spott Zaunkönig.
Niemand aber war froher als die Lerche, daß sie dem Zaunkönig nicht zu gehorchen brauchte. Wie sich die Sonne blicken läßt, steigt sie in die Lüfte und ruft ‚ach, wo is dat schön! schön is dat! schön! schön! ach, wo is dat schön!'"

Wie bei der Zusammenstellung der Sonnen- und Mondvertreter bereits hervorgehoben, müssen die Wettrennen der Vögel gesondert betrachtet werden. Fast immer ist es der Adler, der als vermeintlich mächtigster Vogel („der stieg so hoch, daß er der Sonne hätte die Augen aushacken können") im Begriff ist, die Herrschaft über die Vögel zu erringen. Der Herausforderer ist meist ein kleiner Vogel, der sich vom Adler unbemerkt mit in die Lüfte hinaufführen läßt, ehe er dann mit frischer Kraft noch ein Stückchen höher fliegen kann und damit zum König der Vögel wird.
Im Gegensatz zu den Wettrennen auf dem Lande geht es bei den Vögeln nicht um eine Strecke, sondern um eine Höhe, die zurückgelegt werden muß. Dadurch ist der Wettbewerb der Tiere völlig anders ausgerichtet. Beim Höhenwettbewerb kann der kleine Herausforderer nicht auf Verwandtenhilfe hoffen, wie der Igel zum

Beispiel. Die einzige Ähnlichkeit ist das Hängen oder Verstecken beim stärkeren Gegner. Beim Landwettbewerb, der von Osten nach Westen geht, hängt sich das Sonnentier beim Gegner an und wird dann am Ende ins Ziel geschleudert. Beim Höhenwettbewerb geht es nur um die höchste Höhe.
Bemerkenswert ist, daß derjenige, der den Adler übertrifft, kurze Zeit später gelegentlich sogar unter die Erde muß. Damit übertrifft er nicht nur den Adler an Höhe, sondern alle anderen auch in schrecklicher Demütigung. Der kleine König wäre nichts ohne die Kraft des Adlers. Das schwächere Tier kann demnach nicht die Sonne sein, sondern nur der Mond, der tatsächlich seine Kraft von der Sonne empfängt, der tatsächlich eine größere Höhe als die Sonne und entsprechend auch die niedrigste Tiefe in der Mittagslinie einnehmen kann. Und tatsächlich ist es auch so, daß der kleine Mondvogel stets um die Bahn des Sonnenadlers herumfliegen muß. Damit bringt das Märchen den Menschen eine himmelskundliche Gesetzmäßigkeit näher, die auf die Mondbahnneigung relativ zur Erdbahnebene begründet ist.
Bei den verschiedenen Lesarten bleibt fast immer der Adler der Sonnenvertreter, während seine Gegner unterschiedliche Namen führen. Neben dem Zaunkönig können als Mondvertreter auch die Fledermaus (Schweden, Finnland, Mongolei), das Rotkehlchen (Griechenland), der Kuckuck (Kleinrußland), der Habicht (Rumänien), die Nachtigall (Rumänien) und der Hänfling (Ojibway-Indianer) auftreten. Damit sind uns weitere Schlüssel zur astralen Enträtselung der deutschen Volksmärchen an die Hand gegeben worden.
Am Ende sei noch auf Friedrich von Schillers (1759–1805) Räuber hingewiesen. In der ersten Fassung 1781 I,2 lautet es: „Du hängst dich an den Adler Spiegelberg wie der Zaunkönig und kommst mit ihm zur Sonne". Ein Wink mit dem Zaunpfahl für die astronomische Deutung des Märchens?!

Finsternisse am Märchenhimmel

Die Neigung der Mondbahn zur Sonnenbahn äußert sich aber nicht nur in einem mitunter besonders hohen Wintervollmond oder einem extrem niedrigen Sommervollmond. Wer begriffen hat, daß der Mond sein Licht nur von der Sonne empfängt, und sich ein bißchen Gedanken über die Ausbreitung des Lichtes macht, kommt ziemlich schnell auf die Idee, daß der Mond nicht ständig genau auf der himmlischen Sonnenbahn einherziehen **kann**, denn sonst müßte es ja bei jeder Vollmondstellung zu einem Ereignis ganz besonderer Art kommen: Wenn der Mond als Vollmond der Sonne am Himmel genau gegenübersteht, muß er nämlich vom Schatten der Erde getroffen und entsprechend vom Sonnenlicht abgeschnitten werden, und wir können eine Mondfinsternis beobachten. Eine solche Mondfinsternis tritt aber nicht zu jeder Vollmondstellung ein – der Mond steht offenbar „normalerweise" zu weit abseits der Ekliptik, so daß er oberhalb oder unterhalb des Erdschattens vorbeizieht. Nur dann, wenn der Vollmond in der Nähe eines der beiden Bahnknoten steht, kann er wirklich vom Schatten der Erde getroffen werden.

Ein solches Ereignis ergibt sich zwei- bis dreimal pro Jahr im Abstand von jeweils rund 5,8 Monaten. Zwar sind die dabei fälligen Verfinsterungen des Mondes dann überall dort zu beobachten, wo der Vollmond gerade über dem Horizont steht, aber dies ist jeweils nur für eine Erdhälfte der Fall – von der anderen Seite der Erde aus bleibt die Finsternis unsichtbar. Trotzdem gehört eine Mondfinsternis nicht unbedingt zu den seltensten Himmelsereignissen, die man von einem vorgegebenen Ort aus verfolgen kann: Innerhalb von 54 Jahren und einem Monat kann man zum Beispiel von Deutschland aus 29 totale Mondfinsternisse vollständig oder zumindest zeitweise verfolgen und zusätzlich noch 20 partielle Verfinsterungen des Mondes beobachten, vorausgesetzt, das Wetter spielt mit. (Nach diesem Zeitraum, drei sogenannten Saros-Zyklen, wiederholen sich die Finsternisse für einen bestimmten Ort auf der Erdoberfläche wieder unter annähernd gleichen Bedingungen.)

Wesentlich seltener dagegen – im Schnitt nur etwa alle 400 Jahre einmal – wird ein vorgegebener Ort vom Schatten des Mondes getroffen, wenn der Mond sich als Neumond genau vor die Sonne schiebt. Zwar werden die Voraussetzungen für die Entstehung einer Sonnenfinsternis ebenfalls zwei- bis dreimal im Jahr erfüllt, wenn Neumond und Knotendurchgang ungefähr zusammentreffen, aber damit eine solche Sonnenfinsternis dann auch zu sehen ist, muß der Beobachter genau im (Kern-)Schatten des Mondes stehen, und der ist selten mehr als ein paar Dutzend und nie mehr als rund 270 Kilometer breit. Mitunter reicht dieser (Kern-)Schatten des Mondes nicht einmal bis zur Erde, und dann sieht man den (schwarzen) Neumond vor der leuchtenden Sonne, umgeben von einem hellen Ring (man spricht in diesem Zusammenhang tatsächlich von einer ringförmigen Sonnenfinsternis).

Man kann sich vorstellen, daß eine totale Sonnenfinsternis, wenn also der Neumond zusammen mit der Sonne am Himmel vereint zu sehen ist, bei einem unvorbereiteten Betrachter einen nachhaltigen Eindruck hinterläßt: Wenn plötzlich und scheinbar ohne Vorankündigung die helle, Licht und Wärme spendende Sonne vom dunklen, kalten Mond „verschlungen" wird und es am hellichten Tag so dunkel wird, daß zumindest die helleren Sterne neben der (verfinsterten) Sonne aufleuchten, dann kann sich kaum jemand dem wahrhaft kosmischen Spannungsfeld entziehen. Im Gegenteil: Wer einmal eine totale Sonnenfinsternis erleben durfte, ist meist bereit, für eine Wiederholung dieses auch in der heutigen Zeit noch atemberaubenden Naturschauspiels gleichsam „bis ans Ende der Welt" zu reisen.

Da eine totale Sonnenfinsternis also ein – im Gegensatz zu einer Mondfinsternis – wirklich seltenes Ereignis ist, wird man im Zusammenhang mit unserem Thema, den astralen Wurzeln der Märchen und Mythen, zweierlei erwarten dürfen. Zum einen wäre es verwunderlich, wenn man nirgends einen Hinweis auf ein solches kosmisches Ereignis fände, ja – man könnte das Fehlen einer märchenhaften Finsternis möglicherweise sogar als Argument gegen unsere Betrachtungsweise der Märchen als Beschreibung himmlischer Abläufe ins Feld führen. Zum anderen sollte man anhand einer solchen Beschreibung, wenn es sie dann gibt, durch den Vergleich mit den wirklichen, rekonstruierbaren Finsternissen vielleicht sogar einen Datierungsversuch wagen können.

Mit unseren bislang gewonnenen Erfahrungen mit der astralen Tier- und Personensymbolik und aus unserem astronomischen Verständnis dieses Himmelsschauspiels heraus können wir die Suche nach einem Finsternismärchen nun fast schon gezielt angehen. Wir brauchen je einen Mond- und einen Sonnenvertreter, und der Sonnenvertreter muß zur Neumondzeit „gefressen" und anschließend wieder erlöst oder befreit werden. Grundsätzlich, so haben wir bei den „Erlösungsmärchen" gesehen, kann der Vorgang der Erlösung selbst als Hinweis auf die Neumondstellung gelten, doch wäre eine zusätzliche Erwähnung eine weitere Stütze der Hypothese.

Mit einem Hasen als Mondvertreter kommen wir an dieser Stelle allerdings nicht weiter: Hasen sind keine grausamen Tiere, die irgend jemand anderes fressen. Ein Blick auf die von Johannes Bolte und Georg Polívka zusammengetragene Liste der Sonnen- und Mondvertreter (siehe Anhang) läßt Fuchs, Tiger, Löwe, Kojote oder Wolf in die nähere Auswahl ziehen. Die drei mittleren Tiere kommen bei uns in freier Wildbahn nicht vor, und der Fuchs stiehlt in den Märchen und Kinderliedern allenfalls Gänse, so daß der Wolf als passender Mondvertreter sich geradezu aufdrängt.

Das wohl berühmteste Wolfmärchen handelt von einem kleinen Mädchen, dem Wolf und der Großmutter. Es heißt Rotkäppchen und gibt dem Kundigen schon im Titel einen Hinweis darauf, daß es sich bei dieser Erzählung wirklich um die Beschreibung einer ganz bestimmten Sonnenfinsternis handeln dürfte.

Rotkäppchen

„Es war einmal eine kleine süße Dirne, die hatte jedermann lieb, der sie nur ansah, am allerliebsten aber ihre Großmutter, die wußte gar nicht, was sie alles dem Kinde geben sollte. Einmal schenkte sie ihm ein Käppchen von rotem Sammet, und weil ihm das so wohl stand und es nichts anders mehr tragen wollte, hieß es nur das Rotkäppchen. Eines Tages sprach seine Mutter zu ihm ‚komm, Rotkäppchen, da hast du ein Stück Kuchen und eine Flasche Wein, bring das der Großmutter hinaus; sie ist krank und schwach und wird sich daran laben. Mach dich auf, bevor es heiß wird, und wenn du hinauskommst, so geh hübsch sittsam und lauf nicht vom Weg ab, sonst fällst du und zerbrichst das Glas, und die Großmutter hat nichts. Und wenn du in ihre Stube kommst, so vergiß nicht, guten Morgen zu sagen, und guck nicht erst in alle Ecken herum.' ‚Ich will schon alles gut machen', sagte Rotkäppchen zur Mutter, und gab ihr die Hand darauf. Die Großmutter aber wohnte draußen im Wald, eine halbe Stunde vom Dorf. Wie nun Rotkäppchen in den Wald kam,

Tafel 5
Rotkäppchen (Westfälisches Schulmuseum, Foto: Jürgen Spiler, Dortmund)

Tafel 6
Die „Rotkäppchenfinsternis" vom 22. Juli 1990. Die rote Morgensonne wurde in Tallinn (Estland) und Helsinki (Finnland) vom Mondwolf Fenrir verschlungen und kurze Zeit später unversehrt wieder freigegeben. (Foto: Kurt Hopf, Hof)

Tafel 7
Als schmale Mondsichel verbirgt der Mondwolf sein graues Fell und legt die weiße, mehlbestäubte Pfote ins Türfenster des Geißenhauses. (Foto: Hermann-Michael Hahn, Köln)

Tafel 8
Der Wolf und die sieben Geißlein (Westfälisches Schulmuseum, Foto: Jürgen Spiler, Dortmund)

begegnete ihm der Wolf. Rotkäppchen aber wußte nicht, was das für ein böses Tier war, und fürchtete sich nicht vor ihm. ‚Guten Tag, Rotkäppchen', sprach er. ‚Schönen Dank, Wolf.' ‚Wo hinaus so früh, Rotkäppchen?' ‚Zur Großmutter.' ‚Was trägst du unter der Schürze?' ‚Kuchen und Wein: gestern haben wir gebacken, da soll sich die kranke und schwache Großmutter etwas zugut tun und sich damit stärken.' ‚Rotkäppchen, wo wohnt deine Großmutter?' ‚Noch eine gute Viertelstunde weiter im Wald, unter den drei großen Eichbäumen, da steht ihr Haus, unten sind die Nußhecken, das wirst du ja wissen', sagte Rotkäppchen.

Der Wolf dachte bei sich ‚das junge zarte Ding, das ist ein fetter Bissen, der wird noch besser schmecken als die Alte: du mußt es listig anfangen, damit du beide erschnappst.' Da ging er ein Weilchen neben Rotkäppchen her, dann sprach er ‚Rotkäppchen, sieh einmal die schönen Blumen, die ringsumher stehen, warum guckst du dich nicht um? Ich glaube, du hörst gar nicht, wie die Vöglein so lieblich singen? Du gehst ja für dich hin, als wenn du zur Schule gingst, und ist so lustig haußen in dem Wald'.

Rotkäppchen schlug die Augen auf, und als es sah, wie die Sonnenstrahlen durch die Bäume hin- und hertanzten und alles voll schöner Blumen stand, dachte es ‚wenn ich der Großmutter einen frischen Strauß mitbringe, der wird ihr auch Freude machen; es ist so früh am Tag, daß ich doch zu rechter Zeit ankomme', lief vom Wege ab in den Wald hinein und suchte Blumen. Und wenn es eine gebrochen hatte, meinte es, weiter hinaus stände eine schönere, und lief darnach, und geriet immer tiefer in den Wald hinein. Der Wolf aber ging geradeswegs nach dem Haus der Großmutter, und klopfte an die Türe. ‚Wer ist draußen?' ‚Rotkäppchen, das bringt Kuchen und Wein, mach auf.' ‚Drück nur auf die Klinke', rief die Großmutter, ‚ich bin zu schwach und kann nicht aufstehen.' Der Wolf drückte auf die Klinke, die Türe sprang auf und er ging, ohne ein Wort zu sprechen, gerade zum Bett der Großmutter und verschluckte sie. Dann tat er ihre Kleider an, setzte ihre Haube auf, legte sich in ihr Bett und zog die Vorhänge vor.

Rotkäppchen aber war nach den Blumen herumgelaufen, und als es so viel zusammen hatte, daß es keine mehr tragen konnte, fiel ihm die Großmutter wieder ein, und es machte sich auf den Weg zu ihr. Es wunderte sich, daß die Türe aufstand, und wie es in die Stube trat, so kam es ihm so seltsam darin vor, daß es dachte ‚ei, du mein Gott, wie ängstlich wird mirs heute zumut, und ich bin sonst so gerne bei der Großmutter!' Es rief ‚guten Morgen', bekam aber keine Antwort. Darauf ging es zum Bett und zog die Vorhänge zurück; da lag die Großmutter, und hatte die Haube tief ins Gesicht gesetzt und sah so

wunderlich aus. ‚Ei, Großmutter, was hast du für große Ohren!' ‚Daß ich dich besser hören kann.' ‚Ei, Großmutter, was hast du für große Augen!' ‚Daß ich dich besser sehen kann.' ‚Ei, Großmutter, was hast du für große Hände!' ‚Daß ich dich besser packen kann.' ‚Aber, Großmutter, was hast du für ein entsetzlich großes Maul!' ‚Daß ich dich besser fressen kann.' Kaum hatte der Wolf das gesagt, so tat er einen Satz aus dem Bette und verschlang das arme Rotkäppchen. Wie der Wolf sein Gelüsten gestillt hatte, legte er sich wieder ins Bett, schlief ein und fing an überlaut zu schnarchen. Der Jäger ging eben an dem Haus vorbei und dachte ‚wie die alte Frau schnarcht, du mußt doch sehen, ob ihr etwas fehlt.' Da trat er in die Stube, und wie er vor das Bette kam, so sah er, daß der Wolf darin lag. ‚Finde ich dich hier, du alter Sünder', sagte er, ‚ich habe dich lange gesucht.' Nun wollte er seine Büchse anlegen, da fiel ihm ein, der Wolf könnte die Großmutter gefressen haben, und sie wäre noch zu retten: schoß nicht, sondern nahm eine Schere und fing an, dem schlafenden Wolf den Bauch aufzuschneiden. Wie er ein paar Schnitte getan hatte, da sah er das rote Käppchen leuchten, und noch ein paar Schnitte, da sprang das Mädchen heraus und rief ‚ach wie war ich erschrocken, wie wars so dunkel in dem Wolf seinem Leib!' Und dann kam die alte Großmutter auch noch lebendig heraus und konnte kaum atmen. Rotkäppchen aber holte geschwind große Steine, damit füllten sie dem Wolf den Leib, und wie er aufwachte, wollte er fortspringen, aber die Steine waren so schwer, daß er gleich niedersank und sich totfiel. Da waren alle drei vergnügt; der Jäger zog dem Wolf den Pelz ab und ging damit heim, die Großmutter aß den Kuchen und trank den Wein, den Rotkäppchen gebracht hatte, und erholte sich wieder, Rotkäppchen aber dachte ‚du willst dein Lebtag nicht wieder allein vom Wege ab in den Wald laufen, wenn dirs die Mutter verboten hat.'
Es wird auch erzählt, daß einmal, als Rotkäppchen der alten Großmutter wieder Gebackenes brachte, ein anderer Wolf ihm zugesprochen und es vom Wege habe ableiten wollen. Rotkäppchen aber hütete sich und ging gerade fort seines Wegs und sagte der Großmutter, daß es dem Wolf begegnet wäre, der ihm guten Tag gewünscht, aber so bös aus den Augen geguckt hätte: ‚wenns nicht auf offner Straße gewesen wäre, er hätte mich gefressen.' ‚Komm', sagte die Großmutter, ‚wir wollen die Türe verschließen, daß er nicht herein kann.' Bald danach klopfte der Wolf an und rief ‚mach auf, Großmutter, ich bin das Rotkäppchen, ich bring dir Gebackenes.' Sie schwiegen aber still und machten die Türe nicht auf: da schlich der Graukopf etlichemal um das Haus, sprang endlich aufs Dach und wollte warten, bis Rotkäppchen abends nach Hause ginge, dann wollte er ihm nachschleichen und wollts in der Dunkelheit fressen.

Aber die Großmutter merkte, was er im Sinn hatte. Nun stand vor dem Haus ein großer Steintrog, da sprach sie zu dem Kind ‚nimm den Eimer, Rotkäppchen, gestern hab ich Würste gekocht, da trag das Wasser, worin sie gekocht sind, in den Trog.' Rotkäppchen trug so lange, bis der große, große Trog ganz voll war. Da stieg der Geruch von den Würsten dem Wolf in die Nase, er schnupperte und guckte hinab, endlich machte er den Hals so lang, daß er sich nicht mehr halten konnte und anfing, zu rutschen: so rutschte er vom Dach herab, gerade in den großen Trog hinein, und ertrank. Rotkäppchen aber ging fröhlich nach Haus, und tat ihm niemand etwas zuleid."

Zum vollständigen Verständnis des Rotkäppchenmärchens als Beschreibung einer ganz besonderen Sonnenfinsternis müssen wir zunächst ein bißchen weiter ausholen. Die Rollen von Rotkäppchen als Sonne und dem Wolf als dem Mond mögen ja noch verhältnismäßig einleuchtend sein, wobei die Anspielung auf das rote Käppchen eine „verkappte" Beschreibung der auf- oder untergehenden Sonne sein dürfte, da die Sonne dann durch die Lichtabschwächung in den tieferen Atmosphäreschichten vielfach gerötet erscheint (man spricht ja nicht ohne Grund von Abend- oder Morgenrot). Welche Bedeutung aber haben Mutter und Großmutter in diesem himmlischen Drama?

Einen ersten Hinweis bekommen wir aus dem bereits erwähnten Kinderlied „Es war eine Mutter, die hatte vier Kinder, den Frühling, den Sommer, den Herbst und den Winter...". In diesem Lied wird das Jahr mit einer Mutter verglichen und die Jahreszeiten mit ihren Kindern. Dasselbe astrale Urbild der „Mutter Sonne mit Kind" erkennen wir in einer Strophe der Lieder-Edda wieder. Vor rund tausend Jahren lautete es dort:

> „Eine Tochter gebiert der Alfenstrahl (= Wintersonne),
> bevor Fenrir (= Mondwolf) sie anfährt (= verfinstert),
> dieses Mädchen soll reiten,
> dann, wenn die Regenten sterben,
> der Mutter Bahnen."

Diese Strophe besagt, daß kurz vor einer Sonnenfinsternis die Mutter Sonne eine Tochter geboren hat. Dieses kleine Sonnenkind, das morgens und abends ein **rotes Käppchen** trägt, muß denselben Weg wie zuvor ihre Mutter gehen. Der gefährlichste Feind beider ist der

Mondwolf, vor allem in Gestalt des Wintervollmondes Fenrir, der
– den tatsächlichen himmelskundlichen Verhältnissen entsprechend – die Sonne verschlingen kann, sie aber dann wieder freigeben muß. Nichts anderes besagt das berühmte Rotkäppchen-Märchen. Es beinhaltet die poetische Beschreibung einer Sonnenfinsternis in den späten Nachmittagsstunden, als die Sonne bereits ein rotes Käppchen trug. In diesem Bilde wird (die Sonne) Rotkäppchen nicht zerkaut, und es fließt auch kein Blut, sondern es wird nur verschlungen und heile wiedergeboren, so wie es sich in einer morgendlichen oder abendlichen Sonnenfinsternis auch heute noch beobachten läßt. Die letzte „Rotkäppchenfinsternis" in Europa ließ sich am 22. Juli 1990 in Tallinn (Estland) und Helsinki (Finnland) beobachten.

Fragen wir uns, ob dem Rotkäppchenmärchen eine historisch greifbare Sonnenfinsternis zu Grunde gelegen haben könnte, so dürfte das Ereignis aus sprachlichen Gründen zwischen 800 bis 1000 in Nordeuropa gesehen worden sein. Da kurz vor der Sonnenfinsternis Mutter-Sonne noch ein Sonnenkind gebären konnte, kann die Finsternis frühestens entweder am Frühlings-, Sommer-, Herbst- oder Winteranfangstag oder am Neujahrstag geschehen sein. In den dänischen Rotkäppchenfassungen erscheint meist eine schwangere Frau an Stelle des Mädchens. Damit verkürzt sich das Großmutter-Mutter-Kind-Verhältnis auf Großmutter und Mutter-Kind. Es wächst die Wahrscheinlichkeit, daß wir es mit einer alten Jahresmutter (= Großmutter), einer gegenwärtigen (= Mutter) und einer unmittelbar vor der Sonnenfinsternis erfolgten dritten Jahresmutter (= Jahreskind) zu tun haben. Das würde bedeuten, daß wir mit einer Neujahrssonnenfinsternis zu rechnen hätten. Die gesuchte historische Sonnenfinsternis, die als Vorbild zur Beschreibung in Frage käme, hätte demnach folgende Bedingungen zu erfüllen: Sie müßte stattgefunden haben

a) zwischen 800 und 1000,
b) in Nordeuropa,
c) am späten Nachmittag,
d) am Neujahrstag oder kurz danach.

Die moderne Astronomie hat alle bis in die Bronzezeit reichenden Finsternisse für Nordeuropa berechnet und deren Verlauf in Karten übersichtlich eingetragen. Die unter a bis d beschriebenen Bedingungen treffen nur für eine einzige Sonnenfinsternis zu, nämlich für die vom 1. Januar 865. Die Sinnbilder selber, Wolf für den Mond,

Kind für eine neugeborene Sonne, Großmutter für einen alten Sonnenbahnpunkt usw., die für die Beschreibung einer historischen Sonnenfinsternis benutzt wurden, können natürlich wesentlich älter sein und sind nicht für ein bestimmtes Ereignis erfunden worden. Bevor wir noch weitere Belege für die Geschichtlichkeit der Rotkäppchenfinsternis vom 1. Januar 865 heranziehen wollen, sollen noch einige Einzelheiten des Märchens besprochen werden.
Die Grimms haben das Märchen offenbar mehrfach ausgeschmückt. Trotz dieser Umschreibungen ist das Märchen im Wesentlichen erhalten. Wenn die Sonne Rotkäppchen ein Stück Kuchen und eine Flasche Wein auf dem Weg zur Großmutter mitführt, so erinnert das an den Laib Brot und das Krüglein Wasser im Märchen von den sieben Raben (siehe dort). Dort konnten die Beigaben als Hinweise für eine Neumondbefähigung der Märchengestalt gedeutet werden. Für den Kundigen weisen die Beigaben schnell auf dasjenige, was uns in der Geschichte wohl erwarten wird, nämlich eine Gefahr und eine Erlösung für die Märchengestalt, mit der wir uns oft verbunden fühlen.
Die Begegnung mit dem Wolf ist für die Sonne Rotkäppchen das letzte Aufeinandertreffen mit dem Neumond vor der Verschlingung durch den Würger, einer poetischen Bezeichnung für den Mondwolf. Diese angeblich so gefährliche Begegnung von Rotkäppchen mit dem Wolf wird selbst von den Grimms (vor allem Wilhelm?) als schlimm aufgefaßt. Am Ende lautet es dann: „Rotkäppchen aber dachte ‚du willst dein Lebtag nicht wieder allein vom Wege ab in den Wald laufen, wenn dies die Mutter verboten hat.'"
In Wahrheit verläuft die erste Mondwolfbegegnung der Sonne Rotkäppchen deswegen so glimpflich ab, weil der Mond noch nicht eine Stelle auf der Sonnenbahn einnehmen konnte. Erst als er den Platz von der Großmutter, dem alten (und neuen) Sonnenbahnpunkt zu Neujahr, einnehmen konnte, gerät die Sonne Rotkäppchen in Gefahr „für Leib und Seele". Wenn der Mondwolf die Großmutter der Sonne frißt, so hat er einen Platz auf der Sonnenbahn besetzt. Die Astronomen sprechen dann vom „Mondknoten" oder „Drachenpunkt".
Wenn die Sonne Rotkäppchen Blumen pflückt, so erinnert uns das ein weiteres Mal an die lettischen Dainas, in denen die Sonne den Mond beschimpft, er würde ihr den Rosengarten zertrampeln. Auch die Sonne als Rosengärtnerin deutet darauf hin, wie sehr das

Tagesgestirn mit den Blumen in Verbindung gesehen wurde. So überrascht es uns nicht, auch die Sonne Rotkäppchen als Blumenspenderin vorzufinden. Ungewöhnlich ist nur, daß die Sonne dafür „vom Weg ablief", während der Mondwolf „geradewegs nach dem Haus der Großmutter" lief. Dieser eigentlich nebensächliche Zug verkehrt die Verhältnisse, denn es ist die Sonne, die den graden Weg einschlägt, während der Mond launenhaft (vgl. lat. Luna) um das Sonnengestirn hin und her pendelt. Dieses astronomisch nicht begründbare Hin und Her der Sonne und der gerade Weg des Mondes lassen vermuten, daß dieser Zug aus erzieherischen Gründen aufgenommen wurde und daß der Erzähler zuletzt die astralen Bezüge des Märchens nicht gekannt hat. Dennoch ist der wahre Grund des Märchens erhalten geblieben.

Ein weiterer Zug des Märchens, daß nämlich der Mondwolf schneller ist (er läuft ja dem Rotkäppchen davon und erreicht als erster die Großmutter), bestätigt unsere astrale Deutung, denn der Mond ist ja tatsächlich etwa 13mal schneller als die Sonne.

Höhepunkt jeder Rotkäppchenerzählung ist natürlich die Verschlingung der Großmutter und des Rotkäppchens. Wie geschickt der Mondwolf erst die Großmutter verschlingt, sich als Großmutter verkleidet ins Bett legt und dann auf Rotkäppchen wartet, verrät uns nicht die Hinterlist des irdischen Wolfes, sondern entspringt aus der astronomischen Notwendigkeit, daß der Mondwolf erst einen Sonnenbahnpunkt (= Großmutter der Sonne = Mondknoten) einnehmen muß, um überhaupt die Sonne Rotkäppchen verschlingen zu können. Der frühe Mensch hat damit also nicht einen Zug des Wolfes, sondern ein astronomisches Ereignis beschreiben wollen.

Rotkäppchen tritt in das Zimmer der Großmutter ein. In den nordischen Lesarten ist es eine schwangere Mutter, wie wir gesehen haben. Da die nordischen Lesarten dem Ereignis vom 1. Januar 865 näher stehen, so dürfen wir diesen Zug als den ursprünglicheren ansehen. Und das mit Recht. Denn es ist ja der Neujahrstag, an dem der Mondwolf die Sonne verschlingt. Daher trägt die alte Jahressonne bereits das neue Jahreskind unter dem Herzen. Weltberühmt ist das Gespräch zwischen Sonne und Mond, zwischen Rotkäppchen und Wolf.

‚Ei, Großmutter, was hast du für große Ohren!'
‚Daß ich dich besser hören kann.'
‚Ei, Großmutter, was hast du für große Augen!'

‚Daß ich dich besser sehen kann.'
‚Ei, Großmutter, was hast du für große Hände!'
‚Daß ich dich besser packen kann.'
‚Aber, Großmutter, was hast du für ein entsetzlich
großes Maul!'
‚Daß ich dich besser fressen kann.'
Kaum hatte der Wolf das gesagt, so tat er einen Satz aus dem Bette und verschlang das ... Rotkäppchen."
Woher stammen die großen Augen des Mondwolfes? Sind sie ausschmückendes dichterisches Beiwerk, oder lassen auch sie sich astronomisch herleiten? Zur Klärung dieser Frage wenden wir uns erneut der historischen Rotkäppchenfinsternis vom 1. Januar 865 zu.

Die historische Rotkäppchen-Finsternis

In der nordischen Mythologie der Götterdämmerung verschlingt am Ende der Mondwolf Fenrir das Tagesgestirn, muß es aber bald darauf unversehrt wieder freigeben. Nachdem ich 1989 in einem Artikel für die Zeitschrift „Sterne und Weltraum" erstmals ausführlich dargelegt hatte, daß sich die aus der nordischen Mythologie her bekannte Götterdämmerung aufgrund mehrerer Hinweise auf partielle Sonnenfinsternisereignisse und das geschilderte Ende selbst als Beschreibung einer totalen Sonnenfinsternis verstanden werden kann, erhielt ich von Holger Filling aus Halver genauere Daten für die Finsternis vom 1. Januar 865. Danach lag das Ende der sogenannten Zentrallinie, dort also, wo der Mondschatten sich bei Sonnenuntergang wieder von der Erde ablöst, damals in Rømsdal, 150 Kilometer südwestlich von Trondheim, fast genau auf dem 8. Längengrad östlich von Greenwich und der nördlichen Breite von 63 Grad. Die Breite der Zone totaler Finsternis betrug im letzten Abschnitt des Ereignisses nur noch rund 28 Kilometer. Die Totalitätszone selbst erreichte gegen 14 Uhr Weltzeit (oder 15 Uhr „MEZ", was damals natürlich noch nicht definiert war) das skandinavische Festland nordwestlich von Bergen, etwa zwei Stunden und 10 Minuten, nachdem die Sonne die Mittagslinie überquert hatte.
Für eine kulturgeschichtliche Untersuchung ist es wichtig festzuhalten, ob diese Finsternis überhaupt von maßgeblichen Männern

der damaligen Zeit gesehen werden konnte. Die in der Nähe gelegene norwegische Stadt Bergen war während des Mittelalters eine bedeutende Königs- und Handelsstadt. Denkbar wäre also, daß etwa der künftige norwegische König Harald Schönhaar (850 bis 933), der 865 den Thron besteigen sollte, über die Weihnachtstage und das Neujahrsfest in Bergen weilte – und in seinem Gefolge wenigstens einer der zehn namentlich bekannten Hofdichter der damaligen Zeit.
Welcher Anblick hätte sich dieser königlichen Gesellschaft geboten?
Am 1. Januar 865, etwa eine Stunde nach Mittag, begann der Mond sich langsam von Westen kommend vor die Sonne zu schieben, die zu diesem Zeitpunkt noch etwa 6 Grad über dem Horizont stand. Etwa 73 Minuten später (um 15.02 Uhr MEZ) erreichte die Finsternis ihren Höhepunkt; mittlerweile war die Sonne bereits auf rund 2,5 Grad Höhe über dem Horizont abgesunken. Bevor der Mond die Sonne weitere 72 Minuten später wieder vollständig freigeben konnte, war die noch teilweise verfinsterte Sonne um 15.50 Uhr MEZ oder gut drei Stunden nach Mittag im Südwesten hinter dem Horizont versunken.
Da die sogenannte Zentrallinie der Finsternis etwas nördlich von Bergen vorbeiführte und die Schattenzone an dieser Stelle nur noch wenige Kilometer breit war, hat der Mond die Sonne nur ziemlich knapp für einige Sekunden bedeckt. Unmittelbar vor und nach der Totalität kann man dann gewöhnlich das sogenannte Perlschnur-Phänomen beobachten, wenn die extrem schmale Sonnen„sichel" bereits (oder noch) von einzelnen aufragenden Mondbergen zerschnitten wird. Im Zusammenhang mit dem Wolfsbild des Mondes und der leuchtenden Sonnenkorona sowie einiger möglicher Sonnenausbrüche (sogenannter Protuberanzen) kann dem Beobachter so leicht der Gedanke gekommen sein, in den leuchtenden Sonnenresten die gierig funkelnden Glutaugen und feuerspeienden Wolfsnüstern erkennen zu können.
Es wäre eine schöne Bestätigung unserer Überlegungen, wenn diese glühenden Augen und Nüstern des Mondwolfes Fenrir auch in einer damaligen Finsternisbeschreibung zu finden wären. Dies ist nun in der Tat der Fall. Der isländische Gelehrte Snorri Sturluson (1179–1241) berichtet in seiner Snorra-Edda in Kapitel 51 vom Fenrirwolf: „Feuer brennt aus seinen Augen und seiner Nase."
Die Höhe der Sonne über dem Horizont betrug während des Hö-

hepunktes der Finsternis nur etwa 2,5 Grad, das sind etwa fünf scheinbare Sonnendurchmesser vom sogenannten mathematischen Horizont. Für eine starke Rotfärbung der tiefstehenden Sonne („Rotkäppchen") hat dies sicher ausgereicht. Da Bergen außerdem von Bergen umgeben ist, konnte leicht der Eindruck entstehen, die Sonnenfinsternis spiele sich nahezu bei Sonnenuntergang ab: Der Mondwolf Fenrir schien seinen Unterkiefer auf der Erde und seinen Oberkiefer im Himmel zu haben. Und genau das wird uns aus dem Mittelalter berichtet, wenn es in der Snorra-Edda heißt: „Und der Fenrirwolf fährt mit gähnendem Maul, und sein oberer Kiefer reicht bis zum Himmel und sein unterer bis gegen die Erde: Er würde (seinen Rachen) noch mehr aufsperren, wenn (genug) Raum dazu wäre."

Die Tatsache, daß der Mondwolf Fenrir seinen Unterkiefer auf dem Erdboden liegen hat, und der Hinweis auf die Glutaugen und die feuerspeienden Nüstern zeigen eine erstaunliche Übereinstimmung mit dem Verlauf der Sonnenfinsternis vom 1. Januar 865 aus der Sicht eines Beobachters von Bergen oder der Umgebung an. Und auch der Nebensatz, Fenrir würde sein Maul noch weiter aufsperren wollen, wenn Platz genug da wäre, paßt zu einem Ereignis in unmittelbarer Nähe des realen Horizontes.

Da mit Fenrir ein Mond zur Wintersonnenwende gemeint ist, der von allen Monden des Jahres nicht nur den größten sichtbaren Himmelsbogen durchläuft, sondern an dem auch sonst alles größer erscheint, wird verständlich, warum gerade das Gespräch der kleinen Wintersonne Rotkäppchen mit dem großen Mondwolf („Ei... was hast du für große Ohren...") einen entscheidenden Teil zur Kennzeichnung des astronomischen „Quellereignisses" liefert und daher unbedingt zur Beschreibung gehört, und wir können einmal mehr beruhigt feststellen, daß die vermeintlichen Grausamkeiten eines Märchens nicht die Lust an solchen Greueltaten widerspiegeln, sondern allenfalls die „unerbittlichen" Gesetze des Himmels zum Ausdruck bringen.

Angesichts der dargelegten Übereinstimmungen ist es daher mehr als nur wahrscheinlich, daß der weltberühmte Wolf der nordischen „Götterdämmerung" und der noch berühmtere Wolf im Rotkäppchenmärchen einzig derjenige Wintersonnenwendmond sind, der am 1. Januar 865 in den Nachmittagsstunden in Südwestnorwegen die Sonne verfinsterte. Und als kurze Zeit später die Wikinger in ganz Europa als Staatengründer und Kulturträger erschienen, brachten sie natürlich auch ihre Fernrirmythe mit, die sich in Deutschland zum Rotkäppchenmärchen entwickelte.

Der Jäger mit dem Schuh

Ist nun das weltberühmte Rotkäppchenmärchen tatsächlich eine Jahrhunderte überdauernde Erinnerung einer besonders beeindruckenden Sonnenfinsternis? Neben den verblüffenden Gemeinsamkeiten, die sich in dem Satz zusammenfassen lassen: „Der Mondwolf verschlingt gänzlich ein Sonnenkind (= totale Sonnenfinsternis) mit rötlicher Färbung (= bei niedriger Sonnenhöhe), mit gierigen Augen (= partielles Perlschnurphänomen) und muß es wieder freigeben (Ende der Sonnenfinsternis) ...", besteht noch eine Übereinstimmung darin, daß in beiden Fällen ein Geburtshelfer der Sonne auftritt, der endlich auch das Mondungeheuer tötet. Im Rotkäppchenmärchen ist es der Jäger, im Fenrirmythus übernimmt Viðarr diese Aufgabe. Ist schon diese funktionelle Ähnlichkeit eines Geburtshelfers der Sonne Übereinstimmung genug, so wäre eine sich aus dem Sachzusammenhang ergebende Identität von Viðarr und dem Jägersmann letztes Glied einer Beweiskette, die Rotkäppchenmärchen und Fenrirmythus als auf dasselbe Ereignis hinweisend ausgäbe.

Rotkäppchens Befreier ist im Märchen ein Jägersmann, der, um das Sonnenkind nicht zu verletzen, mit einem Messer den Mondwolf aufschneidet. In der Fenrirmythe ist es Viðarr, der ebenfalls ein Messer (eigentlich Schwert) benutzt, jedoch in einer zweiten Lesart seltsamerweise einen Schuh in den Rachen des Mondwolfes stößt und danach mit bloßen Händen das Wolfsmaul zerreißt. Während der mit dem Messer befreiende Viðarr uns an den Jägersmann im Rotkäppchenmärchen erinnert, scheint Viðarrs Schuhgeschichte wirklichkeitsfern und phantastisch. Die Frage lautet: Können dennoch beide Lesarten im Ereignis vom 1. Jan. 865 begründet sein? Die Sonnenfinsternis vom 1. Jan. 865 ereignete sich auf der Grenze zwischen Steinbock (Cap) und Schütze (Sgr). Nicht nur die Finsternis selbst, sondern auch ihr Himmelsort spielt seit jeher eine wichtige Rolle. Für den Dichter einer Astralmythe bietet es sich an, dem hinter oder neben dem Ereignis befindlichen Sternbild eine bestimmte Rolle zukommen zu lassen. Wie könnte diese Rolle aussehen? Bedenken wir, daß auch heute noch die Menschen bei einer

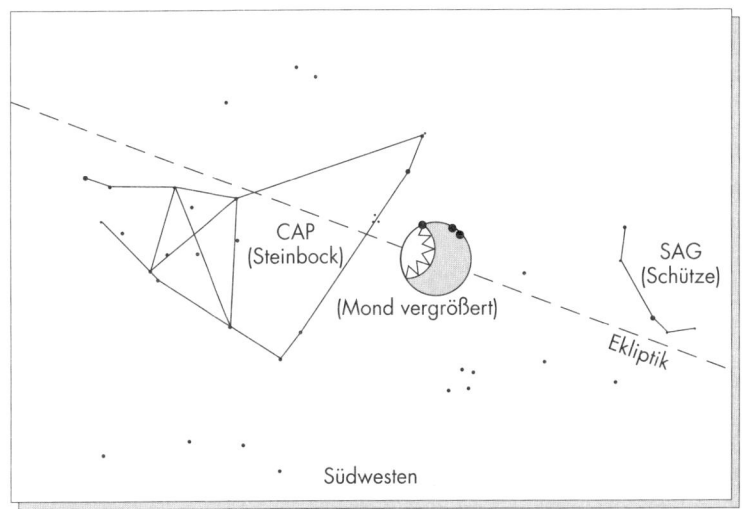

Abbildung 6: Man braucht nicht viel Phantasie, um die Sterne des Steinbocks auch zu einem großen Schuh zu verbinden, mit dem der Jäger in einer nordischen Variante des Rotkäppchen-Märchens den Wolf getötet hat – ein wichtiges Indiz für die Deutung des Rotkäppchen-Märchens als Beschreibung der totalen Sonnenfinsternis vom 1. Januar 865.

Sonnenfinsternis gebannt, manche auch noch mit Furcht, die zunehmende Verfinsterung der Sonne verfolgen. Im Augenblick der größten Angst und Dunkelheit werden plötzlich benachbarte Sterne sichtbar und kurz danach wird das Mondungeheuer besiegt, die Spannung legt sich. Und wer hat die Sonne gerettet? Offenbar dasjenige Sternbild, das im Augenblick der Finsternis sich als der mutigste Kämpfer gegen den Mondwolf zeigte. Da sich die Sonnenfinsternis vom 1. Januar 865 ziemlich tief über dem Horizont abspielte, wird man allerdings kaum Sterne neben der „schwarzen" Sonne gesehen haben können: Im horizontnahen Bereich wird das Licht der Sterne so stark geschwächt, daß am Erdboden nicht mehr genug ankommt, um den Sehreiz des menschlichen Auges anregen zu können. Allerdings sollte man auch damals schon den Ort der Sonne im Tierkreis rekonstruiert und nahe der Grenze zwischen Schütze und Steinbock lokalisiert haben können. Kein Wunder also, daß sich zwei Helden um den Ruhm streiten konnten, die Sonne gerettet zu haben, einmal Viðarr mit dem Schuh (= Steinbock) und zum anderen der später ebenfalls Viðarr genannte Schütze bzw. Jägersmann mit dem Messer (Schütze). Ließe sich belegen, daß Viðarr mit dem Schuh tatsächlich das Sternbild Steinbock vertritt, so wäre ein weiterer wichtiger Beweispunkt für die Ansicht erbracht, daß die Finsternis der Götterdämmerung und das Rotkäppchenmärchen vom selben Ereignis berichten.

Wer vielleicht Ende September gegen 22 Uhr im Südwesten die untergehenden Sterne des Steinbockes betrachtet, wird Mühe haben darin die Gestalt eines Steinbockes überhaupt erkennen zu können. Viel leichter lassen sich die Sterne zu einem Riesenschuh zusammenfügen. Da sich die Sonnenfinsternis vom 1. Jan. 865 unmittelbar vor Sternbild Steinbock bzw. Schuh (Cap) ereignete, wird verständlich, warum Viðarr den Mondwolf Fenrir nicht mit einer Waffe, sondern mit dem Schuh besiegte. Mit diesem Bild ließ sich zuverlässig der Himmelsort für die Sonnenfinsternis vom 1. Januar 865 bewahren.

Mindestens seit den 20er Jahren unseres Jahrhunderts geht bei den Germanisten die Mär um, Rotkäppchen sei kein deutsches, sondern ein französisches Märchen. Abgesehen davon, daß diese Fragestellung vom eigentlichen Wesen des Märchens und der Astralmythe ablenkt, sei darauf aufmerksam gemacht, daß die Normannen unmittelbar vor und Jahrhunderte nach der die Götterdämmerung abschließenden Finsternis vom 1. Jan. 865 in ganz Europa auftauchten und zahlreiche normannische Reiche begründeten. So berichten die Jahrbücher von Fulda anno 845: „Die Normannen plünderten das Reich Karls, fuhren auf der Seine bis Paris... und... zogen ab." Anno 850: „Die Normannen kamen unter... Godfrid die Seine herauf... (Da) änderte Karl heimlich seinen Entschluß, nahm Godfrid samt den Seinigen in die Gemeinschaft seines Reichs auf und wies ihnen Land zum Wohnen an." Und in isländischen Jahrbüchern wird vom Jahre 898 berichtet, also rund 33 Jahre nach der Sonnenfinsternis vom 1. Jan. 865, daß der Heerführer Rolf Teile von Franken errang, die seitdem Normandie genannt werden, übrigens bis zum heutigen Tag. Es wäre demnach geradezu verdächtig, wenn sich in Frankreich keine Spuren vom Rotkäppchenmotiv beziehungsweise der Götterdämmerung erhalten hätten. Wir dürfen damit den Brüdern Grimm nach wie vor Glauben schenken, wenn sie in ihren Anmerkungen zum Rotkäppchenmärchen vermerken: „Aus den Maingegenden." – also aus Deutschland. Und die Brüder bemerken weiter, daß das Rotkäpp-

chenmotiv sich auch in schwedischen Volksliedern erhalten hat, ferner auch bei Perrault (1628–1703) zu finden ist. Es ist also ein Fehler, zu glauben, daß ein französisches Rotkäppchen als ein Beweis für französische Herkunft zu gelten hat.
Bereits 59 Jahre nach der Rotkäppchenfinsternis vom 1. Januar 865 finden wir ein von (deutschen?) Bauern vorgetragenes Rotkäppchenmärchen, das Egbert von Lüttich in lateinischer Sprache verfaßt hat.

Der Wolf als „Sternenfresser"

Neben Rotkäppchen gibt es noch ein weiteres, sehr bekanntes Märchen, in dem der gefräßige Wolf zuschlägt, seine Beute aber ebenfalls wieder unversehrt hergeben muß. Diesmal sind es sieben Geißlein, von denen sich aber eines verstecken kann und so verschont bleibt. Nach der erfolgreichen Entschlüsselung der Rotkäppchen-Mär als Bericht über eine historische Sonnenfinsternis stellt sich natürlich gleich die Frage, ob vielleicht auch hinter der Geschichte vom Wolf und den sieben Geißlein ein astronomisches Ereignis steckt. Doch auch hier zunächst der Märchentext, wie er uns von den Gebrüdern Grimm überliefert wurde.

Der Wolf und die sieben Geißlein

„Es war einmal eine alte Geiß, die hatte sieben junge Geißlein, und hatte sie lieb, wie eine Mutter ihre Kinder lieb hat. Eines Tages wollte sie in den Wald gehen und Futter holen, da rief sie alle sieben herbei und sprach ‚liebe Kinder, ich will hinaus in den Wald, seid auf eurer Hut vor dem Wolf, wenn er hereinkommt, so frißt er euch alle mit Haut und Haar. Der Bösewicht verstellt sich oft, aber an seiner rauhen Stimme und an seinen schwarzen Füßen werdet ihr ihn gleich erkennen.' Die Geißlein sagten ‚liebe Mutter, wir wollen uns schon in acht nehmen, Ihr könnt ohne Sorge fortgehen.' Da meckerte die Alte und machte sich getrost auf den Weg.
Es dauerte nicht lange, so klopfte jemand an die Haustür und rief ‚macht auf, ihr lieben Kinder, eure Mutter ist da und hat jedem von euch etwas mitgebracht.' Aber die Geißerchen hörten an der rauhen Stimme, daß es der Wolf war, ‚wir machen nicht auf', riefen sie, ‚du bist unsere Mutter nicht, die hat eine feine und liebliche Stimme, aber deine Stimme ist rauh; du bist der Wolf.' Da ging der Wolf fort zu einem Krämer und kaufte sich ein großes Stück Kreide: die aß er und machte damit seine Stimme fein. Dann kam er zurück, klopfte an die Haustür und rief ‚macht auf, ihr lieben Kinder, eure Mutter ist da und hat jedem von euch etwas mitgebracht.' Aber der Wolf hatte seine schwarze Pfote in das Fenster gelegt, das sahen die Kinder und riefen ‚wir machen nicht auf, unsere Mutter hat keinen schwarzen Fuß wie du: du bist der Wolf.' Da lief der Wolf zu einem Bäcker und

sprach ‚ich habe mich an den Fuß gestoßen, streich mir Teig darüber.' Und als ihm der Bäcker die Pfote bestrichen hatte, so lief er zum Müller und sprach ‚streu mir weißes Mehl auf meine Pfote.' Der Müller dachte ‚der Wolf will einen betrügen', und weigerte sich, aber der Wolf sprach ‚wenn du es nicht tust, so fresse ich dich.' Da fürchtete sich der Müller und machte ihm die Pfote weiß. Ja, so sind die Menschen.

Nun ging der Bösewicht zum drittenmal zu der Haustüre, klopfte an und sprach ‚macht mir auf, Kinder, euer liebes Mütterchen ist heimgekommen und hat jedem von euch etwas aus dem Walde mitgebracht.' Die Geißerchen riefen ‚zeig uns erst deine Pfote, damit wir wissen, daß du unser liebes Mütterchen bist.' Da legte er die Pfote ins Fenster, und als sie sahen, daß sie weiß war, so glaubten sie, es wäre alles wahr, was er sagte, und machten die Türe auf. Wer aber hereinkam, das war der Wolf. Sie erschraken und wollten sich verstecken. Das eine sprang unter den Tisch, das zweite ins Bett, das dritte in den Ofen, das vierte in die Küche, das fünfte in den Schrank, das sechste unter die Waschschüssel, das siebente in den Kasten der Wanduhr. Aber der Wolf fand sie alle und machte nicht langes Federlesen: eins nach dem andern schluckte er in seinen Rachen; nur das jüngste in dem Uhrkasten, das fand er nicht. Als der Wolf seine Lust gebüßt hatte, trollte er sich fort, legte sich draußen auf der grünen Wiese unter einen Baum und fing an zu schlafen. Nicht lange danach kam die alte Geiß aus dem Walde wieder heim. Ach, was mußte sie da erblicken! Die Haustüre stand sperrweit auf: Tisch, Stühle und Bänke waren umgeworfen, die Waschschüssel lag in Scherben, Decke und Kissen waren aus dem Bett gezogen. Sie suchte ihre Kinder, aber nirgends waren sie zu finden. Sie rief sie nacheinander bei Namen, aber niemand antwortete. Endlich, als sie an das jüngste kam, da rief eine feine Stimme ‚liebe Mutter, ich stecke im Uhrkasten.' Sie holte es heraus, und es erzählte, daß der Wolf gekommen wäre und die andern alle gefressen hätte. Da könnt ihr denken, wie sie über ihre armen Kinder geweint hat.

Endlich ging sie in ihrem Jammer hinaus, und das jüngste Geißlein lief mit. Als sie auf die Wiese kam, so lag da der Wolf an dem Baum und schnarchte, daß die Äste zitterten. Sie betrachtete ihn von allen Seiten und sah, daß in seinem angefüllten Bauch sich etwas regte und zappelte. ‚Ach Gott', dachte sie, ‚sollten meine armen Kinder, die er zum Abendbrot hinuntergewürgt hat, noch am Leben sein?' Da mußte das Geißlein nach Haus laufen und Schere, Nadel und Zwirn holen. Dann schnitt sie dem Ungetüm den Wanst auf, und kaum hatte sie einen Schnitt getan, so streckte schon ein Geißlein den Kopf heraus, und als sie weiter schnitt, so sprangen nacheinander alle

sechs heraus, und waren noch alle am Leben, und hatten nicht einmal Schaden gelitten, denn das Ungetüm hatte sie in der Gier ganz hinuntergeschluckt. Das war eine Freude! Da herzten sie ihre liebe Mutter und hüpften wie ein Schneider, der Hochzeit hält. Die Alte aber sagte ‚jetzt geht und sucht Wackersteine, damit wollen wir dem gottlosen Tier den Bauch füllen, solange es noch im Schlafe liegt.' Da schleppten die sieben Geißerchen in aller Eile die Steine herbei und steckten sie ihm in den Bauch, so viel sie hineinbringen konnten. Dann nähte ihn die Alte in aller Geschwindigkeit wieder zu, daß er nichts merkte und sich nicht einmal regte.
Als der Wolf endlich ausgeschlafen hatte, machte er sich auf die Beine, und weil ihm die Steine im Magen so großen Durst erregten, so wollte er zu einem Brunnen gehen und trinken. Als er aber anfing zu gehen und sich hin und her zu bewegen, so stießen die Steine in seinem Bauch aneinander und rappelten. Da rief er
,was rumpelt und pumpelt
in meinem Bauch herum?
ich meinte, es wären sechs Geißlein,
so sind's lauter Wackerstein.'
Und als er an den Brunnen kam und sich über das Wasser bückte und trinken wollte, da zogen ihn die schweren Steine hinein und er mußte jämmerlich ersaufen. Als die sieben Geißlein das sahen, da kamen sie herbeigelaufen, riefen laut ‚der Wolf ist tot! der Wolf ist tot!' und tanzten mit ihrer Mutter vor Freude um den Brunnen herum."

Wieder dürfen wir den Wolf als Mondvertreter ansehen, der auf Beutesuche umherstreift. Aufgrund der astronomischen Gegebenheiten (Mondbahnneigung) kann er sich dabei bis auf etwas mehr als 5 Grad von der Sonnenbahn entfernen, so daß ihm insgesamt ein etwa 10 Grad breiter Streifen am Himmel zugänglich ist: Alle Sterne, die sich in diesem Bereich beidseits der Ekliptik befinden, können im Laufe der Zeit vom Mond „verschlungen" werden – die Astronomen sprechen in diesem Zusammenhang von einer „Sternbedeckung durch den Mond". Da sich der Mond ja innerhalb von knapp vier Wochen einmal um die Erde bewegt und somit pro Tag rund 13 Grad (oder pro Stunde etwa um seinen scheinbaren Durchmesser) weiter nach Osten wandert, kann eine solche Sternbedeckung nie sehr lange dauern: Ein Stern, der hinter dem (von uns aus gesehen) linken Mondrand verschwindet, taucht spätestens nach gut einer Stunde am rechten Mondrand wieder auf. Der Mondwolf würde also seine Beute gar nicht wirklich fressen und verdauen können. Diese in den „Verschlingungsmärchen" stets

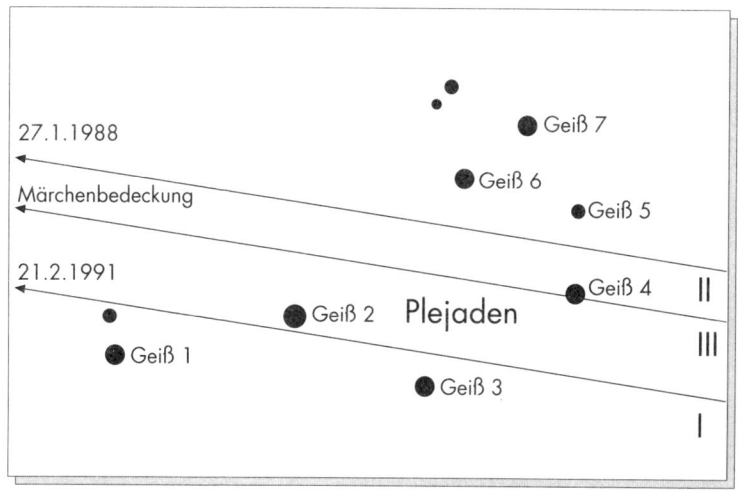

Abbildung 7: Auf seinem Weg durch die Sternbilder kann der Mond gelegentlich die Sterne der Plejaden (Siebengestirn) bedecken, aber höchstens bis zu sechs. Die Übereinstimmung mit dem Märchen vom Wolf (= Mond) und den Sieben Geißlein (= Plejaden) ist verblüffend.

auftauchende Befreiung der Opfer, die oft als „Rettung aus höchster Not" mißverstanden wurde nach dem Motto „Ganz so grausam dürfen Kindergeschichten dann vielleicht doch nicht sein, also bauen wir lieber ein glückliches Ende ein", ergibt sich vielmehr zwingend aus den himmlischen Abläufen.

Aber wollen wir zunächst einmal sehen, welche Sternenbeute der Wolf sich diesmal ausgesucht hat – die Sonne wie im Falle von Rotkäppchen kann es ja nicht sein, denn was sollte sonst die Zahl Sieben bedeuten. Wenn wir den etwa 10 Grad breiten Streifen entlang der Ekliptik absuchen, treffen wir im Sternbild Stier auf eine kleine, auffällige Sternengruppe, die im Volksmund als „Siebengestirn" bekannt ist. Sie liegt nahe der oberen Mondweggrenze und kann daher tatsächlich vom Mond erreicht und bedeckt werden. Natürlich nicht bei jedem Mondumlauf, denn die Mondbahn muß entsprechend ausgerichtet sein, daß der Mond gerade an dieser Stelle seiner Bahn genügend weit oberhalb der Ekliptik steht. Wir haben im Zusammenhang mit dem Märchen vom Zaunkönig schon gesehen, daß die Lage der Mondknoten (der Schnittpunkte zwischen Mond- und Sonnenbahn) für die relative Ausrichtung der

Mondbahn verantwortlich ist. Da die Mondknoten aber innerhalb von 18 Jahren und 7 Monaten einmal über die ganze Ekliptik wandern, wird es Zeiten geben, in denen sich Bedeckungen der Plejaden durch den Mond häufen.

Die letzte Phase mit Plejadenbedeckungen dauerte für einen Beobachter unserer Breiten vom 13. September 1987 bis zum 21. Februar 1991. Während dieser Zeit zog der Mond elfmal zu solchen Zeiten vor den Plejaden vorbei, daß man die Bedeckung von Deutschland aus beobachten konnte (würde man auch durch die Erde hindurchblicken können, hätten wir insgesamt sogar 41 Plejadenbedeckungen verfolgen können). Natürlich zog er nicht immer auf der gleichen Bahn vor den Plejaden her – zum einen verschiebt sich in der genannten Zeit ja die Lage der Mondbahnknoten stetig nach Westen, zum anderen hängt es auch von der jeweiligen Position des Mondes am Firmament ab (ob er als zunehmender Mond am Westhimmel steht oder als abnehmender Mond am Osthimmel): Durch die Erddrehung wechselt auch die Position des Beobachters relativ zum Mond im Laufe des Tages etwas (die Astronomen nennen dies die tägliche Parallaxe des Mondes), und dieser Effekt ist bei Erdnähe des Mondes etwas stärker als in Erdferne.

Entsprechend hat der Mond nicht bei jeder von Deutschland aus sichtbaren Bedeckung des Sternhaufens stets die gleichen oder gar alle Plejadensterne „gefressen". Das Maximum waren fünf von sieben, was je nach Beobachtungsort ein- oder zweimal (am 27. Januar und 6. August 1988) vorkam.

Eine genauere Analyse der Bahnverhältnisse zeigt allerdings auch, daß der Mond bestenfalls sechs der sieben mit bloßem Auge sichtbaren Plejadensterne nacheinander erwischen kann: Die Sterne stehen einfach zu weit auseinander. Das kann doch kein Zufall sein. Aber es genügt natürlich noch nicht, um eine solche Sternbedeckung der Plejaden durch den Mond als astrale Vorlage für das Märchen vom Wolf und den sieben Geißlein widerspruchslos anzuerkennen.

Zumindest müßte man auch die vorausgegangenen vergeblichen Versuche des Wolfes, in das Haus der Geißlein einzudringen, im himmlischen Ablauf wiederfinden, ebenso das wechselnde Erscheinungsbild des Wolfes. Doch davon später mehr. Zunächst möchte ich ein bißchen davon erzählen, was ich gerade bei den Untersuchungen zu diesem Märchen erleben konnte.

Als ich Anfang 1991 in der Bochumer Kaffee-Ecke der Germanisten einer Kommilitonin von den astronomischen Hintergründen erzählte, sagte diese mir, daß sie genau das, was ich ihr erzählte, vor einigen Tagen in der Zeitung gelesen hätte. Nun staunte ich nicht schlecht, wieso in so kurzer Zeit meine Entdeckung in der ‚Neuen Zürcher Zeitung' stehen konnte. Leider konnte sie mir die Zeitung nicht mehr besorgen. Zufällig schickte mir der Dortmunder Geograph Prof. Hans-Friedrich Gorki, der von meinen Forschungen wußte, diesen Artikel zu.

Venus, die himmlische Ziege

Bevor wir auf diesen Artikel in der ‚Neuen Zürcher Zeitung' vom 21. Februar 1991 eingehen wollen, sei noch ein anderes Erlebnis erzählt. In der Sternwarte Bochum lief am 25. November 1992 eine Kinder- und Familienveranstaltung ‚Der Mond und die sieben Sterne'. In dieser Veranstaltung wurde die Plejadenbedeckung durch den Mondwolf geschildert. Meine Nachforschungen haben ergeben, daß dieses Programm von Dr. Ludwig Meier stammt, der im Zeiss-Planetarium Jena jahrzehntelang Vorträge hielt. Anläßlich eines Telefongespräches am 10. März 1994 erfuhr ich von ihm, daß die Idee dazu in den 50er Jahren sich aus einem Gespräch mit dem damaligen Leiter Dr. Fritz Heiland ergeben hatte. Grundlage war offenbar eine Veröffentlichung von Robert Henseling, „Welt und Mensch", Nr. V: Das Himmelsbild der Germanen von Konstantin Reichardt, Leipzig, 1926, S. 10 „Wenn es... in einem Eddaliede heißt, ehe die Sonne von dem Fenrirwolf verschlungen werde, gebäre sie eine Tochter...". Auch der Schweizer Dr. William Brunner, Kloten, erhielt die Anregung von Henselings Veröffentlichungen in den 20er Jahren, ehe er seinen Beitrag zunächst bei Unger, dann in der ‚Neuen Zürcher Zeitung' veröffentlichte, wie ich in einem Telefongespräch am 20. März 1994 von ihm erfuhr. Die Vorstellung, daß der eddische Mondwolf Fenrir nicht nur die Sonne, sondern womöglich auch das Siebengestirn hätte bedecken können, hatte Brunner, wie er mir selbst sagte, bereits vor 1945 gehabt. Der heute 89jährige ausgebildete Astronom und spätere Flugmeteorologe Brunner, der Mitteldeutsche Meier und ich als Westdeutscher (mit baltischen Vorfahren) haben unabhängig voneinander und durch Staatsgrenzen voneinander getrennt, im Märchen vom Wolf und den sieben Geißlein eine Plejadenbedeckung erkannt. Das besondere Verdienst von Brunner ist, daß er die Muttergeiß schlüssig als Venusvertreter erklären konnte. Damit hat er Meier und mich in der Deutung dieses Märchens übertroffen. Zur Zeit bahnt sich ein weiterer Austausch der Erfahrungen mit der astralen Deutung der deutschen Volksmärchen an, wobei dieses Buch – so hoffe ich – Erhebliches dazu beitragen wird.

Am 9. und 10. November 1991 wurden gemeinsam mit Manfred Köppl vom Planetarium „Stellarium Erkrath" wohl zum ersten Mal gleich vier Märchen mit Hilfe der Einrichtungen eines Planetariums am künstlichen Sternenhimmel vorgeführt. Dabei unternahm Köppl eigene Nachforschungen. Er fand zum Beispiel, daß das Siebengestirn im Spanischen noch heute „Cabrillas" (Zicklein) heißt (von span. cabra f. „Ziege", die in der Mehrzahl gebrauchte Verkleinerungsform). Damit besitzen wir unabhängig von der Geschichte selbst einen sprachbedingten Beweis für die Richtigkeit unserer Deutung.

An drei verschiedenen Stellen des deutschen Sprachraumes also war unabhängig voneinander das Fressen der sieben Geißlein als Plejadenbedeckung (wieder-)erkannt worden, doch eine überzeugende astrale Deutung der Muttergeiß gelang nur dem Schweizer Brunner. Während ich bei der Muttergeiß an das Sternbild der Ziege „Capella" (α Aurigae) mit den kleinen Zicklein (ε, η, ζ Aurigae) dachte, die auf der Milchstraßenweide Futter suchten, fand Brunner heraus, daß die Geißenmutter die Venus sein muß, die genau all diejenigen Abläufe im Märchen vollzieht, die sich auch bei einer Schleifenbildung der Venus an den Plejaden erfüllt. Allerdings sind ihm bei seinen Berechnungen leider einige Fehler unterlaufen, wie der Astronomielektor des Franckh-Kosmos-Verlages, Hermann-Michael Hahn, bei eigenen Nachforschungen feststellen mußte. Zum Glück ist der generelle Ablauf des kosmischen Geschehens, das als astronomische Grundlage für das Märchen vom Wolf und den sieben Geißlein gedient haben könnte, davon unberührt, so daß ich dieses von Brunner beschriebene Geschehen zunächst einmal mit eigenen Worten wiedergeben möchte.

Die entscheidende, weiterführende Entdeckung Brunners beruht auf der Annahme, daß der Mondwolf nicht nur drei-, sondern in Wirklichkeit viermal (einmal davon unsichtbar als Dunkelmond) am Geißenhaus der Plejaden vorbeizieht, zwischen dem ersten und letzten, für ihn schließlich „erfolgreichen" Besuch somit drei (siderische) Monate oder 82,5 Tage liegen: Nahezu den gleichen Zeitraum nämlich benötigt die Venus, um eine ihrer Planetenschleifen in der Umgebung des Plejadenhaufens zu vollenden.

Solche Planetenschleifen stellen gewissermaßen schon eine höhere Form der Himmelsmechanik dar, und entsprechend haben sie unsere Vorfahren lange Zeit hindurch vor ein beinahe unlösbares Rätsel gestellt. Um sich dieser Problematik bewußt zu werden, muß man sich noch einmal in Erinnerung rufen, daß der Himmel mit seinem eintönigen, stets gleichen Muster an Sternen der Inbegriff des ewig Unveränderlichen gewesen sein muß: Unbeschadet eines jahreszeitlichen Wechsels wurde jahrein, jahraus die wohlvertraute Szenerie aufgebaut, in der sich lediglich sieben Akteure bewegten: Sonne, Mond und die fünf mit bloßem Auge sichtbaren Planeten Merkur, Venus, Mars, Jupiter und Saturn.

Diese „Wandelsterne", wie sie seit den Himmelsbeobachtern des klassischen Griechenlands genannt werden, schwammen gleichsam gegen den Strom der täglichen Ost-West-Bewegung des gesamten Himmels von West nach Ost. Am schnellsten war der Mond, der rund 27 Tage brauchte, um einmal entlang der Sonnenbahn (Ekliptik) die Himmelsbühne zu durcheilen. Ihm folgten Merkur (88 Tage) und Venus (225 Tage), die Sonne (365 Tage oder eben ein Jahr), der Mars (1,88 Jahre), der Jupiter (knapp 12 Jahre) und schließlich der Saturn (rund 29,5 Jahre). Doch während die beiden großen „Wandelsterne" Sonne und Mond unverrückbar an dieser West-Ost-Bewegung festhielten, kamen die fünf kleinen, nur punktförmig aussehenden „Irrläufer" anscheinend nicht immer gegen den starken, täglichen Ost-West-Umschwung an: Sie wurden langsamer, drifteten vorübergehend nach Westen ab und konnten sich erst nach einigen Wochen wieder „fangen", um dann erneut gegen den Strom weiterzuwandern. Diesen Eindruck zumindest konnte der unbefangene Betrachter der himmlischen Abläufe gewinnen.

Wir kennen heute die Ursache für dieses so unstete, gar nicht himmlisch erscheinende Bewegungsmuster, dessen Erklärung den Himmelsbeobachtern bis ins ausgehende Mittelalter immer wieder Kopfzerbrechen bereitet hat. Vor mehr als 450 Jahren nämlich hat Nikolaus Kopernikus die Erde aus dem ruhenden Mittelpunkt der Welt verdrängt und uns einen Platz auf einem selbst mitlaufenden Planeten zugewiesen: Nicht die Planeten und – sie alle einhüllend – die Sterne drehen sich um uns, sondern alle Planeten einschließlich der Erde umlaufen die Sonne. Von diesem bewegten Beobachtungsplatz aus lösen sich die scheinbaren Schleifen der anderen, punktförmig aussehenden Planeten zu bloßen Überholmanövern auf, bei denen wir entweder von einem der beiden inneren Planeten (Merkur, Venus) überholt werden oder aber einen der äußeren Planeten (Mars, Jupiter, Saturn) überholen.

Aber auch diese von Kopernikus möglicherweise nur wiederaufgegriffene, in Wirklichkeit vielleicht viel ältere Vorstellung von einem heliozentrischen Weltbild (mit der Sonne im Zentrum der Planetenbewegung) konnte sich erst richtig durchsetzen, nachdem Galileo Galilei zu Beginn des 17. Jahrhunderts den Himmel als Forschungsgegenstand enttabuisiert und Isaac Newton rund 150 Jahre nach Kopernikus endlich auch eine überprüfbare mathematische Beschreibung der wirksamen Kraft entwickelt hatte.

Wie aber paßt eine solche Planetenschleife der Venus zu unserem Märchen vom Wolf und den sieben Geißlein? Wenn die Venus wirklich die Rolle der Muttergeiß übernehmen soll, muß sie zu Beginn der Geschichte im Bereich des Siebengestirns stehen und von dort fortziehen. Kurz darauf erscheint der Mondwolf.

Beim ersten Anklopfen des Mondwolfes an die Tür des Ziegenhauses fällt den Geißlein die rauhe Stimme des Wolfes auf. Wenn der Mensch nach Süden blickt, horcht er mit einem Ohr nach Osten und mit dem anderen nach Westen. Deshalb sind die himmlischen Ereignisse am Ost- und Westrand des Himmels auch „hörbar".

Die rauhe Stimme des Mondwolfes zeigt an, daß er das Geißenhäuschen erstmalig im Westen oder Osten besucht hatte. Durch den dreimaligen Besuch des Mondwolfes an derselben Himmelsstelle ergibt sich eine Veränderung der Mondgestalt, weil nämlich die Sonne nach $27\frac{1}{3}$ Tagen bereits wieder ein Stückchen weiter weg nach Osten durch den Sternbilderhimmel gezogen ist. Für den ersten Besuch des Wolfes nimmt Brunner ein Mondalter von vier Tagen an. „Die Mondsichel zeigt den kräftig aufgerissenen Wolfsrachen, die rauhe Stimme", schreibt Brunner. Die erstmalige Begegnung des Mondwolfes mit den sieben Geißlein (Plejaden) war also im Westen zu sehen.

Die sieben Geißlein erkennen den Wolf an der rauhen Stimme und lassen ihn nicht herein. „Er geht zum Krämer, verlangt Kreidemehl und erlangt dadurch eine feinere Stimme. Wie er sich nun zum zweiten Male (nach 27 Tagen siderischer Umlaufzeit) dem Geißenhäuslein... nähert, hat er nur ein Mondalter von zwei Tagen. Er ruft

mit ganz feiner Stimme (sehr schmale zunehmende Mondsichel), er sei die Geißenmutter, man solle ihn einlassen. Die Geißlein erkennen aber den Wolf an seiner schwarzen Pfote.", schreibt Brunner. Russische Lesarten des Märchens bestätigen Brunner auch hier: „In russischen Märchen läßt sich eine Hexe… vom Schmiede ihre Zunge so dünn schmieden, daß der Knabe sie bei Nacht für seine Mutter hält und ihr folgt."
In den russischen Lesarten vertritt die Hexe den Wolf, der Knabe das Gestirnsopfer. Himmelsschmied, Mondring und Hexe ergänzen sich als geläufige Mondsinnbilder in der Nähe der Sonne. Obwohl der Mondwolf seine Stimme verfeinern konnte, ist er erneut von den sieben Geißlein als Bösewicht anhand seiner schwarzen Pfote erkannt worden. Folgen wir wieder Brunner:
„Der Mond-Wolf eilt rasch weiter zum Bäcker (Sonne) und steckt als Neumond die Pfote in den Teig. Bei diesem Besuch beim Bäcker steht die Sonne nahe bei den Plejaden. Der Mond und die Plejaden sind unsichtbar, und deshalb wird dieser Besuch im Märchen nicht erwähnt. Der Mond-Wolf macht gleich noch einen weiteren Umgang. Er geht noch zum Müller, um die Pfote auch noch mit weißem Mehl zu bestreuen. Wie er nun nach 55 Tagen wieder zum Geißenhäuschen kommt, zeigt er die feine weiße Pfote. Es ist dies der 27 Tage alte Mond, zwei Tage vor Neumond. Der Wolfsrachen (zunehmende Mondsichel) ist nicht mehr sichtbar. Die Geißlein erkennen den Wolf in dieser Gestalt nicht mehr; sie lassen den Mond-Wolf in ihr Häuschen eintreten. Er verschlingt in rascher Folge sechs von den sieben Geißlein. Eines bleibt übrig, da die Mondscheibe nicht groß genug ist, um alle sieben Sterne nacheinander zu bedecken. Nach den $27 + 55 = 82$ Tagen ist nun die Venus-Geißenmutter vom Walde, dem Ort der Unsichtbarkeit beim Übergang vom Venus-Abendstern zum Venus-Morgenstern zurückgekehrt und steht als Morgenstern bei den Plejaden, die gerade durch den Mond bedeckt worden sind. Die Geißenmutter nimmt nun die Schere und schneidet dem Mond-Wolf den Bauch auf und siehe da, alle Geißlein (Sternlein des Siebengestirns) kommen eins nach dem andern wieder lebendig zum Vorschein. Nun füllen die Geißlein den Bauch des Mondes mit Wackersteinen. Es sind dies die dunklen Mare im Erdlichtschein des Mondes zwei Tage vor Neumond.
Der Mond-Wolf eilt nun zum Brunnen und stirbt dort nach zwei Tagen als Neumond. Der Brunnen ist das Sternbild der Zwillinge, das für den Chinesen Sternbild Brunnen heißt."

Beim letzten Umlauf des Mondes konnte der Wolf endlich sechs von sieben Geißlein verschlingen. Dies geschah aber nicht am West-, sondern am Osthimmel. Denn inzwischen wechselte die Sonne von der Westseite des Ziegenhauses (= Plejaden) auf die Ostseite, so daß das Ziegenhäuschen jetzt nur noch am Morgenhimmel zu sehen war. Die wiederkehrende Venusziege verschwand entsprechend als Abendstern und kehrte als Morgenstern wieder. Entsprechend verschlang auch der 27tägige Altmondwolf die sechs Geißlein. So hatte die Mutterziege wenig Last damit, dem sowieso schon todgeweihten Mondwolf den Bauch aufzuschneiden und anstelle der sechs Geißlein schwere Wackersteine in den Wolfsbauch zu legen. Ein schönes Bild, wie Brunner in seinem Aufsatz erwähnt, für die „dunklen Mare im Erdlichtschein des Mondes zwei Tage vor Neumond". Der kurz vor dem Ende stehende Mondwolf hat Durst, beugt sich über den Brunnen und fällt sterbend darin hinein, nicht ohne vorher verwirrt zu rufen:

„Was rumpelt und pumpelt
in meinem Bauch herum?
ich meinte, es wären sechs Geißlein,
so sinds lauter Wackerstein."

Wir sind am Ostrand des Himmels, an dem die himmlischen Ereignisse auch **hörbar** sind. So brauchen wir uns nicht zu wundern, wenn es im Märchen heißt:
„Als die sieben Geißlein das sahen... riefen sie **laut** (!) ‚Der Wolf ist tot!' und tanzten mit ihrer Mutter vor Freude um den Brunnen herum."
Es ist Neumond, und wir erinnern uns an den eddischen Brunnen-„Verberger", der die Sonne im Neumond ist. Und wir haben ja schon mehrfach erlebt, wie die Sonne den Altmond zum Verschwinden bringen kann, sei es, daß sie ihm Handschuhe strickt, wie in den lettischen Dainas, sei es, daß sie das Mondpferdchen für drei Tage versteckt usw.

Kann es denn so gewesen sein?

Mit leistungsfähigen Astronomie-Programmen läßt sich eine vergleichbare Situation, bei der die Venus eine Schleife um das Siebengestirn vollführt, am Computer rekonstruieren.
An zwei Beispielen, die Hermann-Michael Hahn zusammengestellt

hat, mag dies einmal verdeutlicht werden. Das nächste Mal vollführt die Venus im Frühjahr 1996 eine Schleifenbewegung in der Nähe der Plejaden: Am 3. April wandert sie etwa ein halbes Grad südlich am Siebengestirn vorbei; dabei steht sie rund 46 Grad östlich der Sonne in nahezu größter östlicher Elongation. Im Mai verlangsamt sie ihre östlich gerichtete Bewegung und hält schließlich am 20. Mai im östlichen Teil des Stiers inne; bis dahin hat sie sich fast 30 Grad nach links von den Plejaden entfernt. Anschließend läuft sie wieder zurück in Richtung Siebengestirn, erreicht es aber nicht mehr, sondern kommt am 1. Juli erneut zum Stillstand – rund 14 Grad südöstlich der Plejaden.

Zwar kehrt die Venus-Ziege diesmal nicht ganz bis zum Ziegenhaus zurück (und auch der Mond zieht 1996 nicht vor den Plejaden her), aber wir sehen, daß zumindest diese Schleife immerhin 79 Tage dauert, also gar nicht so sehr von den 82 Tagen für drei siderische Mondumläufe abweicht. Wenn man dann noch berücksichtigt, daß frühere Beobachter mit bloßem Auge kaum den genauen Zeitpunkt von Schleifenanfang und -ende ermitteln konnten, erscheint die „Ungenauigkeit" von drei Tagen erträglich.

Nun wiederholen sich Venuspositionen nach jeweils acht Jahren mit verblüffender Genauigkeit, denn fünf sogenannte synodische Umläufe der Venus von jeweils 583,92 Tagen dauern nur zwei Tage weniger als acht Jahre (ein synodischer Umlauf ist die Zeit, nach der von der Erde aus gesehen ein Planet wieder am gleichen Stern – in unserem Falle also bei den Plejaden – ankommt). Man könnte also in Achtjahres-Sprüngen weiter in die Zukunft hüpfen, um zu sehen, wann eine solche Venusschleife bei den Plejaden mit einer Phase von Plejadenbedeckungen durch den Mond zusammenfällt. Die Venusschleife von 2028 kommt leider etwas zu spät, denn der Mond zieht im Frühjahr 2028 nur noch knapp unterhalb des Siebengestirns vorbei. So müssen wir bis 2044 warten, ehe „Plejadenschleife" der Venus und Plejadenbedeckung durch den Mond zusammenfallen.

Dann wandert die Venus-Ziege Anfang April sogar durch das Ziegenhaus hindurch. (Leider) bereits zwei Tage vorher, in der Nacht zum 2. April, rückt der knapp vier Tage alte, zunehmende Mond auf die Plejaden zu und bedeckt sie; da der Mond zu diesem Zeitpunkt bereits untergegangen sein wird, kann man davon bei uns nichts sehen! Knapp vier Wochen später, am 29. April, kommt es zu einer zweiten Plejadenbedeckung (die aber am Vormittag statt-

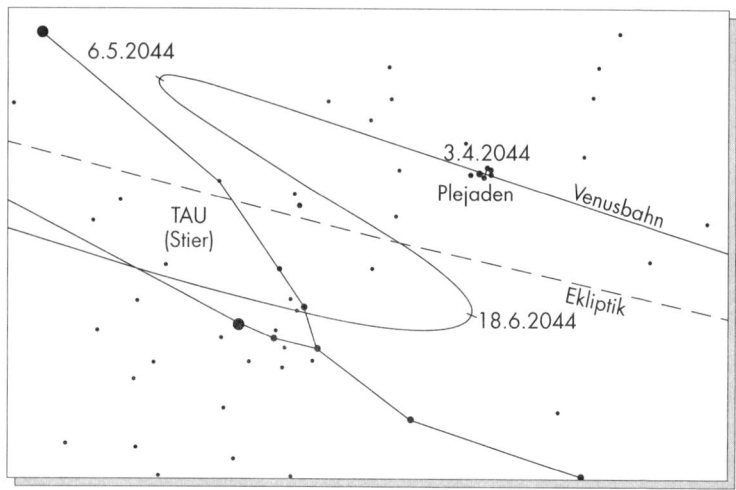

Abbildung 8: Die Rolle der Muttergeiß im Märchen vom Wolf und den Sieben Geißlein scheint auf den Planeten Venus zugeschnitten, der seine Bahnschleife gelegentlich im Bereich des Siebengestirns zieht (siehe Text).

findet und daher ebenfalls nicht zu sehen ist – am Abend vorher sieht man lediglich, wie die ganz schmale, gerade einen Tag alte Mondsichel noch etwa 5 Grad hoch über dem Nordwesthorizont „vor" den Plejaden steht).

Am 26. Mai wird es zur dritten Plejadenbedeckung durch den Mond kommen, wenn der Mond rund sieben Grad westlich der Sonne wenige Stunden vor Neumond unsichtbar am Taghimmel steht, so daß man erst am 23. Juni morgens vor Sonnenaufgang eine Plejadenbedeckung verfolgen kann: Dann wird der Mondwolf als rund 27 Tage alte, schmale Altlichtsichel vor dem Sternhaufen herziehen und (diesmal leider nur) vier der sieben Geißlein verschlingen. Unterdessen ist die Venus im Zuge ihrer Schleife bis zu einem Punkt etwa 7 Grad südlich der Plejaden zurückgekehrt und hat sich schon wieder etwas in östlicher Richtung davonbewegt. Man sieht, ganz entspricht der himmlische Ablauf nicht der Märchenhandlung, aber die Ähnlichkeiten sind so zwingend, daß es nur einer Fleißaufgabe bedarf, die „richtige" Plejadenschleife samt Plejadenbedeckung in den vergangenen Jahrhunderten (oder Jahrtausenden?!) herauszufinden.

Die Erlösung der verwünschten Brüder

Die Zahl Sieben spielt in vielen Märchen eine Rolle, nicht nur bei der Erzählung vom Wolf und den sieben Geißlein, die sich als Bericht über die Bedeckung der Plejaden (des „Siebengestirns") durch den Mond erwiesen hat. Da gibt es „sieben Schwaben" oder „sieben Raben", und damit kann das Siebengestirn kaum gemeint sein. Die sieben Wandelsterne, die etwa auch bei unseren Wochennamen Pate gestanden haben, können es eigentlich auch nicht sein, denn dazu gehörten im klassischen Altertum neben den „echten" Planeten (Merkur, Venus, Mars, Jupiter und Saturn) auch Sonne und Mond, die ihre eigenen Symboltiere oder -figuren besitzen.
Einen Hinweis zur Deutung der Zahl Sieben in diesen Märchen liefert der stets ins Auge zu fassende Erlösungsgedanke, den wir schon bei den „Mondlichtwechsel-Märchen" kennengelernt haben, und so dürfen wir vermuten, daß auch hier der synodische Monat (von Neumond über Vollmond zum Neumond) eine Rolle spielt. Aber vielleicht auch hier zunächst der Märchentext.

Die sieben Raben

„Ein Mann hatte sieben Söhne und immer noch kein Töchterchen, so sehr er sichs auch wünschte; endlich gab ihm seine Frau wieder gute Hoffnung zu einem Kinde, und wies zur Welt kam, war es auch ein Mädchen. Die Freude war groß, aber das Kind war schmächtig und klein, und sollte wegen seiner Schwachheit die Nottaufe haben. Der Vater schickte einen der Knaben eilends zur Quelle, Taufwasser zu holen: die andern sechs liefen mit, und weil jeder der erste beim Schöpfen sein wollte, so fiel ihnen der Krug in den Brunnen. Da standen sie und wußten nicht, was sie tun sollten, und keiner getraute sich heim. Als sie immer nicht zurückkamen, ward der Vater ungeduldig und sprach ‚gewiß haben sies wieder über ein Spiel vergessen, die gottlosen Jungen.' Es ward ihm angst, das Mädchen müßte ungetauft verscheiden, und im Ärger rief er ‚ich wollte, daß die Jungen alle zu Raben würden.' Kaum war das Wort ausgeredet, so hörte er ein Geschwirr über seinem Haupt in der Luft, blickte in die

Höhe und sah sieben kohlschwarze Raben auf- und davonfliegen. Die Eltern konnten die Verwünschung nicht mehr zurücknehmen, und so traurig sie über den Verlust ihrer sieben Söhne waren, trösteten sie sich doch einigermaßen durch ihr liebes Töchterchen, das bald zu Kräften kam, und mit jedem Tage schöner ward. Es wußte lange Zeit nicht einmal, daß es Geschwister gehabt hatte, denn die Eltern hüteten sich, ihrer zu erwähnen, bis es eines Tages von ungefähr die Leute von sich sprechen hörte, das Mädchen wäre wohl schön, aber doch eigentlich schuld an dem Unglück seiner sieben Brüder. Da ward es ganz betrübt, ging zu Vater und Mutter und fragte, ob es denn Brüder gehabt hätte, und wo sie hingeraten wären. Nun durften die Eltern das Geheimnis nicht länger verschweigen, sagten jedoch, es sei so des Himmels Verhängnis und seine Geburt nur der unschuldige Anlaß gewesen. Allein das Mädchen machte sich täglich ein Gewissen daraus und glaubte, es müßte seine Geschwister wieder erlösen. Es hatte nicht Ruhe und Rast, bis es sich heimlich aufmachte und in die weite Welt ging, seine Brüder irgendwo aufzuspüren und zu befreien, es möchte kosten, was es wollte. Es nahm nichts mit sich als ein Ringlein von seinen Eltern zum Andenken, einen Laib Brot für den Hunger, ein Krüglein Wasser für den Durst und ein Stühlchen für die Müdigkeit.

Nun ging es immerzu, weit weit, bis an der Welt Ende. Da kam es zur Sonne, aber die war zu heiß und fürchterlich, und fraß die kleinen Kinder. Eilig lief es weg und lief hin zu dem Mond, aber der war gar zu kalt und auch grausig und bös, und als er das Kind merkte, sprach er ‚ich rieche rieche Menschenfleisch.' Da machte es sich geschwind fort und kam zu den Sternen, die waren ihm freundlich und gut, und jeder saß auf seinem besondern Stühlchen. Der Morgenstern aber stand auf, gab ihm ein Hinkelbeinchen und sprach ‚wenn du das Beinchen nicht hast, kannst du den Glasberg nicht aufschließen, und in dem Glasberg, da sind deine Brüder.'

Das Mädchen nahm das Beinchen, wickelte es wohl in ein Tüchlein, und ging wieder fort, so lange, bis es an den Glasberg kam. Das Tor war verschlossen und es wollte das Beinchen hervorholen, aber wie es das Tüchlein aufmachte, so war es leer, und es hatte das Geschenk der guten Sterne verloren. Was sollte es nun anfangen? seine Brüder wollte es erretten und hatte keinen Schlüssel zum Glasberg. Das gute Schwesterchen nahm ein Messer, schnitt sich ein kleines Fingerchen ab, steckte es in das Tor und schloß glücklich auf. Als es eingegangen war, kam ihm ein Zwerglein entgegen, das sprach ‚mein Kind, was suchst du?' ‚Ich suche meine Brüder, die sieben Raben', antwortete es. Der Zwerg sprach ‚die Herren Raben sind nicht zu Haus, aber willst du hier so lang warten, bis sie

kommen, so tritt ein.' Darauf trug das Zwerglein die Speise der Raben herein auf sieben Tellerchen und in sieben Becherchen, und von jedem Tellerchen aß das Schwesterchen ein Bröckchen, und aus jedem Becherchen trank es ein Schlückchen; in das letzte Becherchen aber ließ es das Ringlein fallen, das es mitgenommen hatte.
Auf einmal hörte es in der Luft ein Geschwirr und ein Geweh, da sprach das Zwerglein ‚jetzt kommen die Herren Raben heim geflogen'. Da kamen sie, wollten essen und trinken, und suchten ihre Tellerchen und Becherchen. Da sprach einer nach dem andern ‚wer hat von meinem Tellerchen gegessen? wer hat aus meinem Becherchen getrunken? das ist eines Menschen Mund gewesen'. Und wie der siebente auf den Grund des Bechers kam, rollte ihm das Ringlein entgegen. Da sah er es an und erkannte, daß es ein Ring von Vater und Mutter war, und sprach ‚Gott gebe, unser Schwesterlein wäre da, so wären wir erlöst.' Wie das Mädchen, das hinter der Türe stand und lauschte, den Wunsch hörte, so trat es hervor, und da bekamen alle die Raben ihre menschliche Gestalt wieder. Und sie herzten und küßten einander, und zogen fröhlich heim."

Ein Blick in die Aufstellung der Sonnen- und Mondvertreter zeigt, daß der Rabe für den Mond steht. Dies paßt sehr gut zu der vorangestellten Bemerkung, wonach der Erlösungsgedanke uns auf den Lichtwechsel des Mondes und damit den synodischen Monat hinweist. Zwar sind es in den verschiedenen Lesarten des Märchens nicht immer sieben, sondern mitunter auch nur drei, sechs oder sogar zwölf unartige Menschen, die in Raben verwandelt werden, aber immer ist das Strickmuster der Erzählungen gleich, wie der Märchenforscher Bolte gezeigt hat:
„Wir unterscheiden folgende Teile: A. Die Mutter oder der Vater verwünscht die Söhne ihrer Naschhaftigkeit oder einer anderen Unart wegen in Raben. B. Das Schwesterchen will sie aufsuchen und fragt Sonne, Mond und Sterne nach ihnen. C. Es findet sie auf dem Glasberg, und damit ist meist die Erlösung vollbracht. D. Bisweilen aber muß die Schwester noch Jahre lang stumm sein und Hemden anfertigen, verliert ihre Kinder und ist nahe dran, von Henkershand zu sterben."
Im Märchen sind die sieben Raben mit Tellerchen (= Vollmondsinnbilder) und Becherchen (= Halbmonde) sowie einem Zwerglein verknüpft. Tellerchen und Becherchen stützen erneut den Bezug auf den synodischen Monat, und der Zwerg schließlich deutet an, daß

es sich um „kleine" Monde handeln könnte, etwa um die Sommermonde, die ja als Vollmond nur eine geringe Höhe über dem Horizont erreichen. Dies wiederum paßt sehr gut zu den Raben, den schwarzen Vögeln: Wir erinnern uns, daß die Vollmonde jeweils die Positionen einnehmen, die ein halbes Jahr zuvor oder danach von der Sonne besetzt wurden oder werden – Sommervollmonde erinnern somit an die tiefstehende Wintersonne.
Eine kurze Überlegung zeigt, daß höchstens sieben Vollmonde pro Jahr unterhalb des Himmelsäquators eintreten, und so kommen wir zu dem Schluß, daß die sieben Raben mit ihren Tellerchen und Becherchen in Verbindung mit dem „Zwerglein" (= Deklination negativ oder Null) alle Vollmonde des Jahres darstellen, die auf dem oder unterhalb des Himmelsäquators liegen, womit sämtliche Monde der sommerlichen Jahreshälfte gemeint sind. Die Verwünschung dieser sieben Sommermonde beginnt im Herbst, wenn die sieben Raben davonfliegen (nach der Herbsttagundnachtgleiche steigen die Monde immer höher in den Himmel), und ihre Erlösung folgt im darauffolgenden Frühjahr.
Nachdem so ein mögliches astronomisches „Strickmuster" des Märchens in groben Zügen freigelegt wurde, müssen wir wieder zusätzliche Feinheiten herausarbeiten, die sich ebenfalls aus den kosmischen Abläufen ergeben.
Die Verwünschung der sieben Brüder in Raben erfolgte, nachdem der Krug in den Brunnen fiel. Dieser Brunnen taucht in vielen Märchen auf, und in der Erzählung vom Wolf und den sieben Geißlein hat der Wolf dort sein Ende gefunden. Damit wird der Brunnen zu einem Symbol für das Verschwinden des Altmondes am Morgenhimmel oder auch für das Auftauchen des neuen Mondes am Abendhimmel oder – allgemeiner – zu einem weiteren Hinweis auf die Mondperiode von Neumond bis Neumond.
Die Verwünschung der sieben Brüder in Raben erfolgte, nachdem der Krug in den Brunnen gefallen war. Damit richtet sich unser Blick nach Osten, denn nur dort kann das Verschwinden des Altmondes (= Krug) in den Brunnen (Unsichtbarkeit während der Neumondphase) beobachtet beziehungsweise erschlossen werden.
Die Verwünschungsszene beschreibt also eine Altlichtphase des Mondes zu Herbstbeginn. Dies ist – astronomisch – die gleiche Situation wie zu Beginn des Märchens vom Hasen und Igel.
Das Mädchen selbst wächst während der winterlichen Jahreshälfte heran. Doch dann, kurz vor dem Frühlingsanfang, möchte es seine

sieben verwünschten Rabenbrüder unbedingt erlösen:
„Es nahm nichts mit als ein Ringlein... einen Laib Brot... ein Krüglein Wasser... und ein Stühlchen."
Die Beigaben des Mädchens weisen es als astrale Gestalt im Neumondbereich aus. Damit beweist es ähnlich wie Hans mein Igel, der auf dem Göckelhahn ritt (siehe dort), seine Möglichkeit und seinen Willen zur Erlösung nicht nur einzelner Mondgestalten, sondern gar einer ganzen Jahreszeit. Das Ringlein versinnbildlicht den Neulichtring des Mondes, der Laib Brot die Sonne und das Krüglein den Altmond, der wie ein Krug am Himmel steht. Damit haben wir die gleiche Dreiergruppe zusammen wie zuvor in der Gänsemagd mit der wahren Braut (Neulicht), dem Königssohn (Sonne) und der falschen Braut (Altmond).
Der Aufbruch des Mädchens wird mit einem feststehenden Ausdruck eingeleitet: „Nun ging es immerzu, weit weit, bis an der Welt Ende." Diese und ähnliche Schilderungen weisen stets auf den astralen Bezug der Geschichte hin. Das Mädchen trägt aufgrund seiner Mittelstellung zwischen Mondringlein und Wasserkrug einen solaren Zug, ist vielleicht die Sonne selber. In anderen Lesarten muß sie viele Jahre (= Monate) schweigen, um im Frühling ihre verwünschten Brüder erlösen zu können. Das Schweigen der Sonne ist als Gang durch die winterliche Jahreshälfte zu deuten. Erst im Frühjahr kehren wieder die Vögel zurück und erfreuen das Ohr mit Frühlingsgezwitscher, während es im verschneiten Winter oft totenstill sein kann. Die Sonne opfert zu Frühlingsanfang ihren Finger, um den Glasberg aufschließen zu können. Vielleicht ist der Finger ein Kennzeichen für die warmen Strahlen der Sonne. Dieses Sinnbild verdiente eine weitergehende Untersuchung, die an dieser Stelle nicht vorgenommen werden kann. Mit dieser einzigen offenen Frage löst sich auch dieses Märchen vollständig in „erzählte" Himmelskunde auf.
Unerwähnt geblieben ist bislang noch der Glasberg, in dem die sieben verwünschten Brüder als Raben hausen. Dahinter könnte die Milchstraße stehen, die wir ja schon als himmlische Brücke oder – allgemeiner – Weg zum Himmel kennengelernt haben. Und jetzt kommt vielleicht doch noch das Siebengestirn ins Spiel, denn der Sternhaufen der Plejaden ist am Himmel unweit der (heutigen) Wintermilchstraße zu finden. Denkbar wäre also durchaus die Vorstellung, daß das Mädchen die in Raben verwandelten sieben Brüder in Gestalt der Plejaden „am Glasberg" wiederfindet und dort

erlöst. Da die Erlösung der Sommermonde aber sinnvollerweise in der zeitlichen (und damit für die Sonne räumlichen) Nähe des Frühlingspunktes zu suchen wäre, müssen wir das Rad der Präzession so weit zurückdrehen, bis der Frühlingspunkt in die Nähe der Plejaden „zurückrutscht". Eine Rechnung zeigt, daß dies vor rund 4300 Jahren der Fall war.

Bei eigenen Untersuchungen zum astronomischen Hintergrund einzelner Märchen fiel dem Lektor dieses Buches, Hermann-Michael Hahn, noch folgende Besonderheit auf, die möglicherweise in der Erzählung von den sieben Raben versteckt liegt:

Während vergleichsweise oft (nämlich im Schnitt rund siebenmal pro Metonschem Zyklus von 19 Jahren, nach dem die Mondphasen wieder auf das gleiche Datum fallen) sieben Sommervollmonde zusammenkommen, gibt es kaum sieben Wintervollmonde. Man kommt nur dann auf sieben, wenn der Vollmond entweder zur Herbsttagundnachtgleiche oder zur Frühjahrstagundnachtgleiche eintritt und damit ebensogut auch zu den Sommervollmonden gerechnet werden kann. Dies hängt mit der unterschiedlichen Dauer der Jahreszeiten zusammen: Frühjahr und Sommer dauern – auf der Nordhalbkugel der Erde – insgesamt rund 186,4 Tage oder 6,31 synodische Monate, Herbst und Winter dagegen 178,8 Tage oder 6,05 synodische Monate.

Möglicherweise will die Erzählung von den sieben Raben genau diesen Zusammenhang beschreiben, daß man nur dann sieben Wintervollmonde „bekommt", wenn einer der vorausgegangenen oder folgenden sieben Sommervollmonde auf die Frühjahrs- beziehungsweise Herbsttagundnachtgleiche fällt.

Der ewige Kampf zwischen Licht und Dunkel

Die astrale Deutung des vorangegangenen Märchens von den sieben Raben hat gezeigt, wie der Lauf des Mondes durch eine ganze Jahreshälfte zum Inhalt einer „Himmelsmär" gemacht wurde. Der erfaßte Zeitraum ist hier schon wesentlich länger als etwa bei den Lichtwechselmärchen oder den Wettrennen der ungleichen Läufer, und entsprechend weitgreifender ist auch die erzählte Handlung. In gewisser Weise kann man an dieser Stelle also von einem Jahreszeitenmärchen sprechen, denn es umfaßt mehr als die bloße Deklinationsbewegung des Mondes. Ähnlich ist ein weiteres bekanntes Märchen einzuordnen, die Erzählung von Sneewittchen:

Sneewittchen

„Es war einmal mitten im Winter, und die Schneeflocken fielen wie Federn vom Himmel herab, da saß eine Königin an einem Fenster, das einen Rahmen von schwarzem Ebenholz hatte, und nähte. Und wie sie so nähte und nach dem Schnee aufblickte, stach sie sich mit der Nadel in den Finger, und es fielen drei Tropfen Blut in den Schnee. Und weil das Rote im weißen Schnee so schön aussah, dachte sie bei sich ‚hätt ich ein Kind so weiß wie Schnee, so rot wie Blut, und so schwarz wie das Holz an dem Rahmen.' Bald darauf bekam sie ein Töchterlein, das war so weiß wie Schnee, so rot wie Blut, und so schwarzhaarig wie Ebenholz, und ward darum das Sneewittchen (Schneeweißchen) genannt. Und wie das Kind geboren war, starb die Königin.
Über ein Jahr nahm sich der König eine andere Gemahlin. Es war eine schöne Frau, aber sie war stolz und übermütig, und konnte nicht leiden, daß sie an Schönheit von jemand sollte übertroffen werden. Sie hatte einen wunderbaren Spiegel, wenn sie vor den trat und sich darin beschaute, sprach sie
    ‚Spieglein, Spieglein an der Wand,
    wer ist die Schönste im ganzen Land?'
so antwortete der Spiegel
    ‚Frau Königin, Ihr seid die Schönste im Land.'

Da war sie zufrieden, denn sie wußte, daß der Spiegel die Wahrheit sagte.

Sneewittchen aber wuchs heran und wurde immer schöner, und als es sieben Jahre alt war, war es so schön wie der klare Tag, und schöner als die Königin selbst. Als diese einmal ihren Spiegel fragte
‚Spieglein, Spieglein an der Wand,
wer ist die Schönste im ganzen Land?'
so antwortete er
‚Frau Königin, Ihr seid die Schönste hier,
aber Sneewittchen ist tausendmal schöner als Ihr.'
Da erschrak die Königin und ward gelb und grün vor Neid. Von Stund an, wenn sie Sneewittchen erblickte, kehrte sich ihr das Herz im Leibe herum, so haßte sie das Mädchen. Und der Neid und Hochmut wuchsen wie ein Unkraut in ihrem Herzen immer höher, daß sie Tag und Nacht keine Ruhe mehr hatte. Da rief sie einen Jäger und sprach ‚bring das Kind hinaus in den Wald, ich wills nicht mehr vor meinen Augen sehen. Du sollst es töten und mir Lunge und Leber zum Wahrzeichen mitbringen.' Der Jäger gehorchte und führte es hinaus, und als er den Hirschfänger gezogen hatte und Sneewittchens unschuldiges Herz durchbohren wollte, fing es an zu weinen und sprach ‚ach, lieber Jäger, laß mir mein Leben; ich will in den wilden Wald laufen und nimmermehr wieder heim kommen.' Und weil es so schön war, hatte der Jäger Mitleid und sprach ‚so lauf hin, du armes Kind.' ‚Die wilden Tiere werden dich bald gefressen haben', dachte er, und doch wars ihm, als wär ein Stein von seinem Herzen gewälzt, weil er es nicht zu töten brauchte. Und als gerade ein junger Frischling dahergesprungen kam, stach er ihn ab, nahm Lunge und Leber heraus, und brachte sie als Wahrzeichen der Königin mit. Der Koch mußte sie in Salz kochen, und das boshafte Weib aß sie auf und meinte, sie hätte Sneewittchens Lunge und Leber gegessen. Nun war das arme Kind in dem großen Wald mutterseelig allein, und ward ihm so angst, daß es alle Blätter an den Bäumen ansah und nicht wußte, wie es sich helfen sollte. Da fing es an zu laufen und lief über die spitzen Steine und durch die Dornen, und die wilden Tiere sprangen an ihm vorbei, aber sie taten ihm nichts. Es lief, solange nur die Füße noch fort konnten, bis es bald Abend werden wollte, da sah es ein kleines Häuschen und ging hinein, sich zu ruhen. In dem Häuschen war alles klein, aber so zierlich und reinlich, daß es nicht zu sagen ist. Da stand ein weißgedecktes Tischlein mit sieben kleinen Tellern, jedes Tellerlein mit seinem Löffelein, ferner sieben Messerlein und Gäblein, und sieben Becherlein. An der Wand waren sieben Bettlein nebeneinander aufgestellt und schneeweiße Laken darüber gedeckt. Sneewittchen, weil es so hungrig und durstig war,

aß von jedem Tellerlein ein wenig Gemüs und Brot, und trank aus jedem Becherlein einen Tropfen Wein; denn es wollte nicht einem allein alles wegnehmen. Hernach, weil es so müde war, legte es sich in ein Bettchen, aber keins paßte; das eine war zu lang, das andere zu kurz, bis endlich das siebente recht war: und darin blieb es liegen, befahl sich Gott und schlief ein.

Als es ganz dunkel geworden war, kamen die Herren von dem Häuslein, das waren die sieben Zwerge, die in den Bergen nach Erz hackten und gruben. Sie zündeten ihre sieben Lichtlein an, und wie es nun hell im Häuslein ward, sahen sie, daß jemand darin gewesen war, denn es stand nicht alles so in der Ordnung, wie sie es verlassen hatten. Der erste sprach ‚wer hat auf meinem Stühlchen gesessen?' Der zweite ‚wer hat von meinem Tellerchen gegessen?' Der dritte ‚wer hat von meinem Brötchen genommen?' Der vierte ‚wer hat von meinem Gemüschen gegessen?' Der fünfte ‚wer hat mit meinem Gäbelchen gestochen?' Der sechste ‚wer hat mit meinem Messerchen geschnitten?' Der siebente ‚wer hat aus meinem Becherlein getrunken?' Dann sah sich der erste um und sah, daß auf seinem Bett eine kleine Delle war, da sprach er ‚wer hat in mein Bettchen getreten?' Die andern kamen gelaufen und riefen ‚in meinem hat auch jemand gelegen.' Der siebente aber, als er in sein Bett sah, erblickte Sneewittchen, das lag darin und schlief. Nun rief er die andern, die kamen herbeigelaufen, und schrien vor Verwunderung, holten ihre sieben Lichtlein und beleuchteten Sneewittchen. ‚Ei, du mein Gott! Ei, du mein Gott!' riefen sie, ‚was ist das Kind so schön!' und hatten so große Freude, daß sie es nicht aufweckten, sondern im Bettlein fortschlafen ließen. Der siebente Zwerg aber schlief bei seinen Gesellen, bei jedem eine Stunde, da war die Nacht herum.

Als es Morgen war, erwachte Sneewittchen, und wie es die sieben Zwerge sah, erschrak es. Sie waren aber freundlich und fragten ‚wie heißt du?' ‚Ich heiße Sneewittchen', antwortete es. ‚Wie bist du in unser Haus gekommen?' sprachen weiter die Zwerge. Da erzählte es ihnen, daß seine Stiefmutter es hätte wollen umbringen lassen, der Jäger hätte ihm aber das Leben geschenkt, und da wär es gelaufen den ganzen Tag, bis es endlich ihr Häuslein gefunden hätte. Die Zwerge sprachen ‚willst du unsern Haushalt versehen, kochen, betten, waschen, nähen und stricken, und willst du alles ordentlich und reinlich halten, so kannst du bei uns bleiben, und es soll dir an nichts fehlen.' ‚Ja', sagte Sneewittchen, ‚von Herzen gern', und blieb bei ihnen. Es hielt ihnen das Haus in Ordnung: morgens gingen sie in die Berge und suchten Erz und Gold, abends kamen sie wieder, und da mußte ihr Essen bereit sein. Den Tag über war das Mädchen allein, da warnten es die guten Zwerglein und sprachen ‚hüte dich vor deiner Stiefmutter, die wird bald wissen, daß du hier bist; laß ja niemand herein.'

Die Königin aber, nachdem sie Sneewittchens Lunge und Leber glaubte gegessen zu haben, dachte nicht anders, als sie wäre wieder die Erste und Allerschönste, trat vor ihren Spiegel und sprach
‚Spieglein, Spieglein an der Wand,
wer ist die Schönste im ganzen Land?'
Da antwortete der Spiegel
‚Frau Königin, Ihr seid die Schönste hier,
aber Sneewittchen über den Bergen
bei den sieben Zwergen
ist noch tausendmal schöner als Ihr.'
Da erschrak sie, denn sie wußte, daß der Spiegel keine Unwahrheit sprach, und merkte, daß der Jäger sie betrogen hatte und Sneewittchen noch am Leben war. Und da sann und sann sie aufs neue, wie sie es umbringen wollte; denn solange sie nicht die Schönste war im ganzen Land, ließ ihr der Neid keine Ruhe. Und als sie sich endlich etwas ausgedacht hatte, färbte sie sich das Gesicht, und kleidete sich wie eine alte Krämerin, und war ganz unkenntlich. In dieser Gestalt ging sie über die sieben Berge zu den sieben Zwergen, klopfte an die Türe und rief ‚schöne Ware feil! feil!' Sneewittchen guckte zum Fenster heraus und rief ‚guten Tag, liebe Frau, was habt Ihr zu verkaufen?' ‚Gute Ware, schöne Ware', antwortete sie, ‚Schnürriemen von allen Farben', und holte einen hervor, der aus bunter Seide geflochten war. ‚Die ehrliche Frau kann ich hereinlassen', dachte Sneewittchen, riegelte die Türe auf und kaufte sich den hübschen Schnürriemen. ‚Kind', sprach die Alte, ‚wie du aussiehst! komm, ich will dich einmal ordentlich schnüren.' Sneewittchen hatte kein Arg, stellte sich vor sie, und ließ sich mit dem neuen Schnürriemen schnüren: aber die Alte schnürte geschwind und schnürte so fest, daß dem Sneewittchen der Atem verging, und es für tot hin fiel. ‚Nun bist du die Schönste gewesen', sprach sie und eilte hinaus.

Nicht lange darauf, zur Abendzeit, kamen die sieben Zwerge nach Haus, aber wie erschraken sie, als sie ihr liebes Sneewittchen auf der Erde liegen sahen; und es regte und bewegte sich nicht, als wäre es tot. Sie hoben es in die Höhe, und weil sie sahen, daß es zu fest geschnürt war, schnitten sie den Schnürriemen entzwei: da fing es an ein wenig zu atmen, und ward nach und nach wieder lebendig. Als die Zwerge hörten, was geschehen war, sprachen sie ‚die alte Krämerfrau war niemand als die gottlose Königin: hüte dich und laß keinen Menschen herein, wenn wir nicht bei dir sind.'

Das böse Weib aber, als es nach Haus gekommen war, ging vor den Spiegel und fragte
,Spieglein, Spieglein an der Wand,
wer ist die Schönste im ganzen Land?'
Da antwortete er wie sonst
,Frau Königin, Ihr seid die Schönste hier,
aber Sneewittchen über den Bergen
bei den sieben Zwergen
ist noch tausendmal schöner als Ihr.'
Als sie das hörte, lief ihr alles Blut zum Herzen, so erschrak sie, denn sie sah wohl, daß Sneewittchen wieder lebendig geworden war. ,Nun aber', sprach sie, ,will ich etwas aussinnen, das dich zugrunde richten soll', und mit Hexenkünsten, die sie verstand, machte sie einen giftigen Kamm. Dann verkleidete sie sich und nahm die Gestalt eines andern alten Weibes an. So ging sie hin über die sieben Berge zu den sieben Zwergen, klopfte an die Türe und rief ,gute Ware feil! feil!' Sneewittchen schaute heraus und sprach ,geht nur weiter, ich darf niemand hereinlassen.' ,Das Ansehen wird dir doch erlaubt sein', sprach die Alte, zog den giftigen Kamm heraus und hielt ihn in die Höhe. Da gefiel er dem Kinde so gut, daß es sich betören ließ und die Türe öffnete. Als sie des Kaufs einig waren, sprach die Alte ,nun will ich dich einmal ordentlich kämmen.' Das arme Sneewittchen dachte an nichts, und ließ die Alte gewähren, aber kaum hatte sie den Kamm in die Haare gesteckt, als das Gift darin wirkte, und das Mädchen ohne Besinnung niederfiel. ,Du Ausbund von Schönheit', sprach das boshafte Weib, ,jetzt ists um dich geschehen', und ging fort. Zum Glück aber war es bald Abend, wo die sieben Zwerglein nach Haus kamen. Als sie Sneewittchen wie tot auf der Erde liegen sahen, hatten sie gleich die Stiefmutter in Verdacht, suchten nach, und fanden den giftigen Kamm, und kaum hatten sie ihn herausgezogen, so kam Sneewittchen wieder zu sich und erzählte, was vorgegangen war. Da warnten sie es noch einmal, auf seiner Hut zu sein und niemand die Türe zu öffnen.
Die Königin stellte sich daheim vor den Spiegel und sprach
,Spieglein, Spieglein an der Wand,
wer ist die Schönste im ganzen Land?'
Da antwortete er wie vorher
,Frau Königin, Ihr seid die Schönste hier,
aber Sneewittchen über den Bergen
bei den sieben Zwergen
ist noch tausendmal schöner als Ihr.'
Als sie den Spiegel so reden hörte, zitterte und bebte sie vor Zorn. ,Sneewittchen soll sterben', rief sie, ,und wenn es mein eignes Leben

kostet.' Darauf ging sie in eine ganz verborgene einsame Kammer, wo niemand hinkam, und machte da einen giftigen giftigen Apfel. Äußerlich sah er schön aus, weiß mit roten Backen, daß jeder, der ihn erblickte, Lust danach bekam, aber wer ein Stückchen davon aß, der mußte sterben. Als der Apfel fertig war, färbte sie sich das Gesicht und verkleidete sich in eine Bauersfrau, und so ging sie über die sieben Berge zu den sieben Zwergen. Sie klopfte an, Sneewittchen streckte den Kopf zum Fenster heraus und sprach ‚ich darf keinen Menschen einlassen, die sieben Zwerge haben mirs verboten.' ‚Mir auch recht', antwortete die Bäuerin, ‚meine Äpfel will ich schon los werden. Da, einen will ich dir schenken.' ‚Nein', sprach Sneewittchen, ‚ich darf nichts annehmen.' ‚Fürchtest du dich vor Gift?' sprach die Alte, ‚siehst du, da schneide ich den Apfel in zwei Teile; den roten Backen iß du, den weißen will ich essen.' Der Apfel war aber so künstlich gemacht, daß der rote Backen allein vergiftet war. Sneewittchen lusterte den schönen Apfel an, und als es sah, daß die Bäuerin davon aß, so konnte sie es nicht länger widerstehen, streckte die Hand hinaus und nahm die giftige Hälfte. Kaum aber hatte es einen Bissen davon im Mund, so fiel es tot zur Erde nieder. Da betrachtete es die Königin mit grausigen Blicken und lachte überlaut und sprach ‚weiß wie Schnee, rot wie Blut, schwarz wie Ebenholz! diesmal können dich die Zwerge nicht wieder erwecken.' Und als sie daheim den Spiegel befragte

‚Spieglein, Spieglein an der Wand,
wer ist die Schönste im ganzen Land?'

so antwortete er endlich

‚Frau Königin, Ihr seid die Schönste im Land.'

Da hatte ihr neidisches Herz Ruhe, so gut ein neidisches Herz Ruhe haben kann.
Die Zwerglein, wie sie abends nach Haus kamen, fanden Sneewittchen auf der Erde liegen, und es ging kein Atem mehr aus seinem Mund, und es war tot. Sie hoben es auf, suchten, ob sie was Giftiges fänden, schnürten es auf, kämmten ihm die Haare, wuschen es mit Wasser und Wein, aber es half alles nichts; das liebe Kind war tot und blieb tot. Sie legten es auf eine Bahre und setzten sich alle siebene daran und beweinten es, und weinten drei Tage lang. Da wollten sie es begraben, aber es sah noch so frisch aus wie ein lebender Mensch, und hatte noch seine schönen roten Backen. Sie sprachen ‚das können wir nicht in die schwarze Erde versenken', und ließen einen durchsichtigen Sarg von Glas machen, daß man es von allen Seiten sehen konnte, legten es hinein, und schrieben mit goldenen Buchstaben seinen Namen darauf, und daß es eine Königstochter wäre. Dann setzten sie den Sarg hinaus auf den Berg, und einer von ihnen blieb immer dabei und bewachte ihn.

Und die Tiere kamen auch und beweinten Sneewittchen, erst eine Eule, dann ein Rabe, zuletzt ein Täubchen.
Nun lag Sneewittchen lange lange Zeit in dem Sarg und verweste nicht, sondern sah aus, als wenn es schliefe, denn es war noch so weiß als Schnee, so rot als Blut, und so schwarzhaarig wie Ebenholz. Es geschah aber, daß ein Königssohn in den Wald geriet und zu dem Zwergenhaus kam, da zu übernachten. Er sah auf dem Berg den Sarg und das schöne Sneewittchen darin, und las, was mit goldenen Buchstaben darauf geschrieben war. Da sprach er zu den Zwergen ‚laßt mir den Sarg, ich will euch geben, was ihr dafür haben wollt.' Aber die Zwerge antworteten ‚wir geben ihn nicht um alles Gold in der Welt.' Da sprach er ‚so schenkt mir ihn, denn ich kann nicht leben, ohne Sneewittchen zu sehen, ich will es ehren und hochachten wie mein Liebstes.' Wie er so sprach, empfanden die guten Zwerglein Mitleiden mit ihm und gaben ihm den Sarg. Der Königssohn ließ ihn nun von seinen Dienern auf den Schultern forttragen. Da geschah es, daß sie über einen Strauch stolperten, und von dem Schüttern fuhr der giftige Apfelgrütz, den Sneewittchen abgebissen hatte, aus dem Hals. Und nicht lange, so öffnete es die Augen, hob den Deckel vom Sarg in die Höhe, und richtete sich auf, und war wieder lebendig. ‚Ach Gott, wo bin ich?' rief es. Der Königssohn sagte voll Freude ‚du bist bei mir', und erzählte, was sich zugetragen hatte, und sprach ‚ich habe dich lieber als alles auf der Welt; komm mit mir in meines Vaters Schloß, du sollst meine Gemahlin werden.' Da war ihm Sneewittchen gut und ging mit ihm, und ihre Hochzeit ward mit großer Pracht und Herrlichkeit angeordnet. Zu dem Fest wurde aber auch Sneewittchens gottlose Stiefmutter eingeladen. Wie sie sich nun mit schönen Kleidern angetan hatte, trat sie vor den Spiegel und sprach

> ‚Spieglein, Spieglein an der Wand,
> wer ist die Schönste im ganzen Land?'

Der Spiegel antwortete

> ‚Frau Königin, Ihr seid die Schönste hier,
> aber die junge Königin ist tausendmal schöner als Ihr.'

Da stieß das böse Weib einen Fluch aus, und ward ihr so angst, so angst, daß sie sich nicht zu lassen wußte. Sie wollte zuerst gar nicht auf die Hochzeit kommen: doch ließ es ihr keine Ruhe, sie mußte fort und die junge Königin sehen. Und wie sie hineintrat, erkannte sie Sneewittchen, und vor Angst und Schrecken stand sie da und konnte sich nicht regen. Aber es waren schon eiserne Pantoffeln über Kohlenfeuer gestellt und wurden mit Zangen hereingetragen und vor sie hingestellt. Da mußte sie in die rotglühenden Schuhe treten und so lange tanzen, bis sie tot zur Erde fiel."

Die Sneewittchen-Märe beschreibt den Wechsel zwischen Sommer und Winter. Die Sonne vertritt zusammen mit den Sternbildern der Sommersonnenbahn die warme Jahreshälfte, während die Mondkönigin über die Sternbilder des Winters regiert und ihre Herrschaft antritt, sobald die Nächte länger dauern als die Tage. Dramatisch wird es verständlicherweise, wenn ein Herrschaftswechsel fällig wird, also zu Zeiten der Tagundnachtgleichen bei Frühjahrs- oder Herbstanfang.

Das Drama beginnt, wenn der Jäger (stellvertretend für das Sternbild Jäger/Schütze) den Auftrag erhält, Sneewittchen (= die Sonne) zu töten. Der Jäger/Schütze als Herbststernbild (die Sonne wanderte damals im Herbst durch dieses Sternbild!) muß seiner Regentin zwar Gefolgschaft leisten, empfindet jedoch Mitleid mit der immer schwächer werdenden Sonne und tötet statt dessen einen Eber, dem er Lunge und Leber entnimmt, um beides der Mondkönigin als Beweise für die als erfolgreich vorgetäuschte Durchführung des Auftrages vorlegen zu können. Er hofft, daß Sneewittchen sich in den unterweltlichen Bereich verirren möge, so daß die Tat nicht entdeckt werden kann. Die Sonne wird also nicht wirklich getötet, sondern nur geschwächt und scheint verloren, gerade so, wie es den tatsächlichen, jährlich sich wiederholenden Gegebenheiten im Herbst entspricht.

Nach einer Weile fragt die siegesgewisse Mondkönigin den Spiegel, wer die Schönste im Lande sei, und der Spiegel antwortet: „‚Frau Königin, ihr seid die Schönste im ganzen Land.‘ Da war sie zufrieden, denn sie wußte, daß der Spiegel die Wahrheit sagte."

Zur Entschleierung dieser Szene ist es hilfreich, auf eine andere, von den Gebrüdern Grimm erfaßte Lesart der Sneewittchen-Erzählung zurückzugreifen. In dieser (fünften) Fassung heißt es: „Sneewittchen hatte aber einen Hund, der hieß Spiegel, wie es nun fort ist, liegt der traurig im Schloß. Die Königin fragt ihn:
‚Spiegel unter der Bank,
sieh in dieses Land, sieh in jenes Land:
wer ist die Schönste in Engelland?'"

Ein Hund namens Spiegel

Hier wird also ein Hund mit Namen Spiegel angesprochen, der unter einer Bank liegt und alles sehen kann, also sowohl den Ort der Sonne als auch die rasch wechselnden Örtlichkeiten des Mondes. Suchen wir auch dahinter ein Sternbild, so sollte dies ein sogenanntes Zirkumpolarsternbild sein, das genügend nahe am Himmelspol steht und daher bei uns nie untergeht. Gregor von Tours (538 bis 594) benennt in seinen astronomischen Abhandlungen *(De cursu stellarum ratio)* ein Sternbild mit Namen stefadium (Sitzbank), das der Bochumer Astronom Professor Wolfhard Schlosser gemeinsam mit dem Historiker Professor Werner Bergmann, ebenfalls Bochum, als die Nördliche Krone (Corona Borealis, CrB) identifizieren konnte. Zwar gehört die Krone heute für uns nicht mehr zu den oberläufigen, d. h. zirkumpolaren Sternbildern, doch war dies in früheren Jahrtausenden der Fall (wir werden darauf noch zu sprechen kommen).

Auffallend in unserem Zusammenhang ist jedenfalls, daß man das Sternenhalbrund der Nördlichen Krone sehr wohl auch zu einem (runden Hand-)Spiegel ergänzen kann; auf diese Weise wäre in der allgemein bekannten Hauptfassung des Märchens der sitzende Hund Spiegel gleichsam „unter die Bank gefallen", sprich: vergessen worden. Dazu paßt, daß im sumerischen Sternbilderhimmel an dieser Stelle (unterhalb unseres Sternbilds Nördliche Krone) auch ein Himmelshund sitzt, UR.KU genannt (sitzender Hund). Nach Werner Papke, der in seiner Untersuchung „Die Sterne von Babylon" natürlich nicht an das Sneewittchen-Märchen dachte, bilden die Sterne α, β, γ und δ Herculis zusammen mit β Serpentis den sumerischen Himmelshund.

Das Gespräch zwischen der Mondkönigin und dem (Hund) Spiegel schildert den Zustand der beiden Hauptgestirne zur Wintersonnenwende, denn im Winter ist es tatsächlich so, daß in den längsten Nächten der Mond am höchsten steigt und silberprächtig glänzt, also am schönsten ist, während sich die Sonne nur in kleinen Tagesbögen jeweils für wenige Stunden über den Himmelsrand wagt. Auch hier gibt die fünfte Fassung Schützenhilfe, denn die Frage der Königin lautet dort „Wer ist die Schönste in Engelland?" Das Land der Engel ist im Himmel, im Bereich der Sonnenbahn zu suchen, und damit wird erneut der himmelskundliche Bezug des Schönheitswettbewerbs der beiden Hauptgestirne betont.

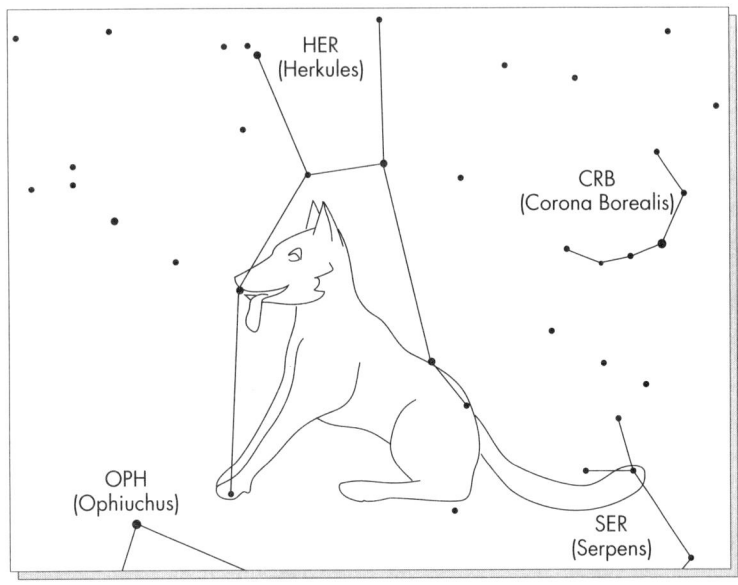

a) Der sumerische Hund UR.KU.

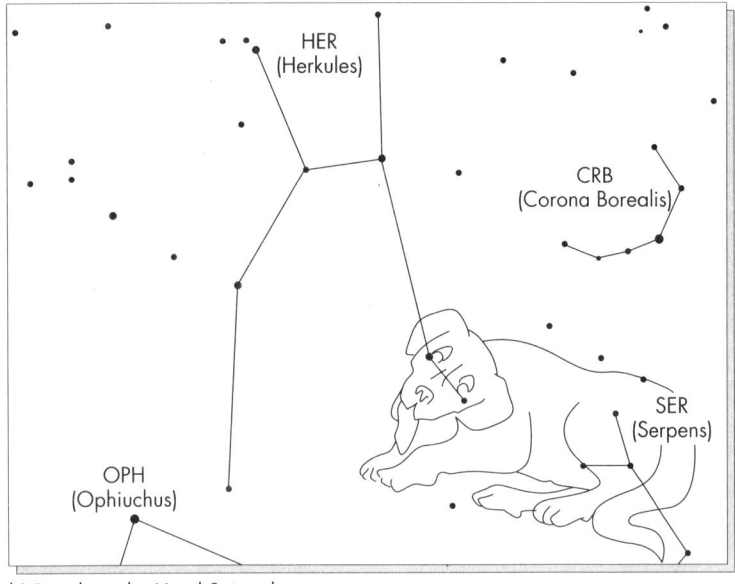

b) Der deutsche Hund Spiegel

Abbildung 9: Schon die Babylonier des Zweistromlandes faßten Teile unserer heutigen Sternbilder Herkules und Schlange (Serpens) unterhalb der Nördlichen Krone (Corona Borealis) zu einem Hund zusammen, den sie UR.KU (= Hund, der sitzt) nannten. Er könnte als „Vorbild" für den Hund Spiegel von Sneewittchen gedient haben, der später in Vergessenheit geriet, so daß nur das „Spieglein" im Märchen erhalten blieb (siehe Text).

Inzwischen irrt Sneewittchen (= die Sonne) durch die winterlichen Sternbilder und erreicht endlich das Heim der sieben Zwerge, hinter dem wir leicht das Siebengestirn erkennen können. Zwar zieht die Sonne heute erst im späten Frühjahr (um den 20. Mai) an den Plejaden im Sternbild Stier vorbei, doch konnte das Siebengestirn vor langer Zeit noch dem winterlichen Tierkreisbogen zugerechnet werden. Allerdings sollten wir dann erwarten, daß die Zwerge, die damals im Herrschaftsbereich der Mondkönigin lebten, dem Sneewittchen nicht – wie in der Hauptfassung geschildert – hilfsbereit gegenübertreten, sondern eher feindlich gesonnen sein müssen. Genau dieser – astronomisch eigentlich notwendige – Zug aber ist in der fünften Fassung noch erhalten geblieben, wenn es dort heißt: „...daß die Königin in einem Wald eine Höhle kannte, die von sieben Zwergen bewacht und bewohnt wurde und – was die Königin wußte – jedes Mädchen töteten."

Die Vorstellung, daß der winterliche Weg der Sonne einem unterweltlichen Gang mit entsprechendem Höhlenein- und -ausgang gleiche, ist eine uralte, weit verbreitete Ansicht. Der Stern Antares im Skorpion heißt auf babylonisch Hurru (= Höhle) und wurde als Eingangstor in die Unterwelt betrachtet. Darüber hinaus erkannten die Bewohner des Zweistromlandes – und in ihrem Gefolge später auch die Griechen – im annähernd gegenüberliegenden Siebengestirn sieben (böse) Geister oder auch eine Siebengottheit, sieben Jünglinge, sieben Jungfrauen, die sieben (oder neun) Musen usw. Die sieben Zwerge hinter den sieben Bergen sind in Europa ursprünglich noch sieben böse Geister, wie dies in der fünften deutschen Fassung des Märchens hervortritt. Nur aufgrund seiner außergewöhnlichen Schönheit fühlen sich die sieben Zwerge gehemmt, Sneewittchen zu töten.

Einen weiteren Hinweis zur Fixsternbezogenheit der sieben Zwerge erhalten wir in der erläuternden Ausdrucksweise „hinter den sieben Bergen". Schon dem Frühmenschen muß aufgefallen sein, daß der Mond gelegentlich einen Stern bedecken kann. Diese Beobachtung läßt den Schluß zu, daß Fixsterne weiter von der Erde weg liegen müssen als der Mond. Dasselbe ließe sich auch für die fünf Planeten und die Sonne erschließen, wenn auch nur aufgrund zum Teil langwieriger und mühseliger Beobachtungen. Wir finden daher schon früh die Vorstellung von Sonnen-, Mond- und Planetenschalen oder -sphären. Wahrscheinlich vertreten die Ausdrücke Mond-, Kupfer- oder Silberberg ebenfalls ein kosmisches Schalensystem. Beginnt die Beschreibung des Sonnenortes mit „hinter den sieben Bergen", so wurde offenkundig auf ein Fixsternbild hingewiesen.

Die drei Anschläge der Mondkönigin

Bei uns nimmt die Tageslänge Ende Januar/Anfang Februar spürbar zu, und die Sonne (= Sneewittchen) gewinnt an Kraft. Sie wird strahlender, d. h. schöner, und die Mondkönigin fürchtet um den Bestand ihrer Herrschaft. Sie muß versuchen, Sneewittchen doch noch auszuschalten. Wenn sie dies aber selbst erledigen will, muß sie ihr Schloß verlassen und sich auf den Weg zu den sieben Zwergen machen. Astronomisch gesehen heißt dies, daß die Mondkönigin, die aber nur in Gestalt des Vollmondes die Sommerposition der Sonne und damit die Herrschaft über den Himmel einnimmt, „hinabsteigen" und an die Sonne heranrücken muß. Dabei geht dem Mond natürlich die Pracht der Vollmondstellung verloren, und er kommt erst als Altlicht in die Nähe der Sonne, als „alte Frau" eben.
Beim ersten Besuch preist die Alte (giftige) Schnürriemen an; sie sollen Sneewittchen gleichsam erdrosseln, ihm die Luft wegnehmen. Dies ist die Todesart, die dem Mond selbst widerfährt, wenn er aus der Vollmondstellung weiterwandert und – immer schmaler werdend – schließlich als Altmond am Morgenhimmel „stirbt". So deutet die Symbolik darauf hin, daß dieser erste „Anschlag" der Mondkönigin mit der Dunkelmondstellung zusammenfiel, als Sonne (Sneewittchen) und Mond (Königin) gemeinsam im Bereich der Plejaden standen.
Nachdem die Königin wieder ins Schloß zurückgekehrt war (die nächste Vollmondposition erreicht hatte), fragte sie den Spiegel, der ihr aber von der Rettung Sneewittchens durch die sieben Zwerge berichtete. Also mußte sie einen zweiten Versuch unternehmen,

um Sneewittchen zu töten. Ehe sie wieder am Haus der sieben Zwerge (Plejaden) angelangt war, vergingen allerdings insgesamt rund 27 Tage, denn so lange braucht der Mond, um einmal seine Himmelsbahn vollständig zu durcheilen. Die Sonne konnte in der gleichen Zeit etwa 27 Grad nach Osten wandern, so daß der Mond diesmal noch als schmale Sichel am Morgenhimmel zu sehen war. In dieser Phase kann man das aschgraue Licht des Mondes erkennen, das die dunkle Seite erhellt, während der Sonne die schmale, helle Sichel entgegen „gehalten" wird – wen wundert's da noch, daß als „Tatwaffe" nunmehr ein (vergifteter) Kamm oder Haarreif (Altmondring) feilgeboten wird.

Aber auch diesmal kommen die sieben Zwerge noch rechtzeitig zurück, um Sneewittchen vor dem Tod zu bewahren; schließlich hat sich die Sonne (Sneewittchen) ja erst knapp 30 Grad vom Siebengestirn nach Osten weiterbewegt, und so erfährt die Mondkönigin, als sie wieder ins Schloß zurückgekehrt ist, daß Sneewittchen noch immer lebt.

Nach abermals rund 27 Tagen erreicht die Mondkönigin zum dritten Mal das Haus der sieben Zwerge. Mittlerweile ist der Tag vor Frühlingsanfang angebrochen, und die Sonne selbst steht bereits rund 54 Grad weiter im Osten, so daß der Mond jetzt, zwei Tage nach dem letzten Viertel, durchaus wie ein Apfel erscheinen kann – mit einer hellen und einer dunklen Seite. Von der dunklen, weniger „ansehnlichen" ißt die Bauersfrau zum Beweis, daß der Apfel nicht giftig ist, doch das helle, „falsche" Stück, das in anderen Märchen durch die „falsche" Braut verkörpert wird, bringt Sneewittchen den Tod. Und weil die Sonne inzwischen zu weit von den Plejaden abgerückt ist, können die Zwerge das Mädchen auch nicht mehr retten.

Doch bereits in der folgenden Nacht erringt die scheinbar tote Sonne den endgültigen Sieg über ihre winterliche, lunare Widersacherin: Sie „erwacht" im Sternbild Zwillinge, das sie mittlerweile erreicht hat, aus dem Winterschlaf. Es ist Frühlingsanfang, die Tage sind wieder länger als die Nächte, und die Sonne übernimmt die Halbjahresherrschaft, die sie bis zum Herbstanfang beibehält. Zur selben Zeit kauert der Mond (mit einem Mondalter von 24 Tagen) als verbitterte Mondhexe beim Siebengestirn und lugt gedemütigt tief unten im Süden gen Osten, wo die neue Königin Sneewittchen als strahlende Siegerin im Glanz der Morgensonne (die sie selber ist) erscheinen wird.

Dem (stern-)kundigen Leser wird aufgefallen sein, daß die astrale Deutung der Sneewittchen-Erzählung nicht mit dem heutigen jahreszeitlichen Lauf der Sonne durch die Sternbilder übereinstimmt. Da wird zum Beispiel der Jäger (Sternbild Schütze) als erstes Sternbild des Winterhalbjahres (Herbststernbild) bezeichnet, und die Sonne soll zum Frühlingsanfang im Sternbild Zwillinge stehen. Heute dagegen steht der Schütze in der Reihe der „Wintersternbilder" (der Ekliptiksternbilder unterhalb des Himmelsäquators) nach Waage und Skorpion an dritter Stelle, und der Frühlingspunkt liegt im Sternbild Fische.

Wir haben ziemlich zu Anfang des Buches diesen Effekt der Wanderung der Tagundnachtgleichen schon einmal angesprochen: Die Präzession ist eine wohlbekannte astronomische Erscheinung, die auf die Anziehungskräfte von Sonne und Mond auf die (relativ zur Erdbahnebene) schiefstehende Erde zurückgeht. Sonne und Mond versuchen, die um etwa 23,5 Grad gekippte Erdachse aufzurichten, doch als rotierender Kreisel „rettet" sich die Erde in eine langsam kreiselnde Bewegung, die zu der beobachteten Präzession der Tagundnachtgleichen führt. Das gleiche Ausweichmanöver vollführt auch ein Kinderkreisel: Hier ist es die Anziehungskraft der Erde, die bei einem schiefstehenden Kreisel unsymmetrisch wirksam wird und den Kreisel umkippen will; doch solange dieser sich schnell genug dreht, entsteht die wohlvertraute „tänzelnde" Bewegung.

Mit Hilfe der bekannten Präzessionsbewegung können wir nun zurückrechnen, wann die Erdachse so im Raum ausgerichtet war, daß der Frühlingspunkt (der Sonnenort zur Frühlingstagundnachtgleiche) im Sternbild Zwillinge zu finden war und das Sternbild Schütze (= Jäger) am Anfang der Wintersternbilder, also in der Gegend des Herbstpunktes, stand. Dies war vor etwa 6600 bis 8400 Jahren der Fall. Damit der Mond – wie beschrieben und erläutert – beim ersten „Mordanschlag" auf Sneewittchen zwei siderische Monate (= acht Wochen) vor Frühlingsanfang in der Dunkelmondposition gemeinsam mit der Sonne bei den Plejaden stehen konnte, müssen wir das Präzessionsrad um rund 8000 Jahre in die Zeit um etwa 6000 v. Chr. zurückdrehen.

Nun kann der kritische Leser natürlich einwenden, daß dies ein unzulässiges „Verdrehen" der Wirklichkeit sei nach dem Motto, man brauche nur so lange „dran zu drehen", bis der Himmel zum Märchen paßt. Dies allein wäre zugegebenerweise kein stichhalti-

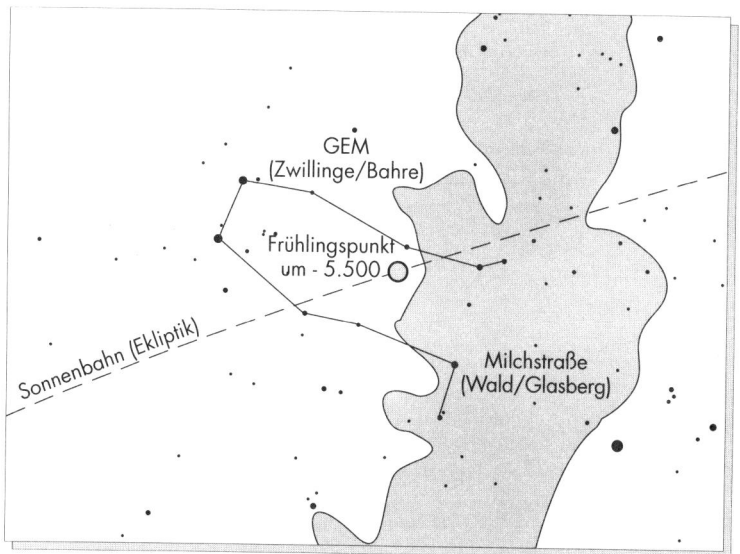

a) Sternbild Bahre / Zwillinge (Gem)

Abbildung 10: Das Sternbild Zwillinge kann auch als Bahre oder Sarg „gesehen" werden, in dem die Wintersonne am Frühlingsanfang zu neuem Leben erwachte – die nordische Felszeichnung aus der Bronzezeit mit der Sonne auf der Bahre mag diese Konstellation überliefert haben – eine Anspielung auf Sneewittchen, die als sterbende Wintersonne bereits im Sarg lag, ehe sie die Augen wieder aufschlug (siehe Abbildung 11)?

b) Nordisches Felsbild aus der Bronzezeit

ger Beweis für die vorgelegte astrale Deutung von Sneewittchen. Aber zum einen läßt sich der Himmel natürlich nicht beliebig verdrehen, denn die Präzessionsbewegung läuft nach strengen Gesetzmäßigkeiten ab, und es ist sicher mehr als nur Zufall, daß die Plejaden und ein Punkt inmitten des Sternbilds Zwillinge, gerade unterhalb der beiden hellen Sterne Kastor und Pollux, just jene 54 Grad auseinanderstehen, die die Sonne während zweier siderischer Monate zurücklegen kann. Nur deswegen kann Sneewittchen ja zwischen dem ersten und dritten „Mordversuch" der Mondkönigin vom Haus der sieben Zwerge (den Plejaden) bis zum Frühlingspunkt im Sternbild Zwillinge gelangen, um nach dem dritten, zunächst erfolgreichen Anschlag dann als Frühjahrssonne aufzuwachen und die Mondkönigin endgültig in ihre Schranken zu verweisen.

Das wohl wichtigste Indiz, das diese Deutung – und damit das überraschend hohe Alter der Sneewittchenmär – stützt, fanden die schon erwähnten Bochumer Professoren Wolfhard Schlosser (Astronomie) und Werner Bergmann (Geschichte) bei ihrer Analyse der astronomischen Abhandlungen des Gregor von Tours. Dort, wo sie mit dem Sternbild stafadium (Sitzbank) schon einen Schlüssel zum Verständnis des „Spiegelbildes" entdeckt hatten, stießen sie auf ein weiteres, heute nicht mehr gebräuchliches Sternbild mit Namen feretrum (Bahre), das sie unabhängig von der vorliegenden Märchendeutung als – man höre und staune – das Sternbild Zwillinge identifizieren konnten. Da ist der Schritt von der Bahre zum Glassarg, der in dem Märchen erwähnt wird, nicht mehr weit.

Das Zwillingszeitalter

Die Brüder Grimm vermerken zum Sneewittchenmärchen: „In einer vierten (Fassung) wird erzählt, daß Sneewittchen nach seinem Tode von den Zwergen sollte verbrannt werden. Sie wickeln es in ein Tuch, machen einen Scheiterhaufen unter einen Baum und hängen es in Stricken darüber. Wie sie eben das Feuer anstecken wollen, kommt der Königssohn, läßt es herabholen und nimmt es mit sich in den Wagen. Vom Fahren springt ihm das Stück des giftigen Apfels aus dem Hals, und es wird lebendig."
In der fünften Fassung heißt es:

Tafel 9
Die sieben Raben (Westfälisches Schulmuseum, Foto: Jürgen Spiler, Dortmund)

Tafel 10
Sneewittchen (Westfälisches Schulmuseum, Foto: Jürgen Spiler, Dortmund)

Tafel 11
Die Milchstraße (Ausschnitt; Foto: Europäische Südsternwarte)

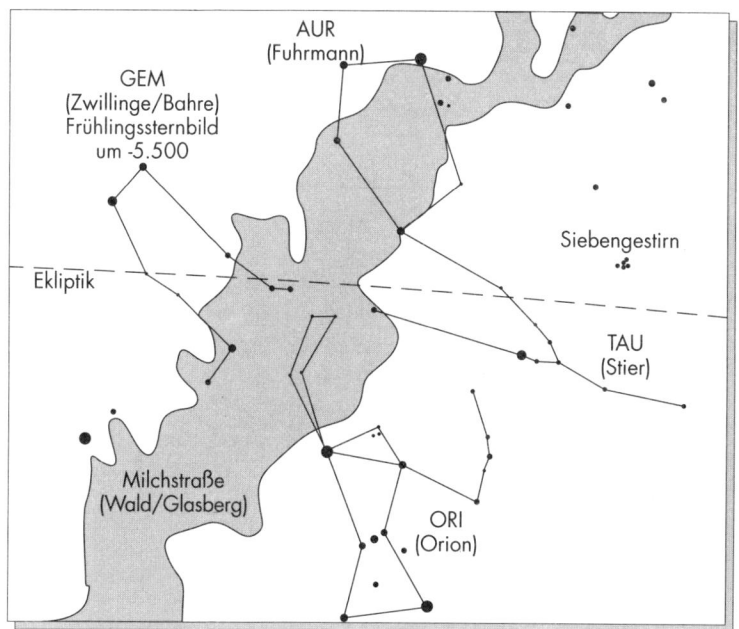

Abbildung 11: Vom Sternhaufen der Plejaden bis zum (damaligen) Frühlingspunkt im Sternbild Zwillinge (vor rund 7500 Jahren) brauchte die Wintersonne zwei Monate – Zeit genug, daß die Mondkönigin insgesamt dreimal versuchen konnte, Sneewittchen bei den Sieben Zwergen zu töten. Doch Sneewittchen erwachte nach dem dritten Anschlag als „Sommersonne" im Frühlingspunkt (Sternbild Bahre/Sarg – siehe Abbildung 10) zu neuem Leben (siehe Text).

Tafel 12 (oben)
Das Schwalenberger Rathaus zeigt im Hausschmuck einen Mittagsbaum mit zwei großen und fünf kleinen Früchten, die als Sonne-, Mond- und Planetensinnbilder gedeutet werden. Löwe (Sternbild und Sonnenvertreter) und Drache (Mondvertreter) streiten sich offenbar um die Jahresherrschaft. (Foto: Ralf Koneckis, Dortmund)

Tafel 12 (unten)
Junge Minoer sprangen im vorgeschichtlichen Kreta über einen Stier (aus: Camillo Semenzato, Die Große Kunstgeschichte der Welt, Südwest Verlag, München, 1991).

„Da ist es todt, und als die Zwerge kommen, können sie nicht helfen, und der Spiegel unter der Bank sagt der Königin, sie sei die schönste. Die sieben Zwerge aber machen einen silbernen Sarg, legen Sneewittchen hinein und setzen es auf einen Baum vor ihrer Höhle."

In der Wiener, der sechsten Fassung, lautet der Spruch: „die schönste ist auf dem Glasberge, wohnt bei den kleinen Zwergen."

Sternbild Bahre/Zwillinge (Gem) liegt zur Hälfte in der Milchstraße. Im Kulminationspunkt – also an höchster Stelle mit Blickrichtung Süden – scheint die Milchstraße wie ein mächtiger Baum aus der Erde in den Himmel hinaufwachsen zu wollen. Im Verlaufe der europäischen Kulturgeschichte hat die Milchstraße verschiedene Sinnbilder erhalten. Gängig ist das Bild eines einzelnen, mächtigen Baumes, der in Übereinstimmung mit der Mittagslinie (Meridian) die Sonnen-, Mond- und Planetenfrüchte hält, wie die Darstellung am Schwalenberger Rathaus noch heute zeigt. Damit wird verständlich, warum die sieben Zwerge in der vierten und fünften Fassung Sneewittchen in einen Baum hängen, wofür es sonst keinen vernünftigen Grund gäbe. Denn nirgendwo ist der Totenbrauch belegt, den Sarg mit den Verstorbenen in Bäumen aufzuhängen, wohl dagegen auf dem Grab ein Bäumchen zu pflanzen. Die bereits erwähnte Wiener Fassung des Märchens spricht davon, daß die Sonne Sneewittchen auf einem Glasberge wohne bei den kleinen Zwergen. In dieser Fassung wird die Milchstraße mit einem Glasberg verglichen, und folgerichtig liegt Sneewittchen auch in einem Glassarg, während in der Fassung, in der die Milchstraße als Baum oder Wald versinnbildlicht wird, für Sternbild Zwillinge eine Bahre oder ein (Silber-)Sarg verwendet wird. Die Grimms besaßen nun die nicht einfach Aufgabe, die oft sehr ähnlichen Lesarten so miteinander zu verknüpfen, daß nach Möglichkeit die von ihnen damals vermutete ursprüngliche Fassung herausscheinen mochte. Sie verknüpften oder erweiterten dann einzelne Fassungen, so daß Verdopplungen nicht ausblieben. In der von ihnen überlieferten Hauptfassung wird Sneewittchen zunächst in eine Bahre, dann in einen Glassarg gelegt. In beiden Fällen ist aber das Sternbild Zwillinge (Gem) gemeint. Die verschiedenen Fassungen erlauben nun, die abweichenden Sinnbilder für Sternbild Zwillinge und für die Milchstraße zu erfassen. Denn der astrale Bezug und die Örtlichkeiten des kosmischen Geschehens sind ohne Zweifel auf die bei-

den Tierkreissternbilder Zwillinge und Stier bezogen. Tuch, Silbersarg, Bahre und Glassarg sind uralte Sinnbilder für das Sternbild Zwillinge, und der Riesenstammbaum, der (Erz-)Wald und der (Glas-)Berg sind astrale Sinnbilder für die Milchstraße.
Eine Verknüpfung des Sarges mit dem Baum läßt sich also Jahr für Jahr am Himmel ablesen. Entsprechend „Wie im Himmel, so auf Erden" spiegeln sich **Baum und Sarg** seit alters auch im Brauchtum. Und Theodor Fontane (1819–1898) dichtet:
„Da sagte von Ribbeck: ‚Ich scheide nun ab.
Legt mir eine Birne mit ins Grab.'...
...
Der wußte genau, was damals er tat,
Als um eine Birn ins Grab er bat,
Und im dritten Jahr aus dem stillen Haus
Ein Birnbaumsprößling sproßt heraus."
Aus dem stillen Haus, also aus dem Grab, wächst ein Baum heraus. Dasselbe astrale Urbild liegt auch im deutschen Volksmärchen vom Aschenputtel vor. Als der Vater heimkehrt, „gab er den Stieftöchtern, was sie sich gewünscht hatten, und dem Aschenputtel gab er das Reis von dem Haselbusch. Aschenputtel dankte ihm, ging zu seiner Mutter Grab und pflanzte das Reis darauf, und weinte so sehr, daß die Tränen darauf niederfielen und es begossen. Es wuchs aber, und ward ein schöner Baum."

Der gläserne Sarg
oder: Die wundersame Wandlung der Haarfarbe Sneewittchens

Wir haben gesehen, daß sich die Sneewittchen-Märe samt ihrer Lesarten bis in Einzelheiten hinein in die heute noch gültigen himmelskundlichen Gesetzmäßigkeiten auflösen läßt. Übrig bleibt ein letztes Rätsel: In der Hauptfassung der Brüder Grimm hat Sneewittchen schwarze Haare, während man von einem Sonnensinnbild doch wohl eher blonde, goldfarbige Haare erwarten sollte. Ob sich wohl Hinweise auf eine wundersame Wandlung der Haarfarbe finden lassen?
Vordergründige Erklärungsmöglichkeiten gibt es genügend. Aus der Kulturgeschichte kennen wir viele Beispiele dafür, daß gerade

die schönen Geschichten in der Hand fremder Kulturen mehr oder weniger umfangreiche „Überarbeitungen", mitunter auch abwegige Deuteleien oder Aneignungen erfahren. In Amerika ist für viele Farbige Gott auch ein Schwarzer, zumal bereits bei den Hl. Drei Königen ein Mohr vorkommt. In ähnlicher Weise dürfte man annehmen, daß ein schwarzhaariger Erzähler – vor allem dann, wenn ihm der himmelskundliche Bezug des Märchens nicht mehr bewußt war – in Sneewittchen eine zwar wundersame, sonst aber durchaus irdische Gestalt sehen mochte, so daß er das ursprünglich blonde Haar nur allzuleicht „umfärben" konnte, um es seinem Schönheitsideal (und möglicherweise dem der Zuhörer) anzupassen.

Natürlich können wir uns mit einer solchen „Erklärung" nicht begnügen, sondern müssen auch Beweise für die ursprünglich blonde Haarfarbe Sneewittchens finden. Die Suche danach wird uns allerdings weit in die Vergangenheit zurückführen, und wir werden noch ein anderes Märchen (Der gläserne Sarg) als „Schlüssel" heranziehen müssen.

Das Märchen selbst zählt nicht zu den Sneewittchen-Überlieferungen. Das Erwachen eines blonden Mädchens aus einem gläsernen Sarg ist aber der Mittelpunkt dieser Geschichte. Der Befreier ist ein Schneider. Zum Märchen merken die Brüder Grimm an: „Aus einem Roman... Freiburg 1728... An dem Inhalt ist nichts geändert, aber die breite Erzählung nicht beibehalten; sie beruht gewis auf einer echten Sage, wenn sie auch überarbeitet und einiges zugesetzt ist."

Auch Philipp Stauff blickt zunächst auf den echten Kern, obwohl er sehr zurückhaltend ausführt:

„Es handelt sich nicht um ein Urmärchen... obgleich sich eine leise Widerspiegelung des Sonnengeschickes darin zu finden scheint. Man könnte... sehr wohl meinen, der Zauberer sei der Urweltriese, der die Sonne (Prinzessin) in sein winterliches Lager schleppt, ohne sie da dauernd halten zu können... Bemerkenswert ist ja, daß der Zauberer... als Stier getötet wird."

Und in der Tat ist die Tötung des Zauberers als Stier, wodurch das Leben aus dem Winterschlaf erweckt wird, der Schlüssel zum astralen Verständnis dieser Geschichte. Die älteste bekannte (rituelle) Stier- bzw. Bison- und Zauberertötung stammt aus der Höhle von Lascaux in Frankreich. In seinem Buch *Die Felsbilder Europas* schreibt Herbert Kühn dazu:

„Die etwa 800 Bilder, hervorragend erhalten, stellen Steinböcke dar, Wildpferde, Urrinder, Althirsche... Von Bedeutung die Szene eines Zauberers im Trancezustand vor einem Bison, der vom Pfeil durchbohrt ist. Das Bild hat die wissenschaftliche Welt sehr bewegt, spricht es doch deutlich von der Geistigkeit des Eiszeitmenschen...
Die Radiokarbon-Datierung von Holzkohle, unter dem Bilde gefunden, ergab das Alter von... 13566 v. Chr."
Fast alle Tiere, die wir in den Höhlen finden, lassen sich in der Kulturgeschichte auch als Stern- oder Gestirnsbilder nachweisen. Daraus folgt eine Erklärung für die Ähnlichkeit vieler Mythen- und Märchenbilder in ganz Europa, Asien und Afrika. Erinnert uns der Pfeil im Bison/Stier (Tau) nicht an den Skorpion (Sco), der dem Orion (Ori) einen Giftstachel verpaßte?
Orion ist dem Sternbild Stier benachbart und greift in der Mythologie bis zu den Plejaden, die heute zum Stier gerechnet werden, hinaus. Um −14000 bildete der Stier/Bison (Tau) das „1. November-Sternbild". Für den nachweisbar geistig tätigen Menschen der jüngeren Altsteinzeit (100000–10000 v. Chr.) konnte demnach schon damals leicht die Vorstellung aufkommen, daß ein böser Zauberer (= Riese, Menschenfresser, Hexe = Mondsinnbild) die Sonne mit Hilfe eines Stieres/Bisons in der Unterwelt festhielt. Die rituelle Tötung von Bison/Stier und Zauberer im heliakischen Aufgang zur Wintersonnenwende bedeutete die Befreiung der Sonne aus ihrem schrecklichen Wintergefängnis.
Ein in Deutschland mittlerweile ausgestorbener Brauch besagt, daß man zur Wintersonnenwende die Obstbäume wachklopfen solle. Obwohl der strenge Winter meist noch folgt, konnten Biologen bestätigen, daß bereits zu diesem Zeitpunkt die Bäume sich tatsächlich schon wieder auf ihre Wiedergeburt vorbereiten. Die Wintersonnenwende ist also eine Art Frühling im Verborgenen. Das Höhlenbild legt den Schluß nahe, daß bereits vor fast 16000 Jahren – wie übrigens heute auch noch – das neue Jahr zur Wintersonnenwende festlich begangen wurde. Endgültig, d.h. vor allem sichtbar, hat sich der Frühling erst im Frühjahr durchgesetzt. Dabei spielte der Ostervollmond den entscheidenden Zeitmesser. Alleine die beiden heute noch gebräuchlichen Begriffe belegen, daß in Europa mindestens zwei verschiedene Zeitpunkte für ein Fest zum neuen Jahr gebräuchlich waren, Frühlingsanfang bzw. Ostern und der Vollmond zur Wintersonnenwende.

Da sich die Jahreseckpunkte der Sonne am Himmelszelt alle 36 Jahre um das Maß eines scheinbaren Sonnendurchmessers (½ Grad) rückläufig verschoben (Präzession), verwandelte sich das November-Sternbild Bison/Stier (Tau) allmählich zum Sternbild des Winterendes und danach zum Frühlingsanfang-Sternbild. Zu jener Zeit, als das Sternbild Stier das letzte Bild der winterlichen Jahreshälfte bildete, sprangen in einer Arena beherzte Minoer im Spiel über den Stier. So wenigstens zeigen es uns die Bilder aus dem alten Kreta. Die astrale Deutung besagt, daß die damalige Jugend rituell nachahmte, was sich zu ihrer Zeit zu Frühlingsanfang am Himmel abspielte: Die Sonne überwindet das letzte Sternbild der winterlichen Jahreshälfte. Der Brauch, als Helfer der Sonne (= Torero) ein lebendiges Sinnbild des Himmelsstieres rituell in einer Arena zu töten, hat sich heute noch in Spanien und Portugal erhalten. Und auch die Jugend mißt sich dort bis auf den heutigen Tag mit dem Stier, wenn er durch die Gassen des Ortes zum Schauplatz getrieben wird. Der in Teilen Südeuropas noch erhaltene Stierkampf geschieht also nicht aus Lust auf gemeine Tierquälerei, sondern hat einen heute völlig verblaßten himmelskundlichen Hintergrund.

Hinweise auf den himmelskundlichen Ursprung des Stierkampfes finden sich auch bei heute belanglos erscheinenden Kleinigkeiten. So ist das Tuch **Capa**, mit dem der Stier gereizt wird, rot, obwohl nachgewiesen werden konnte, daß die Aufreizung des Stieres nichts mit der Farbe des Tuches zu tun hat. Es sind die zittrigen Bewegungen, die den Stier in helle Aufregung versetzen können. Wenn es nur um die Aufreizung des Stieres ginge, könnte das Tuch auch grün oder schwarz sein. Demnach muß das Rot der Capa (vgl. Rotkäppchen) einen anderen Grund haben. Das rote Tuch – so mein Deutungsvorschlag – ist ein Sinnbild der roten Morgensonne zu Frühlingsanfang. Hinter der Sonne steht der Torero, der mithilft, daß die Sonne ihr letztes Hindernis in der winterlichen Jahreshälfte überwinden möge. Und ursprünglich freuten sich die Zuschauer nicht nur über die Besiegung des Stieres, sondern auch darüber, daß damit nun endlich der Frühling ins Land einzog. Wollen wir diesen Deutungsvorschlägen folgen, so lassen sich die für den Außenstehenden sonst kaum erklärlichen Umstände des Stierkampfes ohne Widersprüche als sinnvoll begreifen.

Wenn wir auf unser Märchen *Der gläserne Sarg* zurückkommen, in dem ein Stier durch einen Hirsch getötet wird, dann erkennen wir darin den Kampf der Sonne im Zeitalter des Stieres (etwa 4500–2340 v. Chr.). Das Märchen stellt den Rahmen des Stierzeitalters dar und erinnert mit Hilfe der im Glassarg erwachenden Prinzessin (= Sonne) an das verflossene Zwillinge-Zeitalter. Es beinhaltet also zwei Frühlingssternbilder, den Stier (Tau) und die Zwillinge/Bahre/Glassarg (Gem) und weist darüber hinaus auf den Beginn der sog. byzantinischen Ära hin.

Der gläserne Sarg im Stierzeitalter

Im Märchen *Der gläserne Sarg* wird der Rahmen des Stierzeitalters mit Hilfe derjenigen Sternbilder abgesteckt, die damals die vier Jahreseckpunkte der Sonne (Frühlings-, Sommer-, Herbst- und Winteranfangspunkt) beherbergten. Das damalige Frühlingssternbild war der Stier (Tau), der sich als Sternbildername bis in die heutige Zeit erhalten konnte. Dem Stier gegenüber liegt das damalige Herbststernbild Skorpion (Sco). In einem kleinen, südlich gelegenen deutschen Sprachgebiet lebt der Skorpion, deutsch Schorpen, in freier Wildbahn. Es ist daher zu vermuten, daß die Alteuropäer für die Skorpionsterne ein anderes Sinnbild verwendeten. Aber welches? Bei dieser Frage helfen uns wieder die westeuropäischen Felsenbilder weiter. Ein Höhlenbild aus der jüngeren Steinzeit (um –2300) stimmt in allen Einzelheiten mit dem Himmelsanblick um diese Zeit überein. Als Zeitpunkt müssen wir die Mitter-

Abbildung 12: Die Milchstraße mag den Menschen früherer Jahrtausende wie eine Himmelsbrücke oder ein gläserner Berg erschienen sein, während das Sternbild Skorpion in unseren Breiten eher mit einem Hirschen identifiziert werden konnte (siehe auch Abbildung 13).

Abbildung 13: Die Honigsammlerin, Höhlenbild aus der Jüngeren Jungsteinzeit (um –2300), Cuevas de la Arana (Nordspanien), zeigt bis in Einzelheiten hinein den Himmelsanblick, der in Abbildung 12 dargestellt ist: Oben liegt das Sternbild „Bienennest" (= Plejaden), das von der Mondfrau als Honigsammlerin besucht wird. Ihr gegenüber hangelt, durch drei lange „Seile" (= Milchstraße) miteinander verbunden, die Herbstsonne. Daneben das damalige Herbststernbild Skorpion, hier als Hirsch versinnbildlicht (aus: Herbert Kühn, Vorgeschichte der Menschheit, Köln, 1962; mit freundlicher Genehmigung des Autors).

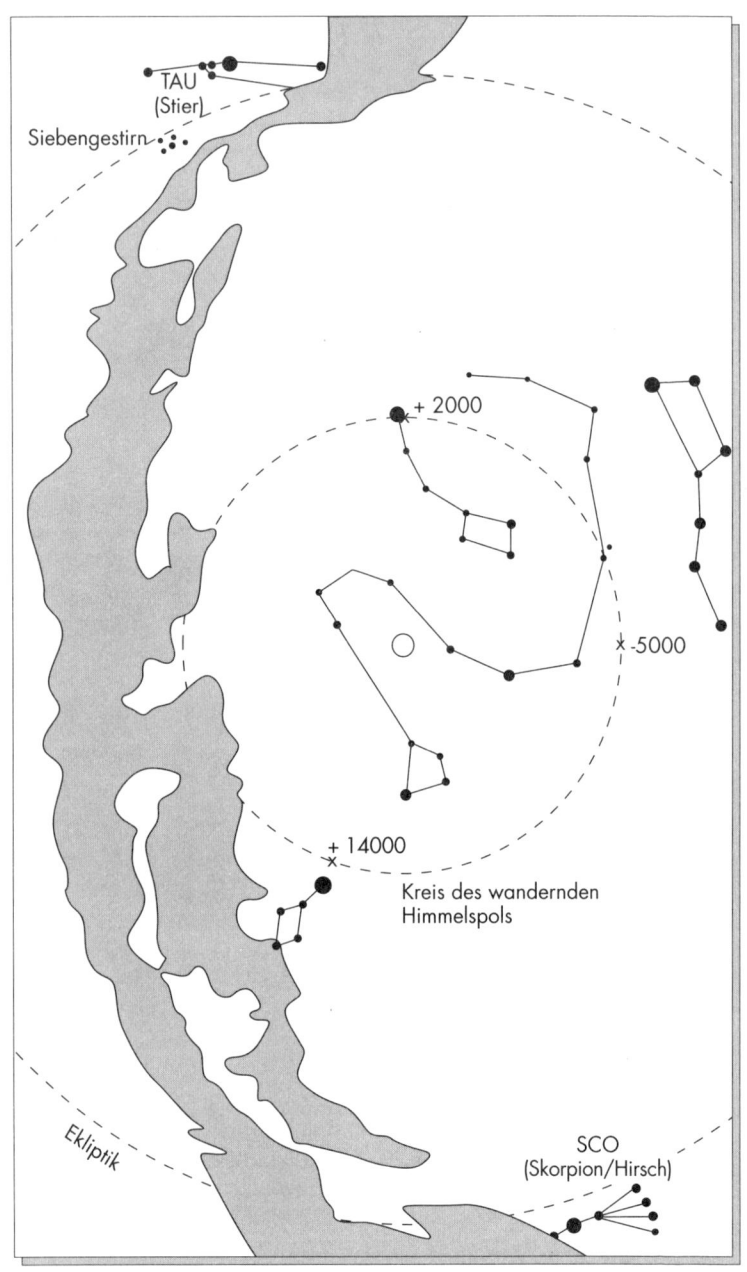

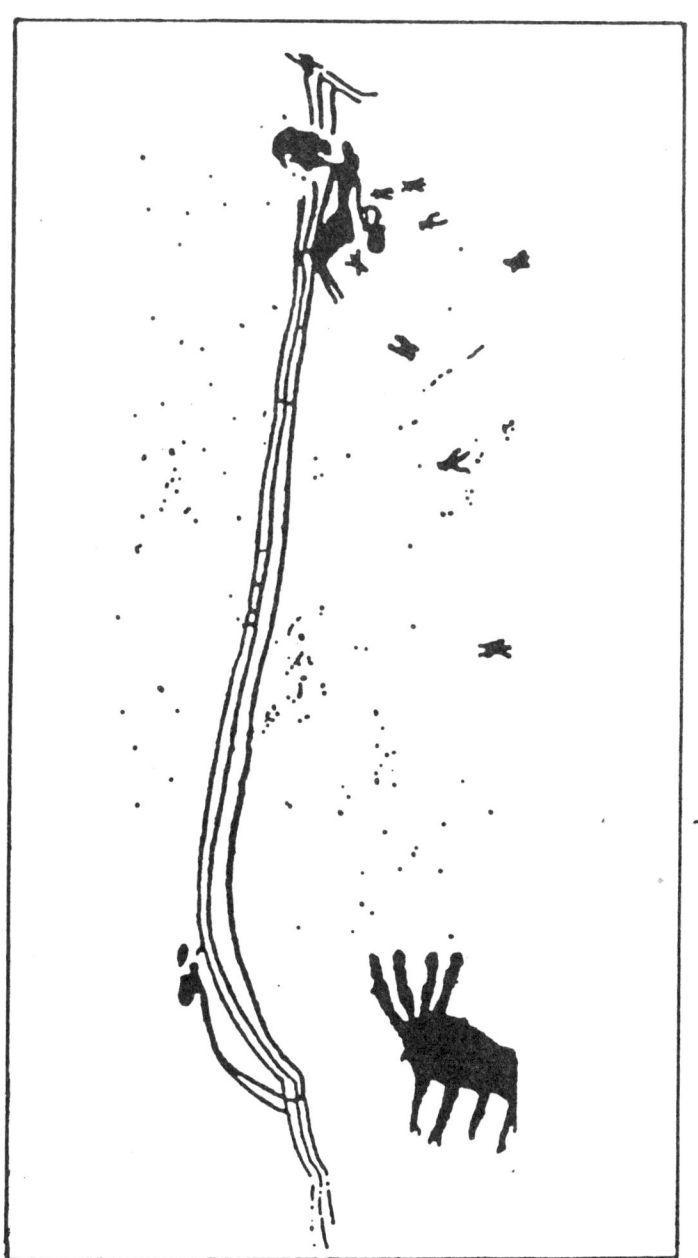

nacht zum damaligen Frühlingsanfang annehmen. Damals sah man dann im Süden die Skorpionsterne. Das Höhlenbild zeigt im oberen Bereich ein Bienennest mit der Gestalt einer Honigsammlerin. Im gesamten Tierkreis kommen nur die Plejaden als Sinnbild für ein Bienennest in Frage. In allen Kulturen ist es der Mond, der das Getränk für die himmlischen Heerscharen zubereitet. Wir dürfen die Gestalt, die beim Bienennest mit einem Korb zu sehen ist, als Vollmondsinnbild betrachten. Dem Bienennest/Siebengestirn/Plejaden gegenüber hangelt eine andere Gestalt neben einem Riesenhirsch, der vier Geweihstangen trägt. So wie der Hirsch im Höhlenbild abgebildet ist, kommt er in der Natur überhaupt nicht vor. Damit ist sicher, daß der Hirsch nicht zum Zwecke des Biologieunterrichtes oder eines Fruchtbarkeitszaubers gemalt wurde. Den Plejaden gegenüber liegen ja die Skorpionsterne mit dem Hauptstern Antares. Über Antares leuchten die vier hellen Sterne Acrab, Dschubba, π Scorpii und ρ Scorpii. Verbinden wir diese vier Sterne mit σ Scorpii, wie dies auch sonst oft geschieht, so ergibt sich bereits eine verblüffende Übereinstimmung mit unserem Höhlenbildhirsch. Neben den vier Geweihstangen, die auch im Sternbild gleiche Abstände aufweisen, trug offenbar auch die rötliche Farbe des Antares zum Bilde des Rothirsches bei. Bienennest/Plejaden (η Tau) und Skorpion/Hirsch (Sco) sind mit Hilfe dreier Stricke miteinander verbunden. Es fällt auf, daß der Hirsch einen kleinen Abstand zu den Stricken hält und die Stricke bei der hangelnden Gestalt einen deutlichen Bogen zeigen. In der Tat weisen auch die Skorpionstangen einen deutlichen Abstand zur Milchstraße auf, und die Milchstraße selbst, die durch die drei Stricke versinnbildlicht ist, besitzt auch in Wirklichkeit einen Bogen, wie er im Höhlenbild angedeutet ist. Ein weiterer Vergleich der beiden eben genannten Abbildungen zeigt, daß oberhalb des Bienennestes ein Winkel zu erkennen ist, der mit dem Winkel des Stieres, gebildet aus den Sternen α, θ, γ, δ, 68, ϵ Tauri, zusammenfällt. Damit ist das Höhlenbild enträtselt. Es zeigt Sonne und Mond bei den damaligen Tagundnachtgleichen in Opposition. Während die Sonne beim (damaligen) Herbststernbild angelangt ist und sich auf den Abstieg in den unterweltlichen, winterlichen Bereich vorzubereiten hat, genießt die neue Königin den Antritt ihrer Halbjahres-Herrschaft zu Herbstanfang. Sie sammelt den Honig ein und wird „zur Feier des Tages" uns sicherlich den göttlichen Honigwein (= Met) bereiten. In der germanischen Mythologie ist es der Bierkessel des

Riesen Hymir, in dem der göttliche Honigtrank zubereitet wird. Seit alters und bis auf den heutigen Tag wird der Met in Erinnerung an die herbstliche Thronbesteigung des Mondes aus dem Horn (= Mondsinnbild) getrunken.

Das Höhlenbild also zeigt den Herbstanfang mit Hilfe der damaligen Herbst- und Frühlingssternbilder Hirsch/Skorpion (Sco) und Bienennest/Plejaden/Stier (Tau). Die Darstellung zeigt sich so wie in einem Planetarium, denn normalerweise lassen sich die Sternbilder nicht sehen, wenn die Sonne am Himmel leuchtet. Der astronomisch bewanderte Höhlenbildzeichner hat die Helligkeit der neben dem Hirsch hangelnden Sonne so vernachlässigt, daß die entsprechenden Sternbilder zu sehen sind. Selbst das dazugehörige Frühlingssternbild ist richtig wiedergegeben worden. Es entspricht der Wirklichkeit, daß das Bienennest/Plejaden zwischen dem Stier und dem Hirsch/Skorpion steht. Der Höhlenmaler mußte seine Darstellung aus dem Gedächtnis zusammenstellen, was die von Herbert Kühn geäußerte „Geistigkeit des Eiszeitmenschen" auch für den jungsteinzeitlichen Alteuropäer unterstreicht.

Wenn ein Kampf zwischen Stier und Hirsch beschrieben wird, wie in unserem Märchen, dann entspricht dies der Auseinandersetzung des Skorpions mit dem Stier bzw. Orion. Mit den Sternbildern Hirsch (Sco) und Stier (Tau) besitzen wir nun schon zwei der vier Jahresecksternbilder aus dem alteuropäischen Stierzeitalter.

Im Märchen reitet die Prinzessin (= Sonne) mit einem Pferd zum Hirsch und fällt dort in Ohnmacht. Wir haben hier einen unübersehbaren Hinweis auf den Herbstpunkt des Stierzeitalters. Zwischen Sternbild Stier (Tau) und Hirsch (Sco) liegt der Löwe (Leo), der damals Sommeranfangs-Sternbild war. Wie Huberta von Bronsart in ihrem Buch *Kleine Lebensbeschreibung der Sternbilder* nachweisen konnte, führten einige antike Kulturen anstelle des Löwen das Pferd als entsprechendes Sinnbild für die Leo-Sterne.

Dieser Sachverhalt wird wiederum durch die westeuropäischen Höhlenbilder bestätigt. Ein Hinweis stammt aus dem noch älteren Pferdezeitalter, als nämlich der Bison/Stier (Tau) noch Winteranfangssternbild war und die Leo-Sterne (Löwe/Pferd) den Frühlingspunkt der Sonne trugen. Das Bild aus der **Drei-Brüder-Höhle** in Südfrankreich zeigt eine trächtige Wildpferdstute. Sie erscheint als Sinnbild des alten Jahres und trägt im Ungeborenen das zu erwartende neue Jahr. Zur Geburt finden sich die 13 Mondfeen ein, 12 p-förmige und eine „Verkehrte". Die 12 P-Zeichen stellen die zum

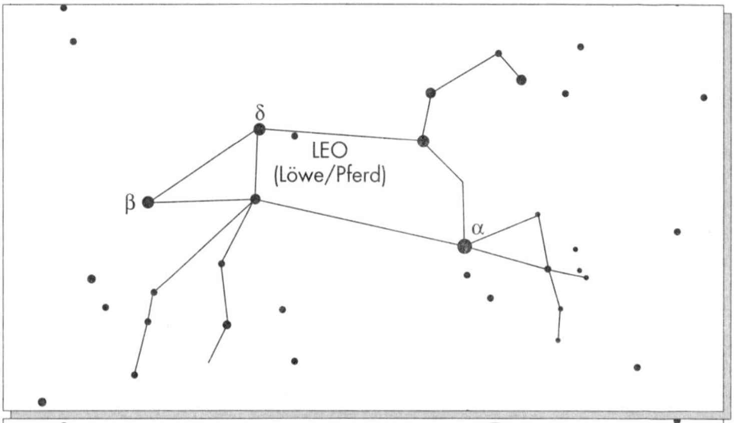
δ
LEO
(Löwe/Pferd)
β
α

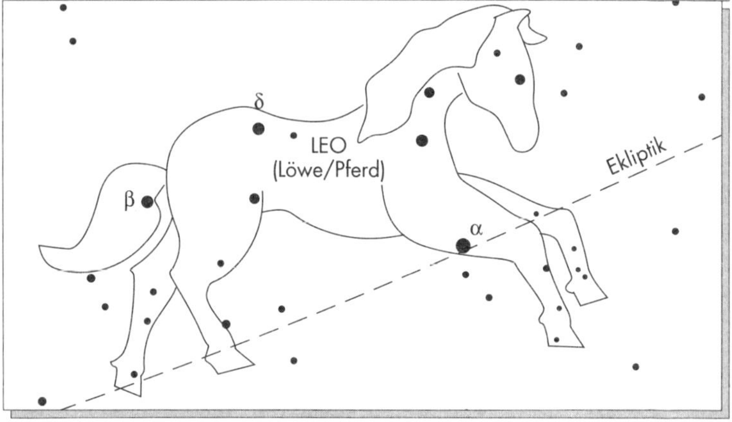
δ
LEO
(Löwe/Pferd)
β
α
Ekliptik

Jahr gehörenden 12 Lichtmonde dar (synodische Monde). Die senkrechten Stäbe deuten die Mittagslinie an, wenn der zunehmende Mond zum erstenmal im rechten Winkel zur untergehenden Sonne steht. Das 13., seitenverkehrte und nicht geschlossene P-Zeichen weist darauf hin, daß 12 Lichtmonde (Abstand zwischen zwei glei-

Abbildung 14: Vergleichen wir Foto (oben), Sternkarte (Mitte) und die Silhouette eines Pferdes (unten), so wird deutlich, daß die „Sonne am Huf" keine willkürliche Erfindung darstellt, sondern ein alljährlich wiederkehrendes astronomisches Ereignis festhält.

Abbildung 15: Höhlenbild aus der Jüngeren Altsteinzeit, zwischen −13000 bis −10000, in Südfrankreich. Das Wildpferd erscheint als Sinnbild des alten und das Ungeborene als das zu erwartende neue Jahr. Die zwölf p-ähnlichen Zeichen stellen die zum Jahr gehörenden zwölf Lichtmonde (synodische Monate) dar, wobei die senkrechten Stäbe die Mittagslinie andeuten, wenn der Mond im rechten Winkel zur untergehenden Sonne steht (= erstes Viertel); das dreizehnte, seitenverkehrte „P" zeigt an, daß zwölf Monde (Abstand zwischen zwei gleichen Lichtgestalten) 13 Sternmonden (Umlauf bezogen auf einen Stern, siderischer Monat) entsprechen. Es bleibt ein Rest von 10 bis 11 Tagen, der offenbar durch das letzte, ungefügte P-Zeichen und die beiden kopfstehenden V-Zeichen (= zwei Hände oder 10 Finger) ausgedrückt wird (aus: Herbert Kühn, Die Felsbilder Europas, Stuttgart, 1951; mit freundlicher Genehmigung des Autors).

chen Lichtgestalten des Mondes) 13 Sternmonden (siderische Monde, Umlauf des Mondes bezogen auf einen Stern) entsprechen. Der Rest von 10 bis 11 Tagen wird durch das unvollständige letzte P-Zeichen ausgedrückt. In diesem Höhlenbild wird dasselbe kosmische Ereignis mit verblüffend ähnlichen Sinnbildern dargestellt, das wir im Dornröschen-Märchen wiederfinden. Auch dort steht die Geburt eines Jahresanfanges bevor. Und zu dieser Geburt gesellen sich alle 13 Feen, aber es gibt nur 12 goldene Teller. Die goldenen Teller versinnbildlichen die 12 Vollmonde des Jahres. Das Höhlenbild verrät eine Mondrechnung, die nicht von Neu- oder Vollmond aus, sondern vom zunehmenden Halbmond an rechnet. Diese Mondrechnung nutzten in historischer Zeit noch die Kelten, wie uns dies von den Römern überliefert wird. Der zweite Unterschied zum Dornröschen-Märchen besteht darin, daß das neue Jahr nicht durch ein neugeborenes Kind, sondern durch ein neugeborenes Fohlen versinnbildlicht wird. Sonst stimmen das Höhlenbild und das Dornröschenbild miteinander überein. Völlige Übereinstimmung zeigen sie im **Gehalt**, der Darstellung des Jahresanfanges mit Hinweisen zum synodischen und siderischen Mondumlauf im Rahmen eines Jahres beziehungsweise einer 100monatigen Jahresfrist! Das Höhlenbild mit der trächtigen Stute und den 12 + 1 P-Zeichen stammt aus der jüngeren Altsteinzeit (–13 000 bis –10 000). Demnach bildete der Bison (Tau) das damalige Winter- und das Pferd das entsprechende Frühlingssternbild. Im Stierzeitalter haben sich die beiden Jahreseckpunkte derart verändert (Präzession), daß der Bison bzw. der Stier (Tau) zum Frühlingssternbild und das Pferd (Leo) zum Sommersternbild wanderte. In unserem Märchen haben wir es mit dem Stierzeitalter zu tun. Der Ausflug ins noch ältere Pferdezeitalter hat aber gezeigt, daß bereits vor rund 13 000 Jahren die Alteuropäer für die Leo-Sterne ein Sinnbild (Wild-)Pferd verwendeten und sich bereits sehr gut am gestirnten Himmel auskannten und den siderischen vom synodischen Monat nicht nur unterscheiden, sondern auch im gebundenen Lauf darstellen konnten.
Jetzt fehlt nur noch das vierte und letzte Kardinalsternbild des alteuropäischen Stierzeitalters. Es muß im Bereich des Wassermannes (Aqr) oder des westlichen Fisches (w. Psc) liegen. An dieser Stelle ist es sinnvoll, nun das Märchen selbst in voller Länge kennenzulernen:

Der gläserne Sarg

„Sage niemand, daß ein armer Schneider es nicht weit bringen und nicht zu hohen Ehren gelangen könne, es ist weiter gar nichts nötig, als daß er an die rechte Schmiede kommt und, was die Hauptsache ist, daß es ihm glückt. Ein solches artiges und behendes Schneiderbürschchen ging einmal seiner Wanderschaft nach und kam in einen großen Wald, und weil es den Weg nicht wußte, verirrte es sich. Die Nacht brach ein, und es blieb ihm nichts übrig, als in dieser schauerlichen Einsamkeit ein Lager zu suchen. Auf dem weichen Moose hätte er freilich ein gutes Bett gefunden, allein die Furcht vor den wilden Tieren ließ ihm da keine Ruhe, und er mußte sich endlich entschließen, auf einem Baume zu übernachten. Er suchte eine hohe Eiche, stieg bis in den Gipfel hinauf und dankte Gott, daß er sein Bügeleisen bei sich trug, weil ihn sonst der Wind, der über die Gipfel der Bäume wehete, weggeführt hätte.
Nachdem er einige Stunden in der Finsternis, nicht ohne Zittern und Zagen, zugebracht hatte, erblickte er in geringer Entfernung den Schein eines Lichtes; und weil er dachte, daß da eine menschliche Wohnung sein möchte, wo er sich besser befinden würde als auf den Ästen eines Baums, so stieg er vorsichtig herab und ging dem Lichte nach. Es leitete ihn zu einem kleinen Häuschen, das aus Rohr und Binsen geflochten war. Er klopfte mutig an, die Türe öffnete sich, und bei dem Scheine des herausfallenden Lichtes sah er ein altes eisgraues Männchen, das ein von buntfarbigen Lappen zusammengesetztes Kleid anhatte. ‚Wer seid Ihr, und was wollt Ihr?‘ fragte es mit einer schnarrenden Stimme. ‚Ich bin ein armer Schneider‘, antwortete er, ‚den die Nacht hier in der Wildnis überfallen hat, und bitte Euch inständig, mich bis morgen in Eurer Hütte aufzunehmen.‘ ‚Geh deiner Wege‘, erwiderte der Alte mit mürrischem Tone, ‚mit Landstreichern will ich nichts zu schaffen haben; suche dir anderwärts ein Unterkommen.‘ Nach diesen Worten wollte er wieder in sein Haus schlüpfen, aber der Schneider hielt ihn am Rockzipfel fest und bat so beweglich, daß der Alte der so böse nicht war, als er sich anstellte, endlich erweicht ward und ihn mit in seine Hütte nahm, wo er ihm zu essen gab und dann in einem Winkel ein ganz gutes Nachtlager anwies.
Der müde Schneider brauchte keines Einwiegens, sondern schlief sanft bis an den Morgen, würde auch noch nicht an das Aufstehen gedacht haben, wenn er nicht von einem lauten Lärm wäre aufgeschreckt worden. Ein heftiges Schreien und Brüllen drang durch die dünnen Wände des Hauses. Der Schneider, den ein unerwarteter Mut überkam, sprang auf, zog in der Hast seine Kleider

an und eilte hinaus. Da erblickte er nahe bei dem Häuschen einen großen schwarzen Stier und einen schönen Hirsch, die in dem heftigsten Kampfe begriffen waren. Sie gingen mit so großer Wut aufeinander los, daß von ihrem Getrampel der Boden erzitterte, und die Luft von ihrem Geschrei erdröhnte. Es war lange ungewiß, welcher von beiden den Sieg davontragen würde: endlich stieß der Hirsch seinem Gegner das Geweih in den Leib, worauf der Stier mit entsetzlichem Brüllen zur Erde sank, und durch einige Schläge des Hirsches völlig getötet ward.

Der Schneider, welcher dem Kampfe mit Erstaunen zugesehen hatte, stand noch unbeweglich da, als der Hirsch in vollen Sprüngen auf ihn zueilte und ihn, ehe er entfliehen konnte, mit seinem großen Geweihe geradezu aufgabelte. Er konnte sich nicht lange besinnen, denn es ging schnellen Laufes fort über Stock und Stein, Berg und Tal, Wiese und Wald. Er hielt sich mit beiden Händen an den Enden des Geweihes fest und überließ sich seinem Schicksal. Es kam ihm aber nicht anders vor, als flöge er davon. Endlich hielt der Hirsch vor einer Felsenwand still und ließ den Schneider sanft herabfallen. Der Schneider, mehr tot als lebendig, bedurfte längerer Zeit, um wieder zur Besinnung zu kommen. Als er sich einigermaßen erholt hatte, stieß der Hirsch, der neben ihm stehen geblieben war, sein Geweih mit solcher Gewalt gegen eine in dem Felsen befindliche Türe, daß sie aufsprang. Feuerflammen schlugen heraus, auf welche ein großer Dampf folgte, der den Hirsch seinen Augen entzog. Der Schneider wußte nicht, was er tun und wohin er sich wenden sollte, um aus dieser Einöde wieder unter Menschen zu gelangen. Indem er also unschlüssig stand, tönte eine Stimme aus dem Felsen, die ihm zurief ‚tritt ohne Furcht herein, dir soll kein Leid widerfahren.' Er zauderte zwar, doch, von einer heimlichen Gewalt angetrieben, gehorchte er der Stimme und gelangte durch die eiserne Tür in einen großen geräumigen Saal, dessen Decke, Wände und Boden aus glänzend geschliffenen Quadratsteinen bestanden, auf deren jedem ihm unbekannte Zeichen eingehauen waren. Er betrachtete alles voll Bewunderung und war eben im Begriff, wieder hinauszugehen, als er abermals die Stimme vernahm, welche ihm sagte ‚tritt auf den Stein, der in der Mitte des Saales liegt, und dein wartet großes Glück.'

Sein Mut war schon so weit gewachsen, daß er dem Befehle Folge leistete. Der Stein begann unter seinen Füßen nachzugeben und sank langsam in die Tiefe hinab. Als er wieder feststand und der Schneider sich umsah, befand er sich in einem Saale, der an Umfang dem vorigen gleich war. Hier aber gab es mehr zu betrachten und zu bewundern. In die Wände waren Vertiefungen eingehauen, in welchen Gefäße von durchsichtigem Glase standen, die mit farbigem

Spiritus oder mit einem bläulichen Rauche angefüllt waren. Auf dem Boden des Saales standen, einander gegenüber, zwei große gläserne Kasten, die sogleich seine Neugierde reizten. Indem er zu dem einen trat, erblickte er darin ein schönes Gebäude, einem Schlosse ähnlich, von Wirtschaftsgebäuden, Ställen und Scheuern und einer Menge anderer artiger Sachen umgeben. Alles war klein, aber überaus sorgfältig und zierlich gearbeitet, und schien von einer kunstreichen Hand mit der höchsten Genauigkeit ausgeschnitzt zu sein.

Er würde seine Augen von der Betrachtung dieser Seltenheiten noch nicht abgewendet haben, wenn sich nicht die Stimme abermals hätte hören lassen. Sie forderte ihn auf, sich umzukehren und den gegenüberstehenden Glaskasten zu beschauen. Wie stieg seine Verwunderung, als er darin ein Mädchen von größter Schönheit erblickte. Es lag wie im Schlafe, und war in lange blonde Haare wie in einen kostbaren Mantel eingehüllt. Die Augen waren fest geschlossen, doch die lebhafte Gesichtsfarbe und ein Band, das der Atem hin und her bewegte, ließen keinen Zweifel an ihrem Leben. Der Schneider betrachtete die Schöne mit klopfendem Herzen, als sie plötzlich die Augen aufschlug und bei seinem Anblick in freudigem Schrecken zusammenfuhr. ‚Gerechter Himmel', rief sie, ‚meine Befreiung naht! geschwind, geschwind, hilf mir aus meinem Gefängnis: wenn du den Riegel an diesem gläsernen Sarg wegschiebst, so bin ich erlöst.' Der Schneider gehorchte ohne Zaudern, alsbald hob sie den Glasdeckel in die Höhe, stieg heraus und eilte in die Ecke des Saals, wo sie sich in einen weiten Mantel verhüllte. Dann setzte sie sich auf einen Stein nieder, hieß den jungen Mann herangehen, und nachdem sie einen freundlichen Kuß auf seinen Mund gedrückt hatte, sprach sie ‚mein lang ersehnter Befreier, der gütige Himmel hat mich zu dir geführt und meinen Leiden ein Ziel gesetzt. An demselben Tage, wo sie endigen, soll dein Glück beginnen. Du bist der vom Himmel bestimmte Gemahl, und sollst, von mir geliebt und mit allen irdischen Gütern überhäuft, in ungestörter Freud dein Leben zubringen. Sitz nieder und höre die Erzählung meines Schicksals.

Ich bin die Tochter eines reichen Grafen. Meine Eltern starben, als ich noch in zarter Jugend war, und empfahlen mich in ihrem letzten Willen meinem älteren Bruder, bei dem ich aufgezogen wurde. Wir liebten uns so zärtlich und waren so übereinstimmend in unserer Denkungsart und unsern Neigungen, daß wir beide den Entschluß faßten, uns niemals zu verheiraten, sondern bis an das Ende unseres Lebens beisammen zu bleiben. In unserm Hause war an Gesellschaft nie Mangel: Nachbarn und Freunde besuchten uns häufig, und wir

übten gegen alle die Gastfreundschaft in vollem Maße. So geschah es auch eines Abends, daß ein Fremder in unser Schloß geritten kam und unter dem Vorgeben, den nächsten Ort nicht mehr erreichen zu können, um ein Nachtlager bat. Wir gewährten seine Bitte mit zuvorkommender Höflichkeit, und er unterhielt uns während des Abendessens mit seinem Gespräche und eingemischten Erzählungen auf das anmutigste. Mein Bruder hatte ein so großes Wohlgefallen an ihm, daß er ihn bat, ein paar Tage bei uns zu verweilen, wozu er nach einigem Weigern einwilligte. Wir standen erst spät in der Nacht vom Tische auf, dem Fremden wurde ein Zimmer angewiesen, und ich eilte, ermüdet, wie ich war, meine Glieder in die weichen Federn zu senken. Kaum war ich ein wenig eingeschlummert, so weckten mich die Töne einer zarten und lieblichen Musik. Da ich nicht begreifen konnte, woher sie kamen, so wollte ich mein im Nebenzimmer schlafendes Kammermädchen rufen, allein zu meinem Erstaunen fand ich, daß mir, als lastete ein Alp auf meiner Brust, von einer unbekannten Gewalt die Sprache benommen und ich unvermögend war, den geringsten Laut von mir zu geben. Indem sah ich bei dem Schein der Nachtlampe den Fremden in mein durch zwei Türen fest verschlossenes Zimmer eintreten. Er näherte sich mir und sagte, daß er durch Zauberkräfte, die ihm zu Gebote ständen, die liebliche Musik habe ertönen lassen, um mich aufzuwecken, und dringe jetzt selbst durch alle Schlösser in der Absicht, mir Herz und Hand anzubieten. Mein Widerwille aber gegen seine Zauberkünste war so groß, daß ich ihn keiner Antwort würdigte. Er blieb eine Zeitlang unbeweglich stehen, wahrscheinlich in der Absicht, einen günstigen Entschluß zu erwarten, als ich aber fortfuhr zu schweigen, erklärte er zornig, daß er sich rächen und Mittel finden werde, meinen Hochmut zu bestrafen, worauf er das Zimmer wieder verließ. Ich brachte die Nacht in höchster Unruhe zu und schlummerte erst gegen Morgen ein. Als ich erwacht war, eilte ich zu meinem Bruder, um ihn von dem, was vorgefallen war, zu benachrichtigen, allein ich fand ihn nicht auf seinem Zimmer, und der Bediente sagte mir, daß er bei anbrechendem Tage mit dem Fremden auf die Jagd geritten sei.
Mir ahnete gleich nichts Gutes. Ich kleidete mich schnell an, ließ meinen Leibzelter satteln und ritt, nur von einem Diener begleitet, in vollem Jagen nach dem Walde. Der Diener stürzte mit dem Pferde und konnte mir, da das Pferd den Fuß gebrochen hatte, nicht folgen. Ich setzte, ohne mich aufzuhalten, meinen Weg fort, und in wenigen Minuten sah ich den Fremden mit einem schönen Hirsch, den er an der Leine führte, auf mich zukommen. Ich fragte ihn, wo er meinen Bruder gelassen habe und wie er zu diesem Hirsche gelangt sei, aus

dessen großen Augen ich Tränen fließen sah. Anstatt mir zu antworten, fing er an laut aufzulachen. Ich geriet darüber in höchsten Zorn, zog eine Pistole und drückte sie gegen das Ungeheuer ab, aber die Kugel prallte von seiner Brust zurück und fuhr in den Kopf meines Pferdes. Ich stürzte zur Erde, und der Fremde murmelte einige Worte, die mir das Bewußtsein raubten.
Als ich wieder zur Besinnung kam, fand ich mich in dieser unterirdischen Gruft in einem gläsernen Sarge. Der Schwarzkünstler erschien nochmals, sagte, daß er meinen Bruder in einen Hirsch verwandelt, mein Schloß mit allem Zubehör verkleinert in den andern Glaskasten eingeschlossen und meine in Rauch verwandelten Leute in Glasflaschen gebannt hätte. Wolle ich mich jetzt seinem Wunsche fügen, so sei ihm ein leichtes, alles wieder in den vorigen Stand zu setzen: er brauche nur die Gefäße zu öffnen, so werde alles wieder in die natürliche Gestalt zurückkehren. Ich antwortete ihm so wenig als das erstemal. Er verschwand und ließ mich in meinem Gefängnisse liegen, in welchem mich ein tiefer Schlaf befiel. Unter den Bildern, welche an meiner Seele vorübergingen, war auch das tröstliche, daß ein junger Mann kam und mich befreite, und als ich heute die Augen öffne, so erblicke ich dich und sehe meinen Traum erfüllt. Hilf mir vollbringen, was in jenem Gesichte noch weiter geschah. Das erste ist, daß wir den Glaskasten, in welchem mein Schloß sich befindet, auf jenen breiten Stein heben.'
Der Stein, sobald er beschwert war, hob sich mit dem Fräulein und dem Jüngling in die Höhe und stieg durch die Öffnung der Decke in den obern Saal, wo sie dann leicht ins Freie gelangen konnten. Hier öffnete das Fräulein den Deckel, und es war wunderbar anzusehen, wie Schloß, Häuser und Gehöfte sich ausdehnten und in größter Schnelligkeit zu natürlicher Größe heranwuchsen. Sie kehrten darauf in die unterirdische Höhle zurück und ließen die mit Rauch gefüllten Gläser von dem Steine herauftragen. Kaum hatte das Fräulein die Flaschen geöffnet, so drang der blaue Rauch heraus und verwandelte sich in lebendige Menschen, in welchen das Fräulein ihre Diener und Leute erkannte. Ihre Freude ward noch vermehrt, als ihr Bruder, der den Zauberer in dem Stier getötet hatte, in menschlicher Gestalt aus dem Walde herankam, und noch denselben Tag reichte das Fräulein, ihrem Versprechen gemäß, dem glücklichen Schneider die Hand am Altare."

Der astral auf das Märchen eingestimmte Leser wird neben den Hauptsternbildern Stier-Frühling (Tau), Pferd-Sommer (Leo) und Hirsch-Herbst (Sco) den Stein als viertes Kardinalsternbild des alteuropäischen Stierzeitalters entdeckt haben. Schauen wir uns den in Frage kommenden Himmelsausschnitt an, so fällt der Blick auf den westlichen Fisch (w. Psc), der uns sofort an den flachen, waagrechten Stein erinnert, der den Schneider in die winterliche gläserne Tiefe zur dort einsitzenden und eingeschläferten Prinzessin (= Sonne) führt. Dieses Bild besagt gleichzeitig, daß die Erlösung der Sonne zur (damaligen) Wintersonnenwende geschah, als die Sonne den tiefsten Punkt ihres Mittagslaufes einnahm. Und wenn die in ihrem Wintergefängnis wieder erweckte Sonne zu ihrem Erlöser, dem Schneider sagt:

„Du bist der vom Himmel bestimmte Gemahl."

so erleben wir in diesen Bilde die auch sonst oft bezeugte Himmlische Hochzeit (Hieros Gamos) zwischen Wintersonne und Neumond. Unter dem Abschnitt „Die megalithische Einlösung" führt Julius Schwabe in seinem Buch *Archetyp und Tierkreis* 1951 aus:

„Einen lehrreichen Fall... bietet uns die Religion auf Malekula (Neue Hebriden) und den benachbarten kleinen Inseln. ... Man hat dort... eine Vorstellung bewahrt, die uralt sein muß, denn sie findet sich in ähnlicher Form in Mexiko, in Indien und – am allerähnlichsten – bei dem spätgriechischen Esoteriker Plutarch. ... Das Sonderbarste an der Sache ist nun aber, daß die Insulaner neben der entarteten Vorstellung gleichzeitig noch die ältere bessere bewahren, und zwar in zweierlei Gestalt:

1. Als **Totenhöhle**. Nach ihrem Glauben gelangt der Verstorbene zunächst in die Totenhöhle, die man mit einer der wirklichen Grotten... identifiziert. Das Eingehen in jene Grotte ist symbolisch derselbe Vorgang wie das Eingehen in den Rachen der Todesgöttin. ... Nach einer gewissen Version sitzt die Dämonin in der Höhle selber (der Schwarzmond in der Weltberghöhle!). Und bezeichnenderweise bedarf es der Gegenwart des Sonnengottes Taghar, damit der Tote die Höhle wieder verlassen kann. Das könnte ein Überrest einer Heiligen Hochzeit zwischen Sonne und Schwarzmond sein, deren Frucht eben die Wiedergeburt des Toten, sein Entkommen aus der Höhle wäre, ...

2. Im **Dolmen**. Dieser stimmt seinem Symbolwert nach mit der Totenhöhle... überein. War dort die Idee des Uterus mundi in eine Naturgrotte projiziert, so ist der Dolmen das künstliche, von Menschenhand errichtete Sinnbild der Weltberghöhle. ... Der Dolmen begegnet uns überall, wo die Megalithkultur hingelangt ist, in wesentlich gleicher Form. Er besteht aus einer schweren horizontalen Steinplatte, einem Steintisch, der auf niedrigen Pfeilern oder auf

kleinen bis großen, einen Hohlraum umschließenden Steinen ruht. Auf Vao stellt der Dolmen die Höhle des Toten dar, andererseits aber den Mutterleib. Als solcher ... wird er während der Maki-Riten, dem religiösen Hauptritus der Insulaner, errichtet. Er ist, mit andern Worten, Sarg und Gebärmutter zugleich, und damit Urbild aller späteren heiligen Kisten, Archen, Laden, Körbe usw. Und nun sagt uns Layard, daß nach dem auf Vao herrschenden Glauben die Menschen durch Berührung des Dolmens wiedergeboren werden! Wir haben damit zweifellos die steinzeitliche Wurzel gefunden, wovon der oben erwähnte, bei der Adoption des Herakles geübte Ritus bloß ein später Ableger ist. Das Berühren des Mutterschoßes war für den Initianden anscheinend schon in der Megalithzeit eine Kurzform, ein Ersatz für den leibhaftigen Durchgang durch die Höhle bzw. durch Schlund und Schoß der Schwarzmondgöttin.
Wir haben mit diesen Betrachtungen den Grund gelegt, den Mysterienspruch auf dem Goldtäfelchen von Sybaris tiefer zu verstehen.
...
Die Allmutter und Allverderberin war aber in erster Linie nicht die Erde, sondern der Mond. Als Schwarzmond, den man in der Weltberghöhle hausend dachte, wurde der Mond zum chthonischen Wesen, zur Unterweltsmacht".
An anderer Stelle wird das Doppelgesicht des Mondes vertieft. Schwabe führt aus:
„Wie wir sahen, liegt dem Hieros Gamos die Vereinigung von Sonne und Mond zugrunde. Nun wurden und werden die beiden Gestirne fast allenthalben als Geschwister, oft sogar als Zwillinge, aufgefaßt.
... (1) ... Man vergleiche damit die ossetische Erzählung, wonach der Mond zwei Wochen vom Monat seiner Schwester, und dann wieder ebenso lang seiner Frau gehört. Jene frißt ihn derweilen auf, diese macht ihn wieder ganz."
Bevor wir einen Vergleich mit unserem Schneidermärchen anstellen, sollen noch drei Dolmen vorgestellt werden, die aus dem Buch *Tuisko-Land* von Ernst Krause entnommen wurden. Krause schreibt 1891 dazu:
„Man hat drei Hauptklassen solcher Denkmale mit besonderen, aus der keltischen Sprache entnommenen Namen bezeichnet, weil man dieselben früher ziemlich allgemein als Überreste des Druidenkults ansah. Man unterscheidet danach: 1. einfache, aufgerichtete Steinsäulen oder Steinplatten als Menhir d.h. langer oder hoher

Stein (vom kelt. und bret. men „Stein" und hir „lang"); 2. Dolmen oder Tischsteine (vom kelt. dol, bret. taol, tol „Tisch" und men „Stein"), bei denen eine waagerechte Steinplatte oder ein Block auf mehreren Tragsteinen wie eine Tisch- oder Altarplatte ruht, und 3. Cromlechs oder Steinkreise... bei denen eine Anzahl von Steinen in einem Kreise aufgestellt oder zu anderen Figuren vereinigt ist. Diese Namen sind als wissenschaftliche Bezeichnungen erst vor etwa 35 Jahren von Lenoir eingeführt worden, scheinen aber teilweise schon viel früher gebraucht und dem Volksmunde entnommen zu sein, wenigstens scheint das Wort Hirmen, mit welchem die einfachen Steinsäulen seit vielen Jahrhunderten in Deutschland bezeichnet wurden, desselben Ursprungs wie Menhir (hir-men „der hohe Stein")....

Unter den Dolmen aber, deren allgemeiner Charakter nur in der überlagernden Steinplatte besteht, muß man notwendig mehrere ganz verschiedene Gruppen unterscheiden, nämlich, wenn wir als eigentliche Dolmen nur die denkmal- oder altarähnlichen Formen, die keine Begräbnisse enthalten (Fig. 8, 9 und 10), auffassen;...".

Bildergrüße aus der Steinzeit

Für unsere weiteren Betrachtungen ist es wichtig zu betonen, daß die „eigentlichen Dolmen... keine Begräbnisse enthalten" und uns in einer Weise an die oben besprochenen Leergräber erinnern. Der Abstand der Sonnenbahn (Ekliptik) vom Sternbild Steintisch/westlicher Fisch (w. Psc) beträgt 3½ Grad, die Neigung der Mondbahnebene zur Sonnenbahn 5 Grad 8 Minuten. Daher können nur der Mond und der Merkur (i = 7 Grad) gelegentlich auf den Steintisch ziehen, während die Venus (i = 3 Grad 23 Minuten) nur knapp an den Rand gelangen kann. Die Sonne bleibt stets **unterhalb** des Steintisches. Die Vereinigung zwischen (damaliger) Wintersonne im tiefsten Punkt und Neumond geschah also immer **unterhalb** des Steintisches, während die Opferung des Vollmondes zur (damaligen) Sommersonnenwende nicht selten auch **auf** dem (Sternbild) Steintisch/westlicher Fisch (w. Psc) erfolgen konnte. Damit erweisen sich die volkstümlichen Bezeichnungen und Steintischsagen um die Dolmen als Opfer- bzw. Altartische und Fruchtbarkeitssteine als in die richtige Richtung gehend. Erst jetzt wird mir der alte lettische Hochzeitsbrauch verständlich, sich auf einem großen

Stein trauen zu lassen. Dieser Brauch, der noch heute lebendig ist, bedeutet ja nichts anderes als die Nachahmung der Himmlischen Hochzeit auf Erden.
Je nachdem wie das Sternbild des Winteranfanges zur Grundlage der Kosmosvorstellung genommen wurde, kopfstehend, wenn es in Sommernächten am Himmel zu sehen war (vgl. den kopfstehenden Pegasos, der deswegen seine Reiter zu bestimmten Zeiten abwirft), oder feststehend, wobei die Sonnenbahn im Süden als Erdboden galt, vollzog sich die Himmlische Hochzeit auf oder unter dem Steintisch (w. Psc). Für das alteuropäische Stierzeitalter können wir im allgemeinen das letztere annehmen. Demnach wurde die lunare Widersacherin als Sommervollmond auf dem Steintisch (w. Psc) rituell geopfert, während die Himmlische Hochzeit zur Wintersonnenwende sich unterhalb des Steintisches vollzog. Dabei offenbarte sich für die Teilnehmer auch das Geheimnis der Wiedergeburt und des ewigen Lebens. Wie diese Riten der alteuropäischen Dolmenzeit ausgesehen haben mögen, deutet uns Schwabe an.
Besonders die nord- und westeuropäischen Steintische der Jungsteinzeit (= Stierzeitalter: etwa 4500 bis −2340) lassen das Bestreben erkennen, der wuchtige Steintisch möge auf einer möglichst kleinen Fläche auf den Tragsteinen aufliegen. Der emporgehobene wuchtige Stein erhielt so scheinbar den Zustand der Leichtigkeit und des Schwebens, wie es auch in unserem Schneidermärchen zum Ausdruck kommt. Es entspricht demselben Eindruck, den ein Sterngucker bekommt, wenn er im Herbst einmal den westlichen Fisch mit eigenen Augen beobachtet: Der wuchtige Block (w. Psc) scheint tatsächlich im All zu schweben.
Wir haben gesehen, wie unwillkürlich und geschickt der Alteuropäer der Jungsteinzeit (= Stierzeitalter) seine astralen Merkbilder aus den zufälligen Sternansammlungen geschöpft hat. Es ist nicht so, wie viele „Buchwissenschaftler" behaupten, daß der frühe Mensch die Sternbilder willkürlich gebildet habe. Zwar haben verschiedene Kulturen für dieselben Sternansammlungen auch verschiedene Sinnbilder gewählt, aber kein Kulturvolk ist dabei so willkürlich vorgegangen, wie es einige Wissenschaftler etwas voreilig den damaligen Vorfahren unterstellen. Bienennest Plejaden, Bison oder Stier (Tau), Pferd (Leo), Hirsch (Sco) und Steintisch (w. Psc) sind Sternbilder, die sich aus dem Himmelsanblick **ungezwungen** ergeben können. Außerdem sind sie mythisch so genau aufeinander abgestimmt und den jahreszeitlichen Veränderungen einge-

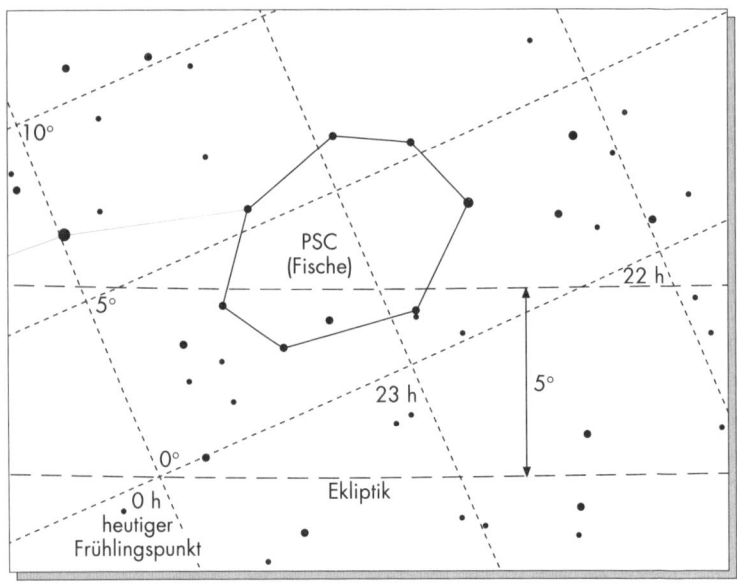

paßt, daß auch aus diesem Grunde eine Willkür stark eingeschränkt ist. Abbildung 16 zeigt einen Steintisch aus dem Stierzeitalter im Vergleich zu den Sternen des westlichen Fisches. Die Übereinstimmungen sind ebenso überzeugend wie bei den Abbildungen 12 und 13.

Auch wenn wir alle Ausführungen von Schwabe nur unterstreichen können, so sind wir allerdings nicht der Meinung, daß die von den Insulanern „ältere bessere bewahrte" Vorstellung vom winterlichen Totenberge in „zweierlei Gestalt" zerfällt „1 als Totenhöhle" und „2 im Dolmen", daß nicht der Dolmen ein klappsymmetrisches Austauschbild der Totenhöhle ist, sondern daß beide Vorstellungen zu einer Einheit zusammengehören, daß, wie das Schneidermärchen lehrt, Weltberghöhle und Dolmen zwei unterscheidbare Stufen des unterweltlichen Bereiches widerspiegeln, die sich auch am Himmel ablesen lassen. Im Märchen wird ja der Weg des Schneiders, Sinnbild für den Neumond, wie folgt beschrieben: „es ging schnellen Laufes fort über Stock und Stein... Es kam ihm aber nicht anders vor, als flöge er davon. Endlich hielt der Hirsch vor einer Felsenwand still und ließ den Schneider sanft herabfallen. ... der Hirsch stieß... sein Geweih mit solcher Gewalt gegen eine in dem Felsen befindliche Türe, daß sie aufsprang. Feuerflammen schlugen heraus... eine Stimme tönte aus dem Felsen...,tritt ohne Furcht herein...'... Er... gelangte durch die eiserne Tür in einen großen... Saal abermals vernahm er die Stimme, welche ihm sagte ,tritt auf den Stein, der in der Mitte des Saales liegt...'... er leistete dem Befehl Folge. Der Stein begann unter seinen Füßen nachzugeben und sank langsam in die Tiefe hinab."

Wenn sich wie im Sneewittchen-Märchen alle Einzelheiten in Himmelskunde aufzulösen haben, damit sich auch *Der gläserne Sarg* als echtes Märchen erweisen kann, müssen wir Weltberg und Ein-

Abbildung 16: Dolmen (Steintische) sind meist so konstruiert, daß sie auf einer möglichst kleinen Tragfläche liegen. Der emporgehobene wuchtige Stein erhält so den scheinbaren Zustand der Leichtigkeit und des Schwebens, wie er auch im Märchen Der gläserne Sarg empfunden wird (oben, aus: Ernst Krause, Tuiskoland, Glogau, 1891). Nur der westliche Fisch (w. Psc) erinnert an ein Sternbild, das mit dem flachen Steintisch im Märchen Der gläserne Sarg in Verbindung gebracht werden kann (unten).

gang in die winterliche Unterwelt auch am Himmel ablesen können. Aus dem Märchen wissen wir, daß der Eingang in den Weltberg unmittelbar neben dem (Sternbild) Hirsch (Sco) liegen muß. Tatsächlich befindet sich das Sternbild Hirsch (Sco) neben der Milchstraße, die wir im Sneewittchen-Märchen schon als gläsernen Berg versinnbildlicht vorliegen haben. Die Milchstraße hat also vielen Völkern die Anregung zum Weltberg gegeben. Wie bereits erwähnt, nannten die Babylonier den Antares, den rötlichen Hauptstern vom Skorpion bzw. Hirsch (Sco), auch *Hurru* (= Höhle). Ein Blick auf die Sternkarte verrät, daß wir in der Milchstraße einen Riß vorfinden, der offenbar als Eingangsspalte, Tür oder Tor in die winterliche Unterwelt galt. Der Schneider muß in den Berg hinein und findet den Stein, der in der Mitte des Saales liegt und ihn nach unten führt. Auch diese Beschreibung entspricht den Gegebenheiten am Himmel. Sternbild Steintisch/westlicher Fisch (w. Psc) befindet sich genau zwischen den Fußpunkten des als Weltberg vorgestellten Milchstraßenbogens, der sich vom Sternbild Hirsch (Sco) bis zu Sternbild Bienennest Plejaden und Stier (Tau) hinzieht. Inmitten des Bogens an tieferer Stelle erkennen wir Sternbild Steintisch (w. Psc).

Wie uns Schwabe mitgeteilt hat, können die Gestirne auch Geschwister haben. In unserem Märchen hat die Sonne (= Prinzessin) einen Bruder, der von dem Schwarzkünstler (= Altmond) in einen Hirsch verwandelt wurde. Genau an der Stelle, wo Zauberer, Hirsch und Prinzessin zusammenkommen, murmelt der Schwarzkünstler einen Zauberspruch, wodurch die Prinzessin in Ohnmacht fiel, während der in einen Hirsch verwandelte Bruder Tränen in den Augen hatte. Hier wird ohne Zweifel der Herbstpunkt der Sonne im Stierzeitalter beschrieben. Vom Herbstanfang bis zur Wintersonnenwende ist die Sonne ohnmächtig, ehe sie wieder zu Winteranfang erlöst wird. Der Hirsch, der Bruder der Sonne, kann sich nur zwischen dem Stier und dem Eingang in den Weltberg bewegen. Dies entspricht dem damaligen Sommerhalbbogen der Sonnenbahn. Prinzessin und Bruder Hirsch verkörpern **gemeinsam** das Sonnengestirn und deuten dabei die bei allen Kulturvölkern zugrunde gelegte Doppelgeschlechtigkeit der beiden Hauptgestirne an. Sonne und Mond, aber auch die Planeten weisen stets einen gleichberechtigten weiblichen und männlichen Teil auf.

So fällt es nun auch nicht schwer, sowohl in dem Zauberer, der die Sonne zu Herbstanfang betört und begehrt, als auch im Schneider

nig oder Der eiserne Heinrich, Frau Holle, Aschenputtel, Allerleirau, Brüderchen und Schwesterchen, Hänsel und Gretel, Das tapfere Schneiderlein, Tischlein deck dich, Goldesel und Knüppel aus dem Sack, Rapunzel und Rumpelstilzchen. In all diesen Märchen spielen Sonne und Mond die Hauptrolle. Wir müssen nur herausfinden, welches Sinnbild der Sonne oder dem Mond oder den Sternen oder welchen Ereignissen am Himmel zugeordnet worden ist. Wenn Rumpelstilzchen sich am Ende des Märchens zweiteilt und in die Erde versinkt, so ist in dieser Gestalt unschwer ein Mondsinnbild zu sehen. Damit haben wir wieder einen Schlüssel in der Hand, auch dieses Märchen astral zu entziffern.
Sonne und Mond können männlich oder weiblich sein. In manchen Märchen sind die Sinnbilder falsch zugeordnet oder ist die kosmische Ordnung gestört worden. Denn welcher heutige Märchenerzähler (und Forscher) denkt bei den Märchen noch an den Himmel? Er allein war bis ins 19. Jahrhundert hinein das Maß für die Richtigkeit der Geschichten. Der Himmel und damit die Astronomie ist auch das tauglichste Mittel, die Urfassung durcheinander geratener Märchen wiederzufinden. Für die Zukunft gibt es nur dann weitere Fortschritte in der Märchen- und Mythenforschung, wenn Archäologen, Germanisten, Volkskundler und Skandinavisten auf der einen Seite und Astronomen auf der anderen Seite eng zusammenarbeiten.
Dieses Buch versteht sich auch als erstes Wörterbuch der kosmischen Sinnbildersprache in Mythen und Märchen. Gleichzeitig ist es eine Einführung in die Gesetzmäßigkeiten des Himmels. Es soll eine Art von „Stein von Rosette" sein, mit dem der unbefangene Leser und Wissenschaftler auch andere Mythen und Märchen lesen und verstehen lernen kann. Dann wird auch ersichtlich, daß nicht nur die deutschen, sondern auch die ausländischen Märchen auf denselben kosmischen Gesetzmäßigkeiten fußen. Eine starke Mythenverwandtschaft gibt es natürlich im indogermanischen Bereich. Und es ist wohl kein Zufall, daß auch die indischen und ostasiatischen Planetarienleiter bzw. Astronomielehrer zur Erläuterung astronomischer Ereignisse gegenwärtig verstärkt wieder auf die alten Mythen und Märchen zurückgreifen. Auch dort erlernen die Menschen wieder ihre alten kosmischen Sinnbilder, die mit unseren oft eins sind. Zum Beispiel sehen sie im Löwen auch das Pferd, im westlichen Fisch ein Schwein und im Schorpen (Skorpion) einen Hirsch.

Aber was ist mit den Planeten? Wenn ich mit meiner Deutung richtig liegen sollte, so wäre es verwunderlich, wenn nicht auch die helle Venus oder der ebenfalls sehr helle Jupiter in den Mythen und Märchen eine Hauptrolle spielte. Das Märchen vom *Wolf und den sieben Geißlein* hat uns ja schon gezeigt, daß auch die alte Venusziege die ihr zukommende Rolle im kosmischen Reigen zu spielen weiß. Es geschieht alles so, wie es der Himmel vorgibt. In einem anderen Märchen ist tatsächlich die Venus die Hauptperson. Darin wird sie allerdings nicht als alte Ziege, sondern als *Hans im Glück* versinnbildlicht. Im achten Jahr geht der Venushans auf Wanderschaft. Nach Gregor von Tours nannten die Römer die Plejaden auch Haufen (Massa). Von der Sonne besucht, vergoldet sich dieser Sternenhaufen zum Goldklumpen, den der Venushans auf seinem Buckel schleppt. Damit ist der Anfang des Venuslaufes gegeben. Es ist die Konjunktion der Venus bei den Plejaden, was durch deren Vergoldung durch die Sonne ausgedrückt wird. Die nächste Konjunktion liegt im Bereich der Löwensterne, die im Indogermanischen auch zum Himmelspferd zusammengefügt wurden. So ist es nicht verwunderlich, wenn der Venushans für den Goldklumpen ein Pferd tauscht, für das Pferd eine Kuh (Capricornus, Steinbock) und für die Kuh eine Gans und schließlich mit einem Wetzstein seinen Lauf beendet hat. Die ganze Geschichte spiegelt mit dem fünfmaligen Auftauchen als Morgenstern bzw. der fünfmaligen Konjunktion mit der Sonne innerhalb von acht Jahren den Verlauf der Venus am Himmel wider. *Hans im Glück* ist also keine von der bürgerlichen Intelligenz erfundene Geschichte, um das Volk zum Konsumverzicht zu erziehen. So brauchte Janosch auch dieses Märchen nicht (ideologisch) umzuerzählen, wenn er das wahre Wesen dieser Geschichte erkannt hätte.

Im Zweibrüdermärchen tauchen Venus und Jupiter gemeinsam auf, in einer Lesart lautet die Überschrift „Von Johannes-Wassersprung und Caspar-Wassersprung" (Urfassung nach Grimm). Darin wird die gemeinsame Geburt von Jupiter und Venus geschildert. Und in der Tat ziehen sie zunächst gemeinsam des Weges, müssen sich jedoch auch für längere Zeit trennen, ehe sie wieder zusammenkommen können, ebenso, wie es der Himmel erzählt.

Natürlich braucht nicht jeder Märchenerzähler das gesamte astronomische Grundwissen im Kopf zu haben, um Märchen schön erzählen zu können. Märchen sind auch ohne Deutung schön und werden von den Kindern und vielen Erwachsenen gerne ins Herz geschlossen. „Hab die Sonne im Herzen", sagen wir noch heute, und so soll es auch sein. Aber dieses Buch wurde notwendig, weil das Märchen seit Jahrzehnten nicht selten in den Schmutz gezogen und seit Jahrhunderten auch ideologisch mißbraucht wurde. Dennoch haben sich auch bis heute immer wieder mutige Fürsprecher für das Märchen gefunden. Möge dieses Buch ihnen als Zauberstab dienen, um das Märchen vor vergangener Ideologie erlösen und vor zukünftiger schützen zu können.

Anhang

A. Die Sternbildernamen in Mythen und Märchen (Auswahl)

Sternbild	„Märchen"name
Löwe	Pferd
Zwillinge	Glassarg, Bahre, Silbersarg, Tuch
Fische	Steintisch
Schütze	Jägersmann
Skorpion	Hirsch
Nördliche Krone	Sitzbank, Hund Spiegel, Spiegel
Siebengestirn	Sieben Zwerge, Bienennest
Milchstraße	Glasberg, Weltberg, Baum, Wald

B. Sonnen- und Mondvertreter in den Märchen der ungleichen Läufer

Sonnenvertreter	Mondvertreter	Land, Volk
Gruppe I: Nachlässiger (schlafender) Mondvertreter		
Krebs	Fuchs	Deutschland
Schnecke	Hase	Deutschland, Frankreich
Schnecke	Frosch	Holland
Schildkröte	Hase	Südeuropa (Äsop)
Schildkröte	Pferd	Armenien
Schildkröte	Huhn	Samoa
Schildkröte	Taubenfalken	Odjibwa-Indianer
Gruppe II: Sieg des Listigen durch Verwandtenhilfe		
Igel	Hase	Buxtehude, Westfalen
Igel	Hirsch	Lüneburg

Sonnenvertreter	Mondvertreter	Land, Volk
Igel	Fuchs	England
Igel	Reh	Kroatien
Igel	Schakal	Malta
Igel	Wolf	Berber, Nordafrika
Schnecke	Fuchs	Bretagne
Schildkröte	Rabe	China
Schildkröte	Vogel	Siam
Schildkröte	Löwe	Ceylon (Sri Lanka)
Schildkröte	Tiger	Annamitisch
Wildschwein	Hase	Finnland
Kröte	Fuchs	Frankreich
Kröte	Hase	Kaschuben
Bär	Fuchs	Westfalen

Gruppe III: Sieg durch unbemerktes Hängen am Gegner

Igel	Rabe	Deutschland
Swinegel	Fuchs	Pommern
Krebs	Fuchs	Deutschland, Pommern, Siebenbürgen, Finnland, Norwegen, Litauen, klein- und großrussisch, Italien, Armenien, Griechenland, Bosnien, Ungarn (Zigeuner)
Krebs	Wolf	Italien
Krebs	Taube	Deutschland
Krebs	Hase	Deutschland
Taschenkrebs	Kranich	Fidschi-Inseln
Schnecke	Fuchs	Tirol, Schweiz, Siebenbürgen, Frankreich, Flamen
Schnecke	Wolf	Frankreich
Schnecke	Löwe	Deutschland
Schnecke	Tiger	Indien
Wasserschnecke	Zwerghirsch	Malaiisch
Seeschnecke	Eisvogel	Malaiisch

Sonnenvertreter	Mondvertreter	Land, Volk
Seeschnecke	Strandläufer	Malaiisch
Seeschnecke	Hirsch	Malaiisch
Schildkröte	Fuchs	Deutschland?
Schildkröte	Löwe	Mauritius
Schildkröte	Antilope	Wadschagga, Afrika
Schildkröte	Elefant	Afrika
Schildkröte	Gazelle	Afrika
Schildkröte	Steinbock	Betschuanen
Schildkröte	Strauß	Hottentotten
Schildkröte	Wildbock	Südafrika
Schildkröte	Hirsch	Südamerika
Schildkröte	Kaninchen	Nordamerika
Schildkröte	Coyote	Nordamerika
Frosch	Fuchs	Deutschland, Südamerika
Frosch	Coyote	Nordamerika
Frosch	Wildschwein	Madagaskar
Kröte	Tiger	Annamitisch
Kaulbars	Hecht	Finnland
Kaulbars	Lachs	Finnland
Adler	Zaunkönig	Deutschland, Antike
Schmetterling	Kranich	Fidschi-Inseln
Bauer Matti	Teufel	Finnland
Tita Grao	Teufel	Schweden

C. Sterne und Sternbilder bei Gregor von Tours und ihre moderne Entsprechung
(nach Schlosser und Bergmann)

Gregor	Identifikation in MG SS rer. Merov. I,2 (Galle)	Sternbild-Identifikation nach Cosiplan	mod. Bez.
Robeola	Arcturus (α Boo in Verbindung mit η Boo)	Großer Hund (Sirius)	CMa:*
symma/stefadium	Corona Borealis	nördl. Krone	CrB
ω (Omega)	Lyra	Leier	Lyr:
crux maior	Cygnus	Schwan	Cyg:
crux minor/alpha	Delphin	Delphin	Del
trion	Aquila	Adler	Aql
signum Christi	Auriga	Fuhrmann	Aur:
massa/pliades/butrio	Plejaden	Hyaden	Tau:
feretrum	Hyaden	Zwillinge	Gem
falx	Orion	Löwe	Leo:
quinio	Canis Maior	Rabe	Crv
plaustrum/septentrio aquilonem	Ursa Major	Gr. Wagen	UMa

D. Verzeichnis der besprochenen Märchen
(KHM = Kinder- und Hausmärchen,
Sch.Kem. = Schulte-Kemminghausen)

Der Fuchs und der Frosch (nach Grimm zu KHM Nr. 187), S. 82
Der gläserne Sarg (KHM 163), S. 171
Der Hase und der Igel (KHM 187), S. 83
Der Krebs und der Fuchs (nach Grimm zu KHM 187), S. 81
Der Wolf und die sieben Geißlein (KHM 5), S. 118
Der Zaunkönig (KHM 171), S. 94
Die erlöste Prinzessin (nach Sch.Kem.), S. 56
Die Gänsemagd (KHM 89), S. 66
Die sieben Raben (KHM 25), S. 131
Die weiße und die schwarze Braut (Sch.Kem.), S. 60
Dornröschen (KHM 50), S. 24
Hans mein Igel (KHM 108), S. 74
Rotkäppchen (KHM 26), S. 100
Sneewittchen (KHM 53), S. 137

Literaturhinweise

Allgemeine Einführung:
- Arthur Krause: Himmelskunde für Jedermann, Stuttgart, 5. neubearb. Aufl., 1963
- Joachim Herrmann: dtv-Atlas zur Astronomie, Tafeln und Texte, München, 1983 (1973)
- Max-Planck-Institut für Astronomie (Hrsg.): Sterne und Weltraum – Zeitschrift für Astronomie, Heidelberg
- Robert Henseling (Begr.): Die Sterne – Zeitschrift für alle Gebiete der Himmelskunde, Leipzig
- David Baker und David A. Hardy (aus d. Engl. Übers. von Hermann-Michael Hahn): Der Kosmos-Sternführer, 5. Aufl., Stuttgart, 1990

Für den praktischen Gebrauch:
- Drehbare Kosmos-Sternkarte, Stuttgart, 1986
- Hans-Ulrich Keller: Das Himmelsjahr – Sonne, Mond und Sterne im Jahreslauf, Stuttgart (erscheint jährlich)
- Wolfhard Schlosser – Theodor Schmidt-Kaler: Astronomische Musterversuche für Sek. I, Ruhr-Universität-Bochum, 1988
- Franz Rühl: Chronologie des Mittelalters und der Neuzeit, Berlin, 1897
- Theodor Ritter von Oppolzer: Canon der Finsternisse, New York, 1962 (Wien 1887)

Für genauere Berechnungen:
- Paul Ahnert (Begr.): Ahnerts Kalender für Sternfreunde – Kleines astronomisches Jahrbuch, Leipzig, (erscheint jährlich)
- Joachim Herrmann: Das Weltall in Zahlen, Stuttgart, 1986

Sternkarten:
- Drehbare Kosmos-Sternkarte
- Hans Vehrenberg u. Dieter Blank: Handbuch der Sternbilder, Düsseldorf, 1977 (3. Aufl.)
- Hallwag-Sternkarte, Bern, 1978 (11. Ausgabe)

Astralmythologie und astrale Märchenkunde:
Die entscheidenden Untersuchungen stammen aus dem 19. Jh. und der Vorkriegszeit. Obwohl einige Ausführungen nicht mehr dem neuesten Stand entsprechen, gelegentlich auch dem Zeitgeist freundlich oder feindlich gegenüberstehen, sind die angegebenen Schriften nach wie vor wegweisend, zumal neue Untersuchungen erst allmählich wieder in Gang kommen.

- Leo Frobenius: Das Zeitalter des Sonnengottes, Berlin, 1904
- Ernst Siecke: Drachenkämpfe – Untersuchungen zur indogermanischen Sagenkunde, in: Mythologische Bibliothek I. Band, Heft 1, Leipzig, 1907
- Ernst Böklen: Adam und Qain, in: Mythologische Bibliothek I, 2/3, Leipzig, 1907
- Heinrich Lessmann: Aufgabe und Ziele der vergleichenden Mythenforschung, in: Mythologische Bibliothek I, 4, Leipzig, 1908
- Weitere Bände aus der Mythologischen Bibliothek (bis 1915)
- Karl von den Steinen: Orpheus, der Mond und Swinegel, in: Karl Weinhold, Fritz Boehm (Hrsg.): Zeitschrift des Vereins für Volkskunde, Berlin, 1915, S. 260–79
- Franz Boll: Sternglaube und Sterndeutung – Die Geschichte und das Wesen der Astrologie, Berlin, 1931, 4. Aufl., (1917)
- Philipp Stauff: Märchendeutungen, 2. verstärkte Aufl., Leipzig, 1921
- Arthur Drews: Der Sternhimmel in der Dichtung und Religion der alten Völker und des Christentums
  - Eine Einführung in die Astralmythologie, Jena, 1923
- Otto Hauser: Die Edda – übertragen und erläutert, Weimar, 1926
- Konstantin Reichardt: Das Himmelsbild der Germanen, in: Robert Henseling (Hrsg.): Welt und Mensch, Einzelbilder zur Kulturgeschichte des Sternhimmels, Leipzig, 1926, Nr. V
- Otto Sigfried Reuter: Germanische Himmelskunde, München, 1934, Reprint für Forschungszwecke, Bremen, 1982

Nachkriegszeit, moderne Forschungsansätze, Brauchtum, Archäoastronomie:
- Alter Bauernkalender für Tagesvormerkungen: Leykam-Kalenderverlag, Graz-Wien, erscheint wieder jährlich
- Julius Schwabe: Archetyp und Tierkreis – Grundlinien einer kosmischen Symbolik und Mythologie, Basel, 1951

- Huberta von Bronsart: Kleine Lebensbeschreibung der Sternbilder, Stuttgart, 1963
- Rolf Müller: Der Himmel über dem Menschen der Steinzeit – Astronomie und Mathematik in den Bauten der Megalithkulturen, Berlin, 1970
- Rolf Müller: Sonne, Mond und Sterne über dem Reich der Inka, Berlin, 1972
- Aleksej Pawlowitsch Okladnikow: Der Hirsch mit dem goldenen Geweih, Vorgeschichtliche Felsbilder Sibiriens, Wiesbaden, 1972
- Edwin C. Krupp (Hrsg.): Astronomen, Priester, Pyramiden – Das Abenteuer Archäoastronomie, München, 1980
- Sybil Gräfin Schönfeldt: Das große Ravensburger Buch der Festbräuche – Durch das Jahr und den Lebenslauf, Ravensburg, 1980
- August Nitschke: Was wissen die Märchen von Göttern? – Echo archaischer Vorzeit, in: Jürgen Janning... (Hrsg.): Gott im Märchen, Kassel, 1982, S. 114–129
- Leander Petzold: Volkstümliche Feste – Ein Führer zu Volksfesten, Märkten und Messen in Deutschland, München, 1983
- Rose Eller: Das Märchen – Ursprung, Symbolik, Sinngehalt, Wien, 1985
- Hans Andersen: Hyperborea – Die Mathematik in den Felsbildern bronzezeitlicher Kalenderastronomie, 1985, (Am Dieckmannshof 41, Bochum)
- Ralf Koneckis: Astrale Grundmuster im deutschen Volksmärchen, Der Hase und der Igel, in: Sterne und Weltraum (SuW) 12/1988, S. 730–32
- Werner Bergmann u. Wolfhard Schlosser: Gregor von Tours und der ‚rote Sirius' – Untersuchungen zu den astronomischen Angaben in ‚De cursu stellarum ratio', Sigmaringen, 1988, S. 45–47
- Werner Papke: Die Sterne von Babylon, Bergisch Gladbach, 1989
- Wolfhard Schlosser – Jan Cierny – Bert Wiegel: Astronomie vor Stonehenge, in: Sterne und Weltraum, 2/1989, S. 92–97
- Ralf Koneckis: Die schwarze Sonne – Die Beschreibung von vier Sonnnenfinsternissen in zwei Strophen der Lieder-Edda, in: Sterne und Weltraum, 12/1989, S. 738–40
- Uwe Schultz (Hrsg.): Scheibe, Kugel, Schwarzes Loch – Die wissenschaftliche Eroberung des Kosmos, 1990

- Siegfried Lehmann: Raum und Zeit im Weltbild von Brauch und Sitte, Dannstadt-Schauenheim, 1990
- Ralf Koneckis: Die schwarze Sonne – Die Beschreibung von vier Sonnenfinsternissen in zwei Strophen der Lieder-Edda, in: Sterne und Weltraum 3/1991, S. 186–87

Fundorte astraler Lieddichtung:
- Franz von Pocci und K. von Raumer: Alte und neue Kinderlieder, Leipzig, 1852, Neubearbeitung, Mainz, 1981
- Hans Lang u. a.: Was unsre Kinder singen, Eine Sammlung der heimatlichen Kinderlieder, Mainz, 1967, S. 53
- Welta Ehlert (Hrsg.): Hab fünf Truhen voller Lieder, Lettische Dainas, Berlin, 1985
- A. Rudzite (Zusammensteller): Latviesu Tautas Dzieszina (Lebenskunde des lettischen Volkes), Bd. 2: Daba Debesis Dievibas (Natur Himmel Gottheiten), Riga, 1990
- Conny Froboess: Connys Party, Die großen Erfolge, EMI Electrola, 1992, Holland

Märchen, Mythen, Sagen:
- Brüder Grimm: Kinder- und Hausmärchen in der Urfassung herausgegeben von Friedrich Panzer, Wiesbaden, o. J., Teil I, Vorrede 1812, S. 57; Teil II, Vorrede 1814
- Brüder Grimm: Kinder- und Hausmärchen (= KHM), Bd. 3, Originalanmerkungen, 3. Aufl., Göttingen, 1856, Neudruck Reclam, Stuttgart, 1980
- Brüder Grimm: Kinder- und Hausmärchen, Winkler, 1978 (1949), München
- August Raszmann (Übers.): Die Sagen von den Wölsungen und Niflungen, den Wilcinen und König Thidrek von Bern in der Thidrekssaga, Bd. 2, Hannover, 1863
- W. Binder: Vollmers Wörterbuch der Mythologie aller Völker, 3. Aufl., Stuttgart, 1874
- Ernst Böklen: Sneewittchenstudien – Erster Teil –, in: Mythologische Bibliothek III, 2, Leipzig, 1910, – Zweiter Teil –, in: Mythologische Bibliothek VII, 3, Leipzig, 1915
- Johannes Bolte u. Georg Polívka: Anmerkungen zu den Kinder- und Hausmärchen der Brüder Grimm, 4. Bd., Berlin, 1929
- Lutz Mackensen (Hrsg.): Handwörterbuch des deutschen Märchens, Bd. 1, Berlin, 1930–33
- Karl Paetow: Die Wittekind Sage, 3. Aufl., Hameln, 1960

- Otto Huth: Der Glasberg, in: Julius Schwabe (Hrsg.): Symbolon, Bd. 22, Basel, 1961, S. 15–31
- Karl Schulte Kemminghausen: Westfälische Märchen und Sagen aus dem Nachlaß der Brüder Grimm, Münster, 1963
- Pierre Grimal (Hrsg.): Mythen der Völker, in drei Bd., Frankfurt, 1967
- Klara Stroebe/Reidar Th. Christiansen: Norwegische Volksmärchen, Düsseldorf, 1967 (1940)
- Volkert Haas: Magie und Mythen im Reich der Hethiter, Hamburg, 1977
- Kurt Ranke (Hrsg.): Enzyklopädie des Märchens – Handwörterbuch zur historischen und vergleichenden Erzählforschung, Bd. 2, Berlin, 1979
- Helmut G. Palme und Gerda Palme: Sagen vom Hellweg, erweiterte Neuauflage, Schwerte, 1987
- Heinz Ritter/Schaumburg (Übers.): Die Didriks-Chronik, St. Goar, 1989
- Rainer Wehse: Uralt? Theorien zum Alter der Märchen, in: Charlotte Oberfeld (Hrsg.): Wie alt sind unsere Märchen?, Regensburg, 1990
- Kristin Wardetzky: Märchen in der Pädagogik der Deutschen Demokratischen Republik (DDR), in: Walter Kahn (Hrsg.): Märchenspiegel (Zeitschr.), Braunschweig, Oktober 1991

Sonstige Literatur (alphabetisch):
- Oskar Almgren: Nordische Felszeichnungen als religiöse Urkunden, 1934
- Bertil Almgren: Die schwedischen Felsbilder der Bronzezeit und ihre Deutung, Oldenburg, 1980
- Julius Andree: Die Externsteine – Eine germanische Kultstätte, Münster, 1936
- Rudolf Buchner (Hrsg.): Ausgewählte Quellen zur deutschen Geschichte des Mittelalters, – Quellen zur karolingischen Reichsgeschichte, Jahrbücher von Fulda..., Darmstadt, 1960
- Hanns Bächtold-Stäubli: Handwörterbuch des deutschen Aberglaubens, Berlin, 1934–35
- Theodor Echtermeyer – Benno von Wiese (Hrsg.): Deutsche Gedichte – Von den Anfängen bis zur Gegenwart, Düsseldorf, 1956
- Albert Genrich: Die Altsachsen, Hildesheim, 1981

- Immanuel Kant: Kritik der praktischen Vernunft, in: Kant's Werke, Akademie-Ausgabe, Bd. 5, Berlin, 1913
- Hiltgart L. Keller: Reclams Lexikon der Heiligen und der biblischen Gestalten, 6. Aufl., Stuttgart, 1987 (1968)
- Friedrich Kluge: Etymologisches Wörterbuch der deutschen Sprache, 21. Aufl., Berlin, 1975 (1883)
- Ernst Krause: Tuisko-Land, Glogau, 1891
- Wilhelm Kroll u. Georg Wissowa: Paulys Realencyclopädie der classischen Altertumswissenschaft, 15. Halbband, Stuttgart, 1912
- Herbert Kühn: Die Felsbilder Europas, Stuttgart, 1952 (2. Aufl.)
- Herbert Kühn: Vorgeschichte der Menschheit, Köln, 1962
- Herbert Kühn: Wenn Steine reden, Die Sprache der Felsbilder, Wiesbaden, 1969
- Herbert Kühn: Die Felsbilder Europas, Stuttgart, 1971, 3. völlig veränderte Auflage
- Jean Mc Mann: Rätsel der Steinzeit, Zauberzeichen und Symbole in den Felsritzungen Alteuropas, Bergisch Gladbach, 1980
- Gustav Neckel u. Hans Kuhn (Hrsg.): Edda, Die Lieder des Codex Regius nebst verwandten Denkmälern, Heidelberg, 3. Aufl. 1962 (1914)
- Platon: Kratylos, in: Ernesto Grassi u. a. (Hrsg.): Platon: Sämtliche Werke, Bd. II, Hamburg, 1957 (in der Übersetzung von Friedrich Schleiermacher)
- Gertrud Schiller: Ikonographie der christlichen Kunst, Gütersloh, 1976
- Camillo Semenzato: Die große Kunstgeschichte der Welt, München, 1991 (1988)
- Karl Simrock: Die Deutschen Sprichwörter, Frankfurt am Main, 1846, Nachdruck: Harenberg, Dortmund, 1978
- Snorri Sturluson: Edda, Hrsg. Jón Sigurosson u. a., Hafniae (= Kopenhagen), 1848
- Snorri Sturluson: Gylfaginning, Hrsg. Gottfried Lorenz, Darmstadt, 1984
- Jan de Vries: Altgermanische Religionsgeschichte, Berlin, 1956, Bd. I, 2. Aufl.
- Karl Weinhold: Die mystische Neunzahl bei den Deutschen, 1897
- Konrat Ziegler u. Walther Sontheimer: Der kleine Pauly, Lexikon der Antike, Bd. 2, München, 1979 (1975)

Stichwortverzeichnis

Adler 96, 97
Ära, s. Zeitalter
Äquator 38
Äquatorwulst 38
Äquinoktien, s. Tagundnachtgleichen
Alte, spinnende 27
Altersbestimmung, astronomische 40
Altsteinzeit 161, 170
Antares 182
Anziehungskräfte 150
Apfel 149
Apfelgarten, der Sonne 24
Apollo 59, 64
Aschenputtel 159
Asen 32, 34

Bahre, Sternbild 152, 158, 163, 186
Baldur, Ase 36
Basiles 27
Bauer, Sternbild 31
Bauernkalender 66, 71, 87, 89
Baum und Sarg 159
Bedeckung, von Sternen 55, 120
Beigaben der Heiligen 88
Bergen 111
Bergmann, Werner 145, 152
Bienennest, Sternbild 166, 167, 179
Bison 160, 179
Böse, das 8, 9, 10, 55
Bolte, Johannes 27, 28, 83, 100, 133
Braut, falsche und wahre 8, 65, 66, 71, 72, 135, 149
Braut, untergeschobene 71
Braut, weiße und schwarze 73
Brautgeschäft 54
Brautnacht 46
Brautschatz 71
Brautschau 48
Breidablick, Himmelsheim 36, 41
Bronsart, Huberta von 167
Brot 109, 135

Brücke 32, 33, 34, 65, 135
Brüder, sieben 134
Brunnen 134
Brunner, William 123, 126, 127

Cinvatbrücke 32

Dainas, lettische 24, 45, 47, 48, 109, 128
Delphin, Sternbild 37
Dolmen, s. Steintisch
Doppelgeschlechtigkeit 182
Dornhecke 28
Drachenpunkt 109
Drehimpuls 38
Dreimaligkeit 73
Dudelsack 79, 80

Eddalied 36
Egbert von Lüttich 117
Ehedrama, Sonne und Mond 34
Eid 72
Eidechse 65
Ekliptikebene, s. Sonnenbahnebene
Ekliptiksternbilder 30, 92
Engel 10, 34
Engelland 145
Ente 65, 72
Erdachse 29, 38, 40, 150
Erde, Rotation 38
Erdenbürger, von Sonne und Mond geboren 16
Erlösung 8, 65, 71, 78, 79, 100, 109, 134, 135, 137, 176
Erziehungsbuch 9
Ethik 8, 9
Externsteine 185

Falada 71, 72, 74
Fallersleben, Hoffmann von 15
Faß mit Nägeln 6, 88
Feen 27, 167, 170
Felix und Regula 73
Felszeichnungen 83
Fenrir 108, 111, 112, 113, 116, 123

Filling, Holger 111
Fisch, südlicher, Sternbild 37
Fische, Sternbild 36, 37, 41, 150, 170, 176, 178
Fledermaus 97
Fontane, Theodor 159
Forseti, Ase 36
Frau Holle 18
Freya, Asin 36
Friedrich 59, 60
Froboess, Conny 12, 34, 35
Frosch 82
Frühlingsanfang 135, 149, 150, 161
Frühlingspunkt 93, 136, 150, 152
Frühlingspunkt, Drift des 40, 41
Frühlingssternbild 17, 163, 167, 170
Frühlingstagundnachtgleiche 40
Fuchs 81, 82
Fulda 116

Galilei, Galileo 126
Gegenlicht 20, 21
Gegenüberstellung, Sonne und Mond in 35
Geißenmutter 124
Genauigkeit, mythische und naturwissenschaftliche 183
Geschenke 9
Gesetz, moralisches 8
Gespräch zwischen Mond und Sternbild 145
Gespräch zwischen Sonne und Mond 36, 48, 110
Gestirnshöhe 34
Gewalt 8
Gladsheim, Himmelsheim 36, 41, 42
Glasberg 32, 135, 158
Glasbergritt 32
Glassarg 152, 160, 163
Glitnir, Himmelsheim 36, 41
Godfrid 116
Göckelhahn 79, 135

Goethe, Johann Wolfgang von 28
Götter 9
Götterdämmerung 111, 113, 116
Gold, Mond- und Sonnensinnbild 16
Goldäpfel 89
Goldbecher 71, 72
Goldkugel 89
Goldmarie 18
Gorki, Hans-Friedrich 123
Gott 64
Gotteslamm 17
Grab 159
Grausamkeit 73, 88, 113
Gregor von Tours 145, 152, 188
Grimm, Brüder 9, 10, 59, 83, 109, 116, 118, 152, 159, 160
Grimnir 36
Grímnismál, Eddalied 36
Großmutter 100, 108, 110
Gründer, Karlfried 7
Gute, das 7, 8 55

Haare, goldene (blonde) und schwarze 159, 160, 183, 184
Habicht 97
Hände und Füße, abgehackte 65
Hänfling 97
Hänsel und Gretel 7, 8
Hafenheim, s. Noatun
Hahn 80
Hahn, Hermann-Michael 124, 128, 136, 186
Hahnenreiter 80
Hand, weiße und schwarze 47
Handschuh 128
Hans im Glück 188
Harald Schönhaar 112
Hase 86
Haube 65
Haus, am Himmel 15, 122, 152
Haxthausen, Anna von 59
Heilend, Fritz 123
Heimdall, Ase 36
Helsinki 108
Henseling, Robert 123
Herakles 177
Herbstanfang 87, 149
Herbstpunkt 40, 93, 150
Herbststernbild 144
Hexe 7, 8, 127, 149, 161

Hieroglyphen 185
Hieros Gamos, s. Hochzeit, himmlische
Himinbiörg, Himmelsheim 36, 41
Himmel, Auf- und Abstieg zum 34
Himmel, 7. 34
Himmelsäquator 134
Himmelsheim, das elfte 36
Himmelsheime 12, nordische 36, 41
Himmelshund 145
Himmelskundige 9
Himmelspol 145
Himmelsritt 33
Himmelsschmied 127
Himmelsstier 162
Hirsch, Sternbild 162, 166, 167, 179, 182
Hochzeit, himmlische 176, 179
Hochzeitsbrauch 178
Höhle 147
Höhle von Lascaux 160
Höhlenbilder 83, 163, 167, 170
Hölle 34
Hund Spiegel 144, 145
Huth, Otto 32
Hymir 167

Ideologie im Märchen 7, 189
Igel 78, 86, 97
Igelhaut 79

Jäger, s. Schütze
Jahr, ins neunte 28, 78, 79
Jahre, acht 23, 74, 79
Jahresanfang 93, 170
Jahreshälfte 134, 162
Jahreslauf der Sonne als Zeitmaß 30
Jahresmutter 19
Jahresweg der Sonne 30
Jahreszeiten als Kinder einer Mutter 19, 107
Jahreszeiten, vier 19
Jahreszeiten, Wechsel der 38
Johanna 24. Juni 47
Jünglinge, zerstückelte 90
Julmond 74
Jungfrau, Sternbild 36, 41
Jupiter 125, 188

Kalender 87
Kammerjungfer 71, 72

Kampf, zwischen Sonne und Mond 55
Kant, Immanuel 8, 9 10
Kastor 152
Kelten 170
Kernschatten 99
Kinder, von Dornröschen 27
Kinderlied 15, 107
Kittel 65
Kleider 9, 65, 66, 91
Knecht Ruprecht 87, 88
Köppl, Manfred 124
Kopernikus, Nikolaus 125
Kopf abschlagen 66, 73
Kratylos, Werk Platons 9
Krause, Ernst 177
Krebs 81, 82
Krebs, Sternbild 36, 40, 41
Kreta 162
Krug, Krüglein 109, 134, 135
Kübel 66, 88
Kühn, Herbert 160, 167
Kuckuck 97
Kutsche 65

Lichtgestalt des Mondes 23, 170
Lichtverlust des Mondes 65, 88
Lichtwechsel des Mondes 56, 64, 65, 71, 81, 133
Liebespaar, Sonne und Mond als himmlisches 12, 13
Lieder-Edda 107
Löwe, Sternbild 36, 40, 41
Lorenz, Gottfried 35
Luther, Martin 55

Märchen, falsche und echte 186
Märchen, ohne Deutung 189
Märchen, schön wie im 11
Märchen, Theorien zum Alter 10
Märchen, Urfassung 187, 189
Märchen, wahre Wesen der 7
Märchenbeginn 64
Märchendeutung, astronomische 83, 186
Märchendeutung, naturmythologische 10, 185
Märchenkritiker 8
Märchenverbot 7

Mars 125
Meier, Ludwig 123
Meridian, s. Mittagslinie
Merkur 125, 178
Met 166
Milchstraße 18, 34, 37, 135, 158, 166
Mimir 73
Minoer 162
Mittagshöhe 19, 29, 92, 93
Mittagslinie 18, 97, 111, 158
Mittagsstunde 29
Mittagszeit 32
Monat 13. 23
Monat, siderischer 125, 152, 170
Monat, synodischer 23, 73, 87, 131, 133, 169
Monate, neun 27
Mond auf Brautschau 46
Mond, blasser Abglanz der Sonne 20
Mond, der goldene 15, 16
Mond, Erdnähe und Erdferne 122
Mond, Herr 14
Mond, kommt verspätet 21, 23
Mondbahn 92, 98
Mondbahnebene, Neigung der 53, 97, 120, 178
Mondbräutigam 53
Mondbursche 47
Monde, hundert 23, 78, 80, 185
Monde, neunundneunzig 23, 79
Mondfinsternis 98
Mondflecken 86
Mondhälfte, gute und schlechte 23
Mondhase 86
Mondherrscher 34
Mondhund 18
Mondkalender 24
Mondknoten 80, 92, 98, 99, 109, 110, 121, 122
Mondköpfe 73
Mondlicht, aschgraues 149
Mondlichtgestalt, Mütze, Handschuh 46
Mondlieder 18
Mondmann 14
Mondpferdchen 43
Mondprinzessin 79
Mondrechnung 170
Mondreiter 33, 34, 47

Mondring 46, 127
Mondschäfchen 16
Mondschäfer, !8
Mondvater 18
Mondvogel 97
Mondweggrenze 121
Mondwolf 108, 110
Mondzirkel 91
Muttergeiß 126
Mythologie, germanische 73, 111, 166

Nachtigall 97
Nächte, drei 34, 36
Nächte, neun 34, 35, 36
Neujahrstag 110
New Grange 185
Newton, Isaac 126
Nikolaus 87, 89
Njörd, Ase 34, 35, 42
Nóatún, Himmelsheim 34, 36, 37, 41
Nördliche Krone, Sternbild 145
Normandie 116
Normannen 116

Odin, Ase 36, 73
Opfer 9, 74, 127
Orion, Sternbild 36, 41, 161
Orpheus 80

Papke, Werner 145
Parallaxe 122
Paris 116
Pferd, Sternbild 170, 179
Pferde, hundert 24
Pferdekopf 73
Pechmarie 18
Pegasus, s. Unterweltroß
Peilungen 32
Perlenschnurphänomen 112, 114
Perrault 117
Planeten, s. Wandelsterne
Planetenfrüchte 158
Planetenschleife 124, 125, 126
Platon 9, 10
Plejaden, s. Siebengestirn
Plejadenbedeckung 122, 123, 129, 130
Plutarch 176
Polarstern 38
Polívka, Georg 27, 28, 83, 100
Pollux 152
Präzession 40, 41, 136, 150

Präzessionsuhr 40
Prinzessin, schwarze 59, 60
Protuberanzen 112

Rabe 59, 133
Radiokarbondatierung 161
Räder, neun 24
Regen 65
Reichardt, J.-Fr. 15
Reichardt, Konstantin 123
Ring 46, 99, 135
Ringewerfen 53
Rømsdal 111
Rosengarten der Sonne 28, 53, 54, 109
Rupert, s. Knecht Ruprecht

Salzkübel 88
Saros-Zyklus 98
Schäfchen, die schönsten 15
Schäfer 16
Schaltregel von hundert Mondjahren 28
Schildkröte 78
Schildkrötenschale 80
Schildkrötenschalenleier 80
Schiller, Friedrich von 97
Schlaf, hundertjähriger 27
Schlaflied 16
Schlager 12, 15, 34, 35, 45
Schlange 65
Schleifenbewegung 129
Schlitten 47
Schlosser, Wolthard 145, 152
Schnecke 78
Schneider 160, 176, 183
Schorpen, s. Skorpion
Schütze, Sternbild 36, 41, 114, 115, 116, 144, 150
Schwabe, Julius 176, 177, 179, 181, 182
Schwalenberger Rathaus 158
Schwan, Sternbild 37
Schwarzmondgöttin 177
Sieben Geißlein 126, 186
Siebengestirn 36, 41, 121, 122, 126, 135, 136, 147, 149, 152, 166, 182, 186
Siebengottheit 147
Silbersarg 158
Silberspieß, Strahl der Sonne 28

203

Sitzbank, Sternbild 145, 152
Skati, Mondfrau 18, 34, 35, 37, 41, 42
Skorpion, Sternbild 36, 40, 41, 150, 161, 163
Snorra-Edda 41, 112
Sökkwabeck, Himmelsheim 36, 41
Sokrates 9
Sommersonnenwende 29, 30, 36, 40
Sommervollmond 92, 98, 134
Sonne 125, 178
Sonne, als Gärtnerin 54, 109
Sonne, als Strickerin 47
Sonne, Auf und Ab der 32
Sonne, Frau und Mutter 14, 18, 54
Sonne, pflegt Rosengarten 28
Sonne, verprügelt Mond 28
Sonnenbahn 98
Sonnenbahn, Hauptpunkte der 40
Sonnenbahnpunkt 109
Sonnendurchmesser 113, 162
Sonnenfinsternis 46, 53, 79, 99, 107, 108, 111
Sonnenfrau 14
Sonnenjahr 23
Sonnenkind 107, 108, 114
Sonnenkorona 112
Sonnenmädchen 46
Sonnenweg, Messung des 32
Spiegel 144, 148
Stachelkleid der Sonne 79
Stauff, Philipp 160
Stein und Steintisch, Sternbild 175, 176, 178, 179, 182
Steinbock, Sternbild 36, 37, 40, 41, 114, 115, 116
Steinreihen 185
Steinritzungen, jungsteinzeitliche 34
Steinsetzungen 185, 186
Steinzeit 83
Sternbilder, Wanderung der 38, 40
Stieftochter 64, 159
Stier 160
Stier, Sternbild 30, 31, 36,
40, 41, 121, 147, 159, 161, 162, 179, 182
Stierkampf 162
Stonehenge 185
Strafe 8, 66
Sturluson, Snorri 34, 41, 112
Sumerer 31, 40

Tageskennzeichen 73
Taghar 176
Tagundnachtgleichen 30, 36, 136, 166
Talia 27
Tallinn 108
Teller 73
Teufel 10
Thiassi, Jote 34, 36
Thor, Ase 36, 41
Thronbesteigung 167
Thronhimmel 27
Thrymheim, Himmelsheim 34, 36, 37, 41, 42
Tierbräutigam 78
Todesurteil, eigenes 8
Totalitätszone 111
Totenhöhle 176, 181
Tragik der himmlischen Liebe 14
Trondheim 111
Trudheim, Himmelsheim 36, 41, 42

Uller, Ase 36
Unglückszahl 23
Unsichtbarkeit des Mondes 56, 60
Unterwelt 92, 147, 161
Unterweltroß 34

Venus 124, 125, 128, 129, 178, 186, 188
Verspottung der Märchen 7
Verursacherprinzip 8
Verwandlung 65
Verwünschung 11, 134
Verzauberung 8
Visiersteine 32
Volksglauben 10
Volkslied 117
Volksmärchen, Kesseltreiben gegen das deutsche 7
Volkwang, Himmelsheim 36, 41
Vollmond 14, 74, 87
Vollmondsternbild 32
Vries, Jan de 35

Waage, Sternbild 36, 40, 41, 150
Wahrsager 27
Walaskialf, Himmelsheim 36, 41
Wandelsterne 32, 131
Wassermann, Sternbild 36, 37, 40, 41, 170
Weltberg 181, 182
Weltberghöhle 176, 181
Wettrennen der ungleichen Läufer 83, 86, 137
Wettrennen der Vögel 96
Widar, Ase, mit dem dikken Schuh 36, 114, 115, 116
Widi, Himmelsheim 36, 41, 42
Widder, Sternbild 17, 31, 36, 40, 41
Widderpunkt 40
Wiedergeburt 161, 179
Wikinger 90, 113
Wintersonne 176, 178
Wintersonnenwende 29, 36, 40, 91, 113, 161, 176
Wintersonnenwendpunkt 42
Wintervollmond 92, 98, 108, 136
Wolf 65, 100, 107, 118, 126, 127, 128
Wunschkind, mißglücktes 59, 79

Ydalir, Himmelsheim 36, 41

Zauberer 7, 160, 161, 182, 183
Zauberstab 11, 189
Zaunkönig 94, 97
Zeitalter 163, 170, 179, 184
Zeitpunkt, Mond bei Sonnenuntergang 13
Zentrallinie 111, 112
Ziege 123, 124, 129
Zigeunermärchen 32
Zirkumpolarsternbild 145
Zwerge 133, 147, 186
Zwillinge, Sole und Luna 27
Zwillinge, Sternbild 36, 40, 41, 149, 150, 152, 186
Zyklus, metonischer 136